北京市
法治建设年度报告
（2020）

北京市法学会　主编

中国政法大学出版社

2021·北京

图书在版编目（ＣＩＰ）数据

北京市法治建设年度报告.2020/北京市法学会主编. —北京：中国政法大学出版社，2021.12
ISBN 978-7-5764- 0277-3

Ⅰ.①北… Ⅱ.①北… Ⅲ.①社会主义法治－建设－研究报告－北京－2020
Ⅳ.①D927.100.4

中国版本图书馆CIP数据核字(2022)第001485号

出　版　者	中国政法大学出版社
地　　　址	北京市海淀区西土城路 25 号
邮寄地址	北京 100088 信箱 8034 分箱　邮编 100088
网　　　址	http://www.cuplpress.com (网络实名：中国政法大学出版社)
电　　　话	010-58908289(编辑部) 58908334(邮购部)
承　　　印	北京九州迅驰传媒文化有限公司
开　　　本	720mm×960mm　1/16
印　　　张	17
字　　　数	330 千字
版　　　次	2021 年 12 月第 1 版
印　　　次	2021 年 12 月第 1 次印刷
定　　　价	79.00 元

前　言

　　2020 年，是全面建成小康社会的决胜之年和"十三五"规划收官之年，也是全面抗击新型冠状病毒感染肺炎疫情的战斗之年。面对疫情的严峻考验，在以习近平同志为核心的党中央坚强领导下，中共北京市委始终坚持以习近平新时代中国特色社会主义思想为指导，深入学习贯彻党的十九大和十九届二中、三中、四中、五中全会精神和习近平法治思想，深入学习贯彻习近平总书记关于全力做好新型冠状病毒感染肺炎疫情防控工作的系列重要指示精神，扎实做好"六稳"工作、全面落实"六保"工作，审时度势实施"五新"政策，坚决做到法治建设和疫情防控"两手抓"，有效推动全面依法治市工作取得新进展。

　　中共北京市委顺应人民群众对美好生活的期待和需求，牢固树立和贯彻落实新发展理念，团结和带领北京市广大人民群众，圆满完成全国两会、2020 年中国国际服务贸易交易会、党的十九届五中全会、联合国第二届全球可持续交通大会等重大活动服务保障任务。深入加强首都公共卫生应急法治保障体系建设，优先制定《北京市突发公共卫生事件应急条例》，保证应对突发公共卫生事件有法可依、有章可循。重视医院安全保障，研究制定《北京市医院安全秩序管理规定》，构建尊医重卫的良好氛围。贯彻落实党中央优化营商环境决策部署，推动制定《北京市优化营商环境条例》，扎实营造国际一流营商环境。培育践行社会主义核心价值观，制定《北京市文明行为促进条例》，促进社会文明进步。全面推进科学立法、严格执法、公正司法、全民守法，统筹推进全面依法治市各项重点工作，研究制定《中共北京市委全面依法治市委员会 2020 年工作要点》，起草编制《北京市依法治市工作规划（2021—2025 年）》，开创全面依法治市新局面。紧紧围绕首都法治建设要求，建设完备的法律规范体系，加快立法领域补短板强弱项，加强疫情防控相关立法工作，突出立法和改革相衔接，不断提高立法质量和效率。坚决落实党中央、国务院关于法治政府建设的重大决策部署，深化行政执法体制改革，坚持公正文明执法，构建职责明确、依法行政的政府治理体系，将政府活动全面纳入法治轨道。坚持司法为民、公正司法，强化司法监督制约作用，深化司法体制综合配套改革，全面落实司法责任制，推动司法工作高质量发展，营造公正高效的司法环境。深入推进全民守法，改进创新普法工作，加大全面普法力度，增强全民法治观念，加强突发事件应对法治宣传教育和法律服务，推动法治建设取得新成效。2020 年，在抗疫斗争的严峻形势下，北京市坚持党中央统一领导，统筹抓好疫情防控和法治建设工作，坚持首善标准、突出首都特色，为建设法治中国首善之区提供了坚强有力的法治保障。

《北京市法治建设年度报告（2020）》系统回顾和总结了北京市一年来法治建设的主要成绩和经验，汇集了法治建设各个方面的基本数据，为了解北京市法治建设提供真实全面的参考。

《北京市法治建设年度报告（2020）》分为总报告、区报告和专题报告三部分。总报告包括七章，分别是统筹推进全面依法治市工作、人大立法和监督工作、法治政府建设、监察法治建设、政法领域全面深化改革、法治社会建设、法学教育和法学研究，系统概括总结了北京市 2020 年法治建设各个领域的主要情况。各区法治建设报告包括 16 个，分别是东城区法治建设报告、西城区法治建设报告、朝阳区法治建设报告、海淀区法治建设报告、丰台区法治建设报告、石景山区法治建设报告、门头沟区法治建设报告、房山区法治建设报告、通州区法治建设报告、顺义区法治建设报告、大兴区法治建设报告、昌平区法治建设报告、平谷区法治建设报告、怀柔区法治建设报告、密云区法治建设报告、延庆区法治建设报告，介绍了北京市 16 区立法、执法、司法等法治建设情况和特色亮点，为了解基层法治实际工作提供了一手资料。《北京市法治建设年度报告（2020）》还包括特色专题报告 2 个，为北京市人民检察院的《北京市人民检察院关于依法履行检察职能维护食品药品安全工作情况的报告》、北京市高级人民法院的《北京法院诉源治理需求响应机制研究》。

本报告的编写工作得到了市、区各有关单位和众多专家学者的大力支持，在此特别致谢！

Contents

专题报告

总　报　告

一、统筹推进全面依法治市工作*

　　2020 年，中共北京市委全面依法治市委员会坚持以习近平新时代中国特色社会主义思想为指导，全面贯彻落实党的十九大和十九届二中、三中、四中、五中全会精神，深入学习贯彻习近平法治思想，强化市委对全面依法治市的集中统一领导，坚持在首都现代化建设的新征程上发挥法治固根本、稳预期、利长远的保障作用，法治中国首善之区建设不断谱写新篇章。

　　（一）强化政治引领，依法治市有方向

　　推动《关于落实〈中央依法治国办关于深入学习宣传贯彻习近平总书记全面依法治国新理念新思想新战略和重要讲话精神的通知〉的实施方案》4 个方面 43 项举措贯彻落实，用以武装头脑、指导实践、推动工作。认真学习宣传贯彻习近平法治思想和中央全面依法治国工作会议精神，研究制定《关于学习宣传贯彻中央全面依法治国工作会议精神的实施方案》，推动全市各单位、各部门全面学习领会、深入宣传解读、狠抓贯彻落实，切实把思想和行动统一到党中央决策部署上来。

　　（二）立足首都功能，法治服务有站位

　　认真贯彻落实习近平总书记关于北京的重要讲话精神，围绕"四个中心"建设，做好"四个服务"，健全文化建设、国际交往、科技创新等地方法规体系和工作运行机制，依法推进"平安北京"建设，积极为京津冀协同发展、疏解整治促提升、冬奥会（冬残奥会）筹办等提供优质服务，全面提升首都规划、建设、管理、安全等法治化水平。坚持首都规划向党中央负责的体制机制，在更大尺度、更大空间破解超大城市治理难题，完善共建共治共享的社会治理格局。围绕建设法治中国首善之区目标，着力在形成系统完备的法规制度体系、廉洁高效的现代法治政府、公平正义的执法司法体制、统一权威的执法司法监督体系、

　　* 中共北京市委全面依法治市委员会年度工作总结。

尊法崇法的法治文化氛围和健全完善的法治实施保障体系等方面狠下功夫，积极
走在全国前列。

1. 立法协调小组重点工作。认真学习，深刻领会习近平法治思想的精髓要
义。加强整体谋划推进，确保党的路线方针政策、决策部署以及市委要求在立法
工作中得到充分体现。加强对重要立法事项的研究审议，促进提高立法质量和效
率。坚持科学立法、民主立法、依法立法，完善立法工作机制。制定和落实工作
制度，健全小组运转工作机制。截至 2020 年 11 月底，制定、修改、废止党内法
规 53 件；制定、修改、废止地方性法规或法规性决定 45 件；制定、修改、废止
政府规章 30 件。

2. 执法协调小组重点工作。深入学习贯彻习近平总书记关于全面依法治国
的新理念新思想新战略；及时贯彻落实中央全面依法治国委和市委全面依法治市
委决策部署；统筹推进新冠疫情防控执法工作；协调推动重大行政体制改革任务
落地；加快推进事中事后监管体系建设；协调推进"疏整促"重点任务实施；
全面推行行政执法"三项制度"；充分发挥执法协调小组会议的重大事项协调职
能和联络员会议的日常协调指导功能；积极推动街乡执法协同协作；全面推进行
政机关跨体系协同协作；推动京津冀执法协作；开展执法调研督导，推动执法规
范化建设。

3. 司法协调小组重点工作。深入学习贯彻习近平总书记关于全面依法治国
的新理念新思想新战略；建立健全司法协调小组运行机制和工作制度，研究制定
年度工作要点或重点任务分工，定期听取各成员单位工作汇报，督促落实司法领
域重点任务；围绕中心工作，加大统筹协调力度，切实发挥法治服务保障作用；
统筹市级政法单位和各区委政法委，建立健全疫情防控法治保障工作机制；推进
政法领域全面深化改革，研究布置北京市政法领域全面深化改革工作任务。

4. 守法普法协调小组重点工作。完善守法普法工作运行体系；统筹建立普
法长效工作机制；压实标准提升普法考核评价效果；聚焦中心大局，扎实开展主
题活动。围绕庆祝新中国成立 70 周年，举办"唱响国歌 守护国旗 致敬国徽"
主题法治宣传教育活动 2300 余场；聚焦社会关切，及时精准按需普法，以"组
建民法典讲师团""开设民法典空中课堂""制作播出民法典公益广告"等六项
主要措施，深入开展《中华人民共和国民法典》（以下简称《民法典》）学习宣
传活动；聚焦示范引领，动态推进依法治理，研究制定《北京市民主法治示范村
建设指导标准》《北京市民主法治示范村建设管理办法（试行）》；突出创新，
打造宪法宣传"北京样板"，充分搭建宪法学习宣传平台，推动宪法宣传与北京
市"法律十进""以案释法""青春船长"等活动有机融合；突出融合，凝聚守
法普法工作合力，搭建由 8 支专业普法宣传服务团、45 支市属委办局普法宣传

服务队、16 支区级普法宣传服务队，共 69 支（团）队约 2.5 万人及 74+政务新媒体组成的北京普法联盟；突出实效，推动法治文化高质量发展，评选出 10 家法治宣传教育示范基地，制作宣传挂图 20 余万张，在全市 7000 多个社区村、1700 余所中小学校定期更新。

5. 依法行政工作领导小组重点工作。持续加强领导统筹力度；深入推进政府职能转变，深化行政体制改革，深化放管服改革，加强社会信用体系建设，健全社会治理体制机制；切实提升依法决策水平；持续加强执法协调与监督；强化对行政权力的监督；推进政府信息和政务公开，推动政务公开向"标准示范、精准服务"转型；积极化解社会矛盾纠纷，完善行政复议案件审理机制，加强类案件的研究分析，规范和统一办案流程和标准，发挥"纠正一案、规范一片"的导向作用。

二、人大立法和监督工作[*]

市人大及其常委会在中共北京市委领导下，深入学习贯彻习近平新时代中国特色社会主义思想，深入学习贯彻党的十九大和十九届二中、三中、四中、五中全会精神，紧扣市委贯彻落实党中央大政方针的决策部署，认真执行市十五届人大三次会议各项决议，共召开常委会会议 11 次、审议议题 99 项；审议法规和决定草案 35 件，其中制定法规 9 件、修改 7 件、废止 1 件，通过有关法律问题和重大问题的决议决定 11 件；听取审议专项工作报告 22 个，开展执法检查 5 项、专题询问 3 次、专题调研 2 项；任免国家机关工作人员 347 人次，各项工作取得新进展新成效。

（一）依法疫情防控

把疫情防控作为压倒一切的头等大事，迅速开展相关涉法问题研究，在春节返京高峰到来前加开常委会会议，紧急立法作出依法防疫的决定，为隔离观察、活动管制、场地征用等应急举措提供法规依据，汇总涉疫违法行为法律责任的规定并向社会公布，听取市政府疫情防控工作情况报告。

制定实施专项立法修法计划。在全面梳理公共卫生领域法规短板缺项基础上，制定专项计划，按照"急用先行"原则组织专班加快推进紧要项目。在秋冬季到来前优先制定《北京市突发公共卫生事件应急条例》；以"废旧立新"方式制定《北京市野生动物保护管理条例》，坚持管护并重，扩大禁食范围，严控猎捕繁育利用，在贯彻上位法同时体现北京特色。计划确定的 20 个项目完成 11 项。同时，在其他 6 项立法修法中增加防疫条款，力求衔接配套。

（二）立法和监督工作

为高质量发展营造良好环境。围绕复工复产和经济提质增效，制定《北京市优化营商环境条例》、修订《北京市促进中小企业发展条例》，在营造公平开放

---

[*] 北京市人民代表大会常务委员会工作报告，市人大提供。

市场环境、提升政务服务水平、支持中小微企业创业创新创造等方面作出规定，将"一站服务、一窗受理、一网通办"等成功经验上升为法规制度。对促进科技成果转化"一法一条例"开展执法检查，就反映集中的"不敢转、不会用、不能做"问题提出建议；听取审议法院知识产权审判情况报告并开展专题询问。加强预算审查监督，聚焦支出预算和政策核心问题，提出预算审查监督"四问"，即钱"该不该花、该不该政府花、该不该花这么多、该不该当下花"，统筹年审季审，打通事前评估、事中跟踪、事后评价，发挥预算联网监督系统作用，督促审计查出问题整改。听取第四次经济普查情况报告，开展"十四五"规划专题调研，为大会审查批准规划纲要做好准备。

促进城市治理法治化。开展历史文化名城保护修法，听取审议城市副中心控规实施情况报告。围绕物业管理和垃圾分类两件"关键小事"，制定《北京市物业管理条例》，修改《北京市生活垃圾管理条例》，开展"两条例"执法检查，采取市区乡镇人大联动、三级代表充分参与、身边周边路边压茬推进、检查交办整改闭环运行的方式，使立法监督紧密衔接、改进工作有的放矢。制定《北京市文明行为促进条例》，修订《北京市志愿服务促进条例》，制定《北京市司法鉴定管理条例》，修订《北京市宗教事务条例》，开展街道办事处条例执法检查，听取法治政府建设情况报告。

推进首都生态文明建设。制定《北京市危险废物污染环境防治条例》，修改《北京市市容环境卫生条例》，提高随地吐痰、乱丢垃圾等违法行为的处罚额度。依法听取上年度环境状况和环境保护目标完成情况报告，督促审议意见整改落实；受全国人大常委会委托检查土壤污染防治法实施情况。针对大气污染排放的跨区域特点，京津冀三地人大常委会对《机动车和非道路移动机械排放污染防治条例》实施情况开展协同执法检查，推动信息数据联通、检测结果互认、联防联控联治。贯彻"绿水青山就是金山银山"的理念，专班推进生态涵养区生态保护和绿色发展立法，请各生态涵养区全程参与法规草案的调研起草，在立法中体现"不让保护生态环境的人吃亏"。

助力民生福祉改善提升。以"废旧立新"方式制定《北京市中医药条例》；听取审议检察院维护食品药品安全情况报告。持续关注"一老一小"等特殊群体，听取审议长期护理保障制度和养老人才队伍建设情况报告，建议扩大试点、充实队伍、形成合力；紧盯学前教育问题，听取审议三年行动计划完成情况报告，开展立法调研；专题调研低收入农户增收问题，推动建立长效增收机制；对归侨侨眷权益保护法规开展执法检查，凝聚侨界侨胞力量；受全国人大常委会委托检查《中华人民共和国慈善法》实施情况。修订《北京市燃气管理条例》，将瓶装液化石油气纳入监管范围，加强安全防范、加大处罚力度，保障城市运行安全。

深化京津冀人大协同立法工作。三地人大以代表大会立法方式同步通过《机动车和非道路移动机械排放污染防治条例》、共同召开法规实施新闻发布会、联手开展执法检查，成为省级人大协同立法首个实质性成果。

加强规范性文件备案审查工作。2020年，共收到报送备案的规范性文件55件，其中政府规章和决定6件、京政发文件16件、京政办发文件19件、区人大及其常委会决议决定7件，法规配套规范性文件7件。修改备案审查工作规程，实现"一府一委两院"规范性文件报备全纳入。备案审查信息平台建立辅助审查系统，向智慧审查迈出坚实一步。

三、法治政府建设[*]

（一）为疫情防控提供有力法治保障

第一时间制发《北京市人民政府进一步明确责任加强新型冠状病毒感染的肺炎预防控制工作的通知》《北京市人民政府办公厅落实"四方责任"进一步加强重点人群、场所和单位新型冠状病毒感染的肺炎疫情防控工作的通知》等涉疫文件，全部履行合法性审核程序；加强公共卫生应急法治保障体系建设，推进《北京市突发公共卫生事件应急条例》等重点立法；及时调整疫情防控执法权，强化涉疫行政执法协调监督。

（二）深入推进政府职能转变

深化行政体制改革，组建重点站区管委会、北京大兴国际机场临空经济区联合管委会，持续向城市副中心管委会、怀柔科学城管委会等赋权，推进北京经济技术开发区管理体制改革创新，完善"两区"建设管理体制；推进综合执法改革，在市场监管等领域组建市、区两级综合行政执法队伍，在教育、民族宗教领域和重点站区推进跨部门综合执法，在住房城乡建设等领域推进部门内综合执法。

（三）提升科学、民主、依法决策水平

落实《重大行政决策程序暂行条例》，完善决策咨询论证支持体系；严格落实合法性审核制度，完成327件市政府重大行政决策事项、行政规范性文件和相关协议的合法性审查，以及439件行政规范性文件的备案审查。

（四）持续完善依法行政制度体系

提请市人大常委会审议14项法规草案，制定《北京市禁止违法建设若干规定》等4项规章，废止《北京市城市建设临时用地和临时建设工程管理暂行规定》等11项规章；开展与《民法典》精神、原则和规定不一致的规章和行政规

＊ 北京市 2020 年法治政府建设年度情况报告，市司法局提供。

范性文件清理工作，对现行有效的 208 件规章和 9698 件行政规范性文件进行了全面清理。

（五）深化行政执法协调指导

完善街乡层面的行政执法协同协作机制，加强行政机关与司法机关、监察机关的跨体系协作；统一规范行政检查单；规范行政处罚裁量基准，基本实现市、区、街道（乡镇）行政处罚的裁量基准统一和规范适用；制定疫情期间做好行刑衔接工作的具体指导意见，统筹推进涉疫行政执法工作。

（六）强化行政权力内外监督

主动接受人大、政协监督，向市人大常委会报告工作 23 项、提请审议法规议案 14 项、配合开展执法检查 5 项，向市政协通报有关工作情况 4 项、专题协商 3 项、立法协商 1 项、专题调研和提案办理协商 2 项、协商恳谈 3 项；主动接受纪检监察机关监督，聚焦落实党中央、国务院和市委重大决策部署，征求纪检监察机关意见，推动纪检监察机关负责同志列席政府常务会议制度化、常态化；认真接受司法监督，将行政机关负责人出庭应诉、履行法院生效判决和裁定等情况纳入依法行政考核，全市行政机关负责人出庭应诉 1161 次；扎实开展经济责任审计，全年审计领导干部 65 名；推进市、区、街道（乡镇）依申请信息公开规范化建设，实现零投诉。

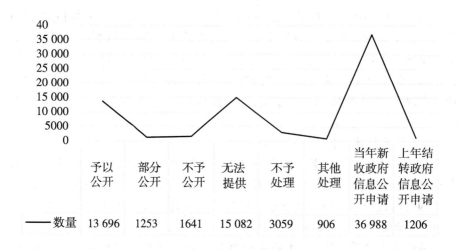

	予以公开	部分公开	不予公开	无法提供	不予处理	其他处理	当年新收政府信息公开申请	上年结转政府信息公开申请
数量	13 696	1253	1641	15 082	3059	906	36 988	1206

图 1　2020 年北京市政府信息公开情况

数据来源：2020 年北京市政府信息公开工作年度报告，载 http：//www.beijing.gov.cn/gongkai/zfxxgk/gknb/202103/t20210316_2308409.html。

（七）持续提升领导干部法治素养

坚持会前学法制度，市政府、各区政府、市政府部门组织会前学法 300 余次；组织多层次法治教育培训，举办局级领导干部法治政府建设专题培训班 1 期，全市依法行政工作骨干培训班 1 期，各区政府、市政府部门举办培训班 103 期、法治讲座 173 次；做好"七五"普法验收，制发第三批普法责任制清单。

四、监察法治建设*

自觉履行全面从严治党监督责任，一体推进不敢腐、不能腐、不想腐，形成反腐败工作闭合链条，营造高压态势，进一步巩固和发展反腐败斗争压倒性胜利。2020年全市纪检监察机关共立案4275件，处分3336人，处置问题线索19 463件，谈话函询4619件次。

坚持抓"关键少数"和管"绝大多数"相统一，对关键岗位人员违纪违法行为持续加大查处力度：在被给予党纪政务处分的局级干部中，"一把手"占20%；在给予党纪政务处分的处级干部中，"一把手"占11.9%。优先排查处置反映"一把手"的问题线索。

以最坚决的态度追逃防逃追赃。坚持"有逃必追、一追到底"，彻底改变"一贪就跑""一跑就了"的被动局面。2020年共追回外逃人员15人，追回赃款1185万元。

坚持用政治"体检"引领案件查办方向，精准有效发挥监督保障执行、促进完善发展作用，有效推动更深层次监督。巩固漠视侵害群众利益问题专项整治成果，划定了惠民惠农、集体"三资"、住房和城乡建设、教育等12个重点领域，配套出台纪检监察机关七项协调联动工作机制和市纪委监委相关问题信息归集办法，并结合2019年"接诉即办"诉求工单情况，开展重点监督，加大执纪问责力度。

---

* 市纪委监委提供。

五、政法领域全面深化改革

　　2020 年，中共北京市委全面深化改革委员会继续全面落实《关于政法领域全面深化改革的实施意见》，加强党对政法工作的领导，回应人民群众对公平正义的新期待，以推进执法司法制约监督体系改革和建设为重要抓手，以完善制度，改革体制，创新机制，狠抓落实为着力点，坚持问题导向、目标导向和效果导向，坚持法治思维和法治方式，坚持制约和监督有机统一，强化智能监测机制和智慧管理机制，改革配套制度，努力推进政法领域全面深化改革。[1]

　　一是完善党对政法工作的领导体系。全面落实《中国共产党政法工作条例》，制定出台北京市实施办法，在政治领导、思想领导、组织领导等方面，全面加强党对政法工作的绝对领导。建立健全政治督察、纪律作风督察巡查、政治轮训等制度。各单位干警思想上认同组织、政治上依靠组织、工作上服从组织、感情上信赖组织。

　　二是完善机构职能体系。全市基层法院内设机构改革全面完成，检察机关全市三级院全面完成内设机构改革，公安机关优化机构架构和警力配置，常态化开展前置警力工作，市司法局统筹协调承担法治工作以及行政立法、行政执法、刑事执行、公共法律服务等职责，持续优化内设机构职能。区委政法委在机构改革全面完成框架下，进一步有效优化工作职能。

　　三是完善权力运行体系。完善法官、检察官惩戒工作机制。法院系统坚持院庭长有序放权与有效监督相统一，以员额法官为中心科学组建多样化审判团队，大力推广专业法官会议。市检察院建立新型案件质效评价标准体系。市公安局全国首创"一站式办案、合成化作战、智能化管理、全流程监督"的执法办案管理中心。

---

　　〔1〕　中央政法委：《加快推进执法司法制约监督体系改革和建设》，载 http：//www. chinapeace. gov. cn/chinapeace/c100007/2020-08/27/content_12388132. shtml。

四是完善纠纷化解体系。加强诉源治理工作，积极对接"街乡吹哨、部门报到"机制。全市法院强化纠纷源头化解机制，深化检察机关公益诉讼制度改革，市政法各单位有序推动认罪认罚从宽制度实施，加强人民调解组织建设。

五是完善管理服务体系。法院统一登记立案标准和尺度，全面落实"一次性告知"制度。检察机关深化检务公开改革，组织公开审查、公开听证活动，不断扩大人民参与司法渠道。公安机关创新打造首都公安特色的"放管服"改革品牌，精简申请材料，压缩办理时限。司法行政机关健全统一司法鉴定管理体制工作机制，完善律师管理制度，深化公证体制改革。

六是完善队伍建设管理体系。法检系统建立健全员额管理、退出工作机制。公安机关全面推进分类管理制度改革，完成执法执勤和警务技术职级序列改革工作。

七是完善科技支撑体系。建设跨部门大数据办案平台，实现全市公检法司办案系统互联互通、数据共享、刑事办案全流程协同。法院系统优化升级线上诉讼服务平台，搭建移动微法院小程序，进一步便利群众诉讼。检察机关自主研发检察业务接诉即办及查询反馈系统。

八是完善法治保障体系。市委政法委充分发挥牵头抓总作用，组织市政法单位围绕全市重点工作，不断加大法治服务保障力度。积极服务保障国庆70周年、"疏解整治促提升"专项行动、北京冬奥会冬残奥会筹办、中轴线申遗、生态环境保护等重点工作，分析涉及法律问题，健全完善法治保障措施。[1]

（一）审判工作及改革[2]

1. 审判工作。全市法院新收案件839 175件，审结836 514件。

为疫情防控提供有力司法保障。全市法院闻令而动、主动应对，做到审判执行工作"不停摆"，实现诉讼群众和法院干警"双安全"，在严峻考验下推动法院工作取得新突破新发展。市高级人民法院迅速制定关于为坚决打赢疫情防控阻击战提供司法服务保障的措施等文件28件，及时明确疫情防控司法对策，向党委政府报送涉疫纠纷法律对策建议90余篇，促进涉疫纠纷源头预防和妥善处置。依法从严从快审结抗拒疫情防控、暴力伤医等刑事案件90件。坚持协商为主、调解优先，引导当事人通过和解共渡难关，依法妥善处理因疫情产生的民商事纠纷1623件，6件被最高人民法院确定为服务保障疫情防控典型案例。创新无接触式诉讼服务，建设"北京云法庭"，制定完善在线诉讼新规则，线上审判取得突破性进展，全年线上开庭35.9万次，占全国法院线上开庭数量的40%，居全国

---

〔1〕 北京市法学会提供。

〔2〕 北京市高级人民法院工作报告，市高级人民法院提供。

第一。

坚决维护首都安全稳定。依法严厉打击危害国家安全犯罪和杀人、抢劫等严重暴力犯罪，依法严惩非法集资、网络诈骗、危害食药安全等犯罪，全年审结刑事案件18 703件。依法严惩侵害未成年人犯罪，深入推进社会观护、心理疏导等工作，保障未成年人健康成长。

积极服务创新驱动发展。发挥知识产权审判激励创新、推动高质量发展的引领保障作用，审结知识产权案件68 327件。提高司法保护强度，依法提高损害赔偿标准。发挥规则创制作用，通过"人工智能著作权""抖音短视频"等新类型案件的审理，为新技术新业态发展营造良好法治环境。深化知识产权司法保护机制创新，北京互联网法院打造了世界领先的互联网诉讼平台，"版权链—天平链"协同治理平台被业界称为司法和技术赋能产业的变革性创新。

努力保障京津冀协同发展。依法妥善化解涉"疏整促"、副中心建设、中轴线申遗等中心工作的矛盾纠纷，审结相关案件1115件，评选了服务保障"疏整促"和冬奥会、冬残奥会20个典型案例，为矛盾化解提供标准和指引。依法服务保障规划和自然资源领域专项治理、违建别墅清理整治，及时向党委政府提出法律建议，就1318起纠纷做到"一案一评估"，全力化解矛盾，依法审判执行，保障整治工作顺利推进。监督支持行政机关依法行政，审结行政案件19 520件。

切实加强民生司法保障。落实"六稳""六保"要求，对疫情中因生产经营困难引发的纠纷，设置立案、调解、审理、执行绿色通道，服务保障中小微企业恢复经营、持续发展。开展城乡居民人身损害赔偿标准统一试点，改变区别城镇与农村户口确定人身损害赔偿标准的传统做法，促进权利公平、规则公平。依法审理婚姻家庭纠纷等案件，保护妇女、儿童、老年人、残障人士合法权益。加强涉军案件审判工作，依法维护国防利益和军人军属合法权益。认真做好国家赔偿和司法救助工作，办结此类案件1674件。

推动切实解决执行难。坚持善意文明执行，开展服务保障"六稳""六保"专项执行行动，在加大执行力度的同时，采取对企业生产经营影响最小的司法措施，促进产业链供应链稳定。完善执行联动机制，推进查、控、扣一体化建设，新建不动产、京牌车辆线上查封系统。落实执行案件办理、执行违规问题"一案双查"机制，强化对执行工作的监管。全年执结案件267 846件，执行到位金额1083.2亿元。

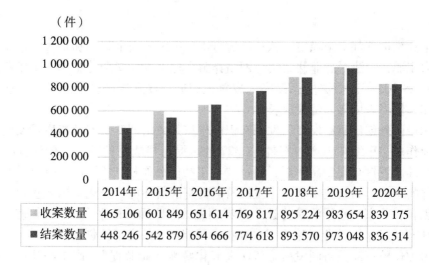

（件）

	2014年	2015年	2016年	2017年	2018年	2019年	2020年
收案数量	465 106	601 849	651 614	769 817	895 224	983 654	839 175
结案数量	448 246	542 879	654 666	774 618	893 570	973 048	836 514

图2　北京市2014—2020年年全市法院收案结案情况

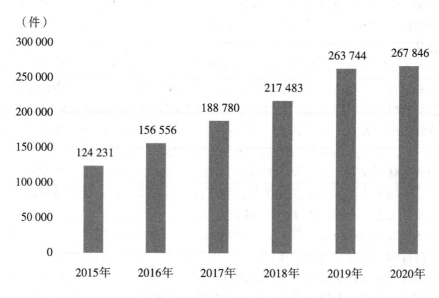

（件）

图3　北京市2015—2020年全市法院案件执结情况

2. 改革。加强审判监督，制定类案检索办法，推行类案强制检索制度。严格落实院庭长监督管理、院庭长办案、法官会议、审判委员会等制度，对院庭长履职情况开展专项督查，院庭长审理案件277 968件。制定减刑、假释、暂予监外执行实施细则等管理制度。依法接受检察监督，审结检察机关抗诉案件165件。持续推进司法公开，应公开裁判文书上网率达到99.9%，庭审直播率达

36.1%，比上年提高 16.2 个百分点。

加强审判管理。深入开展案件质量评查、裁判文书评比等活动，市高级人民法院评查案件 6419 件，生效案件服判息诉率达 97.4%。建立市场主体送达地址确认制度，民商事案件电子送达率提升到 58.3%。制定鉴定评估专业机构考核评价和动态管理办法，鉴定评估平均用时由 40 个工作日缩短至 24 个工作日。推行民事诉讼繁简分流改革试点，小额诉讼程序和简易程序平均用时比法定审限缩短一半以上。

加强一站式多元解纷和诉讼服务体系建设。坚持把非诉讼纠纷解决机制挺在前面，通过"多元调解+速裁"机制结案 324 395 件。建设全市法院诉源治理统一平台，为基层组织提供诉源治理服务 1.5 万人次。全市法院新收案件多年来首次出现下降，降幅达 14.7%，物业服务、民间借贷纠纷分别下降 65.2%、31.5%。持续深化"接诉即答、接单即办"便民服务机制，"12368"热线接听来电 73.7 万次。

深化智慧法院建设。市高级人民法院建立电子卷宗生成中心，推进电子卷宗随案同步生成和深度应用。依托北京市政法办案智能管理系统，上线刑事司法办案 31 项业务流程。

（二）检察工作及改革[1]

1. 检察工作。2020 年，全市检察机关共受理各类案件 62 995 件，办结 61 724 件。

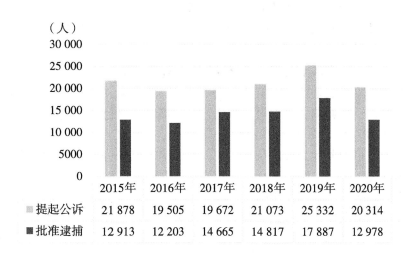

（人）

	2015年	2016年	2017年	2018年	2019年	2020年
提起公诉	21 878	19 505	19 672	21 073	25 332	20 314
批准逮捕	12 913	12 203	14 665	14 817	17 887	12 978

图 4 2015—2020 年北京市检察机关批准逮捕及提起公诉的情况

---

〔1〕 北京市人民检察院工作报告，市检察院提供。

坚决打好检察"战疫"。建立疫情防控"1+N"制度体系，审查起诉涉疫犯罪202件244人。依法从严从快办理辱医滋事和驾车冲撞防疫人员等案件。依法打击募捐诈骗、制假售假等涉疫犯罪。开展医疗废物处置、监管场所防疫专项检察。3500余名检察人参加社区（村）疫情防控。

依法履行国家安全和公共安全检察职能。贯彻总体国家安全观，参与反渗透反间谍反分裂反恐怖反邪教斗争，办理一批重大案件。起诉涉枪涉爆、安全生产等犯罪566件626人。办理危害国防利益犯罪案件16件18人。

依法履行普通刑事犯罪检察职能。起诉杀人、伤害、绑架、盗抢骗等犯罪6305件7942人，性侵、家暴等犯罪643件674人，妥善办理伤医案等社会关注案件。加强对失足未成年人的教育感化挽救，附条件不起诉60人，跟踪帮教45人，与全市专门学校全覆盖共建犯罪预防和教育矫治工作机制。

依法履行职务犯罪检察职能。发挥检察机关在反腐败工作大局中的作用，办理上级交办、同级监委移送、改变管辖案件282件304人，逮捕139人，起诉215人。依法行使对司法工作人员相关职务犯罪侦查权，立案4件4人。

依法履行经济犯罪检察职能。起诉非法集资、洗钱等犯罪1037件2348人，其中涉案金额100亿元以上9件，追赃28.4亿元。起诉电信网络诈骗犯罪67件366人。强化知识产权司法保护，起诉136件229人。

依法履行检察公益诉讼职能。落实市委市政府《关于深入推进检察公益诉讼工作的意见》和市人大常委会审议意见，把握"三根本"[1]原则，完善"三诉两支"工作格局[2]，依法立案313件，同比上升10.6%；发出诉前检察建议和公告221件。

加强立案和侦查活动监督。监督立案372件、撤案569件。派驻公安执法办案管理中心检察室受理立（撤）案监督案件527件。针对侦查活动不严格不规范问题制发纠正违法通知书111份。深化行刑衔接，建议行政机关移送327人，侦查机关立案287人。

加强刑事审判监督。提出抗诉111件，法院审结68件，改判20件；提出纠正违法136件，建议法院再审9件，均收到法院回复意见。

加强刑事执行和刑事强制措施检察。发挥"派驻+巡回"优势，针对刑事执行违法违规等情形提出纠正意见168份。完善对减刑、假释、暂予监外执行法律监督的规定，办结相关案件693件。深化羁押必要性审查，对718人提出释放或

---

〔1〕 "三根本"是指：检察公益诉讼促进公益保护、促进社会治理、促进依法行政三个根本。

〔2〕 "三诉两支"是指：行政公益诉讼、民事公益诉讼、刑事附带民事公益诉讼、支持社会组织提起民事公益诉讼、支持政府及其指定的部门或机构开展生态环境损害赔偿磋商和提起诉讼。

变更强制措施建议。对检察机关适用逮捕等强制措施案件全部备案审查，纠正3件。

加强民事诉讼监督。受理 2392 件，办结 2413 件，提出抗诉 64 件；提出再审检察建议 29 件；针对民事审判和执行活动违法情形提出检察建议 91 件。强化虚假诉讼专项监督，办结 46 件，提出监督意见 30 件，采纳 14 件。

加强行政诉讼监督。受理 1151 件，办结 1123 件，提出抗诉 4 件，采纳 2件。强化源头治理，实质性化解行政争议 164 件。首次发布行政诉讼监督白皮书，推动解决行政执法和行政诉讼中的多发问题。

2. 改革。基本完成检察"六个体系"建设。司法办案体系、检察监督体系、检察权运行监督制约体系、检察组织体系、检察队伍建设体系、检务保障体系建设取得重大进展，得到市委充分肯定。落实执法司法制约监督体系改革和建设要求，对外认真履行法律监督职能，对内强化检察管理监督制约。

扎实推进司法责任制综合配套改革。加强检察官单独职务序列管理，构建起涵盖员额遴选、考核评审、等级晋升、员额退出的常态化管理体系。严格落实检察官任职回避制度。落实入额领导干部带头办案制度，入额院领导直接办案 1716件。

彰显认罪认罚从宽制度效能。适用认罪认罚从宽制度 19 973 人，适用率81.9%，同比上升 17.1 个百分点；提出确定刑量刑建议 10 546 人，同比上升192%，采纳 9947 人，同比上升 212%。

全面提升办案质效。建立案件质效指标体系和检察官履职绩效统一考评体系，制定实施 14 个制度规范。其中，质量管控关口前移，引导侦查 4238 件次、自行补充侦查 3404 件次。

（三）公安工作及改革[1]

1. 公安工作。维护首都安全工作。坚持保安全与保民生并重，圆满完成全国"两会"、服贸会、党的十九届五中全会等系列安保任务；着眼疫情防控和反恐双线作战，持续健全完善反恐防恐工作机制，全力营造"全民反恐"良好社会氛围；把科技信息化支撑贯穿始终，积极构建以风险防控为目的，以社会面管控为保障的分级分类疫情防控工作体系，组织 6000 余名警力在全市公安检查站、乡村卡点昼夜值守，组织 1.4 万名社区民警指导全市 7169 个社区（村）建立封闭管控制度；依托"护网 2020"专项行动，持续开展常态化网络安全执法检查。加强市网络与信息安全信息通报中心建设，全力打造"网络安全 110"和网络安全服务超市。对网络违法犯罪开展生态化打击。联合开展第七届"4·29"首都

---

[1] 2020 年首都公安法治建设情况，市公安局提供。

网络安全日系列活动。

打击犯罪工作。严厉打击各类刑事犯罪。强化对违法犯罪的全链条打击，命案实现连续6年100%侦破。强力推进"智慧禁毒"平台建设；严厉打击经济犯罪。立足疫情防控常态化条件下经济犯罪的形势变化，针对网贷平台、培训机构、长租公寓"爆雷""跑路"等重大敏感案事件及时开展核查侦办工作。采用网上、网下同步宣传方式，积极组织开展专题宣传，不断优化警银、警税、警企联动等工作机制；严厉打击电信网络诈骗犯罪。依托两级反诈平台，以"全民反诈"APP、反诈专用号码96110、反诈宝典《心防》三大利器为抓手，将冒充公检法机关诈骗、"杀猪盘"、刷单等突出类案作为主攻方向，对开贩"两卡"、涉诈广告推广平台等灰黑产业实施全链条集中打击，为群众止损超57亿元。

社会治安防控工作。常态开展"平安行动""三清三个一批"等专项行动，集中攻坚整治治安乱象，涉黄、涉赌等警情全面下降，强势推动故宫周边综合整治，严查严整非法一日游等乱象；全面提升立体化治安防控质效。全年280余天保持社会面和外围检查站高等级防控，依托公安武警联勤联动、社区"7×24小时"警务等机制，持续深化区域警务合作、京津冀小区域警务协作。针对出租房屋管理等行业，先后组织开展"铁拳3号""消声静路"等专项行动，创新出台"加强刀具管控二十条措施"，推动形成全环节、立体化刀具管控新格局；坚持和发展新时代"枫桥经验"，组织4103名"穿警服的副书记"携手"西城大妈""朝阳群众"等群防群治力量共同守护平安，牛街、海淀、朝阳门三个派出所入选全国公安机关首批100个"枫桥式公安派出所"。

服务民生工作。高质量服务保障"疏整促"等专项行动、环球影城等重大项目。依法严厉打击涉环境、食品、药品、旅游等领域违法犯罪；严格落实校园高峰勤务，加快公交地铁"安检信息化"系统、重点线路金属纱窗等物技防建设。根源整治"跑山炸街""车虫分虫"及骗取购车指标等交通乱象顽疾，打破警种界限，探索"双向赋权""全科执法"，推出北京交警"随手拍"，持续强化交通秩序整治。深入落实"吹哨报到""接诉即办"要求，"12345"热线派单响应率持续保持100%。

2. 改革。打造新时代公安执法"北京经验"。强化顶层设计，围绕维护政治安全、重大活动安保等，加强法律政策研究和执法实务调研，积极推动地方公安立法调研，出台一系列法律适用意见、操作指引。

探索执法规范化建设新的"增长点"。持续深化执法办案管理中心工作机制，开创中心防疫新模式，在全国率先推行"律师远程会见全覆盖"，打通就医和核酸检验"绿色通道"。构建110接处警标准化、打击办案队规范化、案管组专业化"三位一体"协同运行机制，固化完善以执法办案管理中心为依托的案审工作模式，统一规范辩护人及代理人提交案件材料接收办理。

完善流程化常态化执法管理新模式。持续深化受案立案改革，狠抓市局、分局、所队三级案管机制运行，受立案环节信访投诉同比大幅下降67%。完善市局、分局执法监督管理委员会常态规范运行。完善涉案财物跨部门管理机制，探索引入社会化服务管理，40余万件涉案财物案结物清。

推动全局执法信息化建设新跨越。着力打造智能化执法办案新格局，强力推进政法办案智能管理系统全面应用，实现刑事案件跨部门全流程网上流转。

推动执法能力建设取得新成效。制定全局规范执法实战大练兵"三年行动计划"，以提升现场处置、执法办案、执法说理、科技应用、舆论引导"五个能力"为关键，分解细化重点任务及练兵科目；组织开展十大优秀执法制度解读等技能比武竞赛活动；在全国公安民警法律知识竞赛决赛中荣获团体二等奖。

（四）司法行政工作及改革

1. 司法行政工作。全面推进公共法律服务体系建设。[1] 全市建成1个市级平台、16个区级平台和331个街乡平台，实现市、区、街乡三级公共法律服务实体平台全覆盖；实现公共法律服务热线、实体、网络平台"三台融合"。

律师管理工作。[2] 建立并不断深化党委党建联盟，15家律师事务所党委成为成员单位，发布《北京市律师事务所党委党建联盟公约》。组织开展党籍和党组织关系专项核查行动。完成"北京律师党建"信息化平台建设并上线运行。以"疫情时期首都律师的挑战、应对与机遇"为专题，分别邀请北京市35家律师事务所、14家区律协共同进行研讨。拓宽年度检查考核"快速通道"，优化考核程序、缩短考核办理时间并实行全程网上办理；减免律师个人会员2020年度部分会费，减免会费总额近1500万元。推出网上直播培训平台——京律学苑。启动"律师法治工作北京队"，组建"新发地市场疫后法治服务顾问组"。发布《北京市律师事务所"走出去"调研报告》、编印《北京市律师协会涉外法律服务优秀案例汇编Ⅰ》、发布北京市律师事务所境外分支机构分布图。572名优秀律师加入北京市涉外律师人才队伍，入库北京市律师已达742人。2020年，北京市执业律师37 351人，律所2887家。全市律师行业累计捐款、捐物折合人民币8000余万元。

---

〔1〕 北京市司法局2020年法治政府建设年度情况报告，市司法局提供。
〔2〕 北京市律师协会2020年工作报告，市律师协会提供。

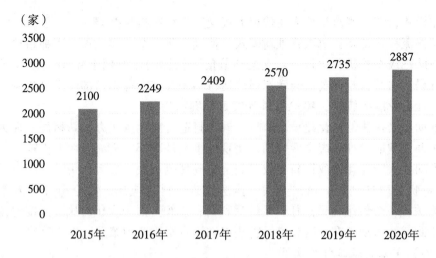

（家）

图5　2015—2020年北京市律师事务所变化情况

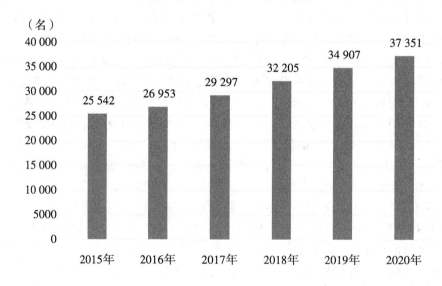

（名）

图6　2015—2020年北京市执业律师人数变化情况

法律援助工作。研究制定北京市司法局《服务保障"回天地区"发展若干措施》。在全市开展农民工、妇女、残疾人、未成年人等群体专项维权服务活动，其中，在根治农民工欠薪工作中，为农民工群体提供法律援助16 152件。2019年，全市各法律援助机构共办理法律援助案件37 625件。

国家统一法律职业资格考试工作。[1] 2020 年北京考区客观题和主观题考试报名人数共计 66 988 人，受理审核法律职业资格考试成绩合格人员申请材料 8474 人，发放法律职业资格证书 8445 份。

监狱工作。[2] 在全国监狱系统率先启动监所疫情防控一级应急响应机制，将监所疫情防控纳入北京市联防联控体系，全面实施监所封闭管理，物资转运实行"全过程无接触交接、全环节无死角消杀"，探索并运行 20 余项工作机制，实现监所"零疫情"、民警职工和罪犯戒毒人员"零感染"。强化监所内部管理，监所持续安全稳定。探索疫情特殊时期罪犯教育改造方式，充分借助狱内"新生大讲堂"线上授课和"新生在线"网上学习平台，举办"新生大讲堂"69 期、监所"政治夜讲堂"3000 余期、班组微课堂 50 000 余期，强化罪犯课堂化教育。组建"民法典宣传教育小分队"和高校专家帮教团，对罪犯开展《民法典》宣讲教育，共开展普法咨询 1563 次、专题宣讲 1532 次，视频授课 542 次 687 课时，对 800 余名罪犯提供法律援助 57 次，强化罪犯自觉守法、遇事找法的法治观念。建立罪犯账务系统，实现罪犯家属移动支付存款。认真做好"党建引领、接诉即办"工作，有效工单 61 件全部办结，响应率、解决率和满意率均达到 100%。强力推进"疏解整治促提升"专项行动。

戒毒工作。[3] 深入推进戒毒场所安全风险防控区建设，建立和完善网格式管理机制，确保戒毒场所安全。深化统一戒毒模式，持续推动戒毒场所分期分区戒治功能区和五大专业中心建设。创新运动康复训练方式，创编"太极健肺养心功法""久坐放松操"，组织戒毒人员开展八段锦、太极拳等康体训练，缓解戒毒人员焦虑情绪。在戒毒人员中重点推进正念防复发、经史合参等项目技术的学习与训练，累计开展各类团体训练活动 400 余次。发挥"蒲公英"戒毒宣讲团作用，面向社会开展禁毒戒毒宣传教育活动，开展线上宣传教育 12 次受众 12 000 余人，利用线上媒介开展实时在线交流 200 余条，服务首都禁毒戒毒职能作用得到进一步发挥。

2. 改革。进一步规范行政行为，深化减证便民服务。[4] 市司法局完成与市级政务平台的对接和实时数据推送，顺利将行政审批业务通过数据交换纳入综合"一窗通办"整体流程。大力推进智慧监狱智慧戒毒建设，[5] 系统梳理信息化软

硬件建设成果，对指挥调度等 10 余项重要执法工作进行流程标准重塑，实现信息技术与业务的深度融合。深入推进律师调解试点工作，[1] 成立北京市律师协会纠纷调解法律服务中心，有效实现资源整合。

---

[1] 北京市律师协会 2020 年工作报告，市律师协会提供。

六、法治社会建设

（一）法治宣传

中共北京市委全面依法治市委员会办公室与市委政法委联合印发《进一步加强对新型冠状病毒感染肺炎依法防控新闻宣传和舆论引导工作方案》[1]，强化疫情防控新闻宣传和舆论引导工作。报送周报 60 期、旬报 36 期、月报 12 期、工作简报 8 期、工作专报 7 期。多次在《法治日报》等中央媒体上宣传报道北京市法治建设经验成就情况。

市司法局开展《民法典》学习宣传和"4·15""12·4"等系列专项普法活动[2]，累计受众超 1000 万人次；制发第三批普法责任制清单，普法责任制单位覆盖达到 132 家；对 586 个市级民主法治建设示范村进行复核评估，实施《北京市关于加强法治乡村建设三年行动计划》。强化对基层司法所的工作指导，印发《关于落实部分行政执法权下放实行综合执法加强司法所建设的指导意见》，对司法所承接相关法制工作进行规范；编辑印发基层法制业务制度文件汇编，对各区司法局和司法所 600 余人进行培训。

市律师协会通过官方微信公众号累计发布疫情防控类推文 300 余篇[3]，总阅读量达 70 余万次。联合主流媒体推出的以北京律师发挥职能作用服务疫情防控、服务经济社会发展、维护社会和谐稳定等为主要内容的新闻报道 300 余篇。深度参与"助企惠民"春季行动，组建市区两级律师服务团队 18 个，参与律师达千余人次；开展民营企业"法治体检"专项活动，举办民营企业法治"大讲堂"，撰写《新型冠状病毒感染的肺炎疫情防控法律知识五十问》《疫情下劳动用工合同与劳动关系法律问答》《企业复工复产法律指引》等。

---

〔1〕 中共北京市委全面依法治市委员会办公室 2020 年工作总结及 2021 年工作安排，市司法局提供。

〔2〕 北京市司法局 2020 年法治政府建设年度情况报告，市司法局提供。

〔3〕 北京市律师协会 2020 年工作报告，市律师协会提供。

（二）非诉讼纠纷解决机制

人民调解、行政调解。[1] 全市各级人民调解组织共调解纠纷 19.35 万件，调解成功 16.14 万件；开展人民调解员等级评定工作，在线培训调解员 3 万余人次；贯彻《北京市行政调解办法》，受理行政调解案件 82.5795 万件[2]，调解成功 32.32 万件。

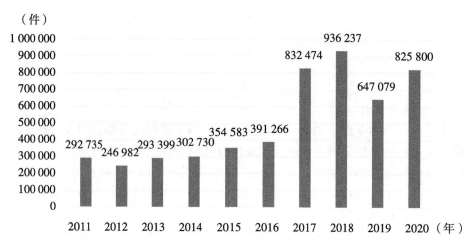

图 7　2011—2020 年行政调解受理案件数量

数据来源：2011—2020 年数据由北京市司法局提供。

商事争议仲裁。[3] 北京仲裁委员会/北京国际仲裁中心（北仲）2020 年共受理案件 5617 件，案涉标的总额为 940.06 亿元。全年受理亿元以上案件 145 件，平均标的额约 4.45 亿元。结案 5274 件，结案标的额为 725.96 亿元。仲裁结案类型包括：裁决 3188 件，调解 821 件，撤案 1265 件。受理国际商事仲裁案件 215 件，受案标的总额为 132.74 亿元。案件当事人涉及美国、澳大利亚、英国、英属维尔京群岛、日本、韩国、开曼群岛等多个国家或地区。其中津巴布韦、墨西哥、阿拉伯联合酋长国、越南和爱尔兰属于首次出现相关案件。有 12 个案件的双方当事人均有境外主体。受理以外文作为程序语言的案件 5 件，适用域外实体法律的案件 3 件，作出临时措施决定的案件 2 件，选择册外仲裁员的案件 2 件。

---

〔1〕 北京市 2020 年法治政府建设年度情况报告，载 http://www.beijing.gov.cn/gongkai/fzzfjsbg/szf/202103/t20210330_2337173.html。

〔2〕 北京市 2020 年法治政府建设年度情况报告，市司法局提供。

〔3〕 北京仲裁委员会/北京国际仲裁中心 2020 年机构工作报告，北京仲裁委员会/北京国际仲裁中心提供。

表1 2015—2020 年仲裁案件类型对比表

年 份	种 类											
	买卖合同	委托合同	建设工程合同	投资金融合同	租赁合同	借贷合同	特许经营、旅游类新型合同	承揽合同	信息网络争议合同	技术合同	担保合同	知识产权合同	其他案件
2015 年	773	331	315	816	153	302	64	28	33	50	16	26	37
2016 年	782	336	358	692	207	382	65	29	31	42	8	47	33
2017 年	842	118	376	857	183	456	—	32	—	—	28	275	24
2018 年	1107	161	618	1219	299	487	—	46	—	—	46	320	78
2019 年	1175	243	723	2973	331	—		56				437	139
2020 年	1161	171	737	2130	335	—		61				381	94

注：因统计口径调整，故有缺漏。

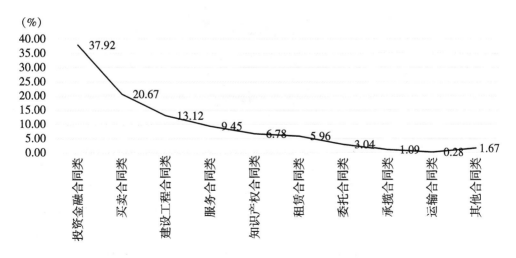

图8 2020 年北京仲裁委员会/北京国际仲裁中心受理商事案件类型比例

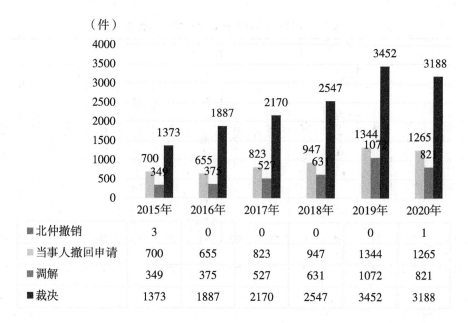

	2015年	2016年	2017年	2018年	2019年	2020年
■北仲撤销	3	0	0	0	0	1
■当事人撤回申请	700	655	823	947	1344	1265
■调解	349	375	527	631	1072	821
■裁决	1373	1887	2170	2547	3452	3188

图9　2015-2020年北京仲裁委员会/北京国际仲裁中心结案量

注：其中2020年北仲撤销的案件为部分撤销案件。

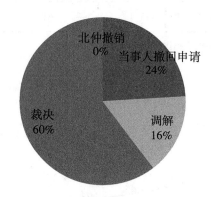

图10　2020年北京仲裁委员会/北京国际仲裁中心结案量及方式百分比

公共法律服务。[1] 北京市公共法律服务体系共受理法律援助案件2.88万件，完成司法鉴定业务8.01万件，受理仲裁案件5617件，办理公证事项76.28

---

〔1〕　北京市2020年法治政府建设年度情况报告，载http：//www.beijing.gov.cn/gongkai/fzzfjsbg/szf/202103/t20210330_2337173.html；北京市司法局2020年法治政府建设年度情况报告，市司法局提供。

万件。北京法律服务网全年提供法律咨询 27 003 人次；"12348"热线解答咨询 52.69 万人次，群众满意率达 97.73%。

行政复议、行政诉讼。[1] 全市各级行政复议机关共收到行政复议申请 11 311 件，案件数量达到法院一审行政诉讼案件的 1.54 倍，行政复议化解行政争议主渠道作用进一步显现，其中受理 9503 件，审结 8330 件；市政府共收到行政复议申请 1882 件，其中受理 781 件，审结 672 件。以本市各级行政机关为被告的一审行政诉讼案件 7352 件，审结 6112 件。

（三）法治国企建设[2]

推动完善国资监管体制。以管资本为主推进监管职能转变。做好转职能方案落实情况中期报告。开展中期任务总结，要求转职能分工方案各主责部门对 2019 年工作进行总结并明确 2020 年工作重点；配合市委改革办对市国资委《职能转变方案》的进展情况和实施效果进行专项督查，做好专项督查的协调、调研、座谈，及督查报告的起草工作；组织召开北京市国有资产基础管理联席会议 2 次，组织各成员单位就本市企业国有资产管理情况专项报告的编制和审议工作、国有资产交易制度和评估制度等国资监管问题进行交流研究。

推进企业法治建设工作。强化法治意识，层层落实法治建设第一责任人职责。牵头起草《关于进一步加强市管企业法务和内控工作，提高重大风险防控能力的若干意见》（京国资党发〔2020〕2 号），研究制定了进一步防范化解重大风险、推动企业高质量发展的 26 条重点举措。召开市管企业 2019 年度法律纠纷案件视频通报会；开展 2019 年度市管企业法治建设考核评价工作，形成对 37 家市管企业 2019 年度法治建设的考核评价结果。对法治建设考核评价指标体系进行修订，首次对不同类型企业分类制定考核指标，形成了《市管企业法治建设考核评价指标体系（2020 版）》；强化案件管理，坚决遏制企业重大案件高发态势。制定并印发 2019 年市管企业法律纠纷案件情况通报白皮书，对 2020 年面临的主要法律风险进行提示。协调督办企业重大案件；继续推进市管企业合规管理试点工作，组织开展首批 5 家市管企业合规管理体系建设试点工作评审，形成《评审报告》，对首批试点企业合规管理体系建设整体情况提出工作意见建议。对有海外经营业务的 12 家市管企业启动了第二批合规管理试点工作，建立了第一批试点企业与第二批试点企业的帮扶、导师工作机制，安排 6 期合规专项培训；进一步完善企业总法律顾问制度，开展市管企业总法律顾问述职评议工作，面向全国公开招聘总法律顾问，选优配强总法队伍，有 10 家一级企业及 30 家二

---

〔1〕 北京市 2020 年法治政府建设年度情况报告，载 http：//www. beijing. gov. cn/gongkai/fzzfjsbg/szf/202103/t20210330_2337173. html。

〔2〕 2020 年市国资委法治建设年度报告素材，市国资委提供。

级、三级子企业参与了市国资委组织的总法律顾问公开招聘，共吸引约 1600 余人次社会各界优秀法律人才报名参与；开展国有企业法律顾问等级资格评审工作，共评定企业二级法律顾问 14 人，备案企业三级法律顾问 183 人、企业法律顾问助理 311 人，共计 508 人；以京企云帆法务平台为载体营造法治文化氛围，先后举办 8 期京企云帆法治讲堂。充分运用"报、网、端、微、屏"等媒体平台，全方位、多声部加强宪法宣传。组织开展《民法典》学习宣传活动。加大市国资委微信公众号"国资京京""国企法治建设"法治信息编发、宣传工作力度。

（四）民营企业营商法治环境

全市法院积极优化营商法治环境。[1] 落实《北京市优化营商环境条例》，深入企业、行业协会征求意见建议 107 次，就完善网上立案、延期开庭等出台 32 项改革举措。围绕维护金融安全、促进风险防控，上线全国首家金融案件多元解纷一体化平台，实现区块链存证、诉前调解、司法确认全流程网上办理。围绕服务保障供给侧结构性改革，健全府院联动机制，协同市政府相关部门出台 25 项制度，解决破产费用等难题，北京破产法庭快速审理程序的平均办理时间减少到 99 天。围绕服务保障高水平对外开放，在市第四中级人民法院建立涉外商事纠纷诉讼、调解、仲裁一站式多元解纷中心。

全市检察院积极优化营商法治环境。[2] 实施京检"十条意见"助力"六稳""六保"，各区检察院与属地工商联建立服务民营企业便捷通道，让法律元素成为民营企业发展要素。开展涉非公经济案件专项立案监督，监督立（撤）案 29 件，其中一个典型案例在第二届民营经济法治建设峰会上发布；市检察院第三分院监督撤销一起涉案金额 2 亿元的合同诈骗案，让企业卸下包袱。坚持少捕慎押慎诉，对 122 名涉案企业负责人员依法不捕不诉、建议适用缓刑；通过羁押必要性审查，变更强制措施或释放 24 人。

全市公安系统积极优化营商法治环境。[3] 主动回应利企便民期待需要。推动建立移民管理"部市合作"机制，全力推进首批支持北京创新发展出入境新政落地见效。开展窗口服务专项检查，坚持疫情防控与便民服务"两手抓"，纵深推进"网上公安局"建设，创新推出电子居住证、交管业务网上自助办理等 42 项便民利企举措，政务服务事项申请材料同比精简 43%，办理时限压减 25%，网办事项覆盖率达 80%。

---

〔1〕 北京市高级人民法院工作报告，市高级法院提供。
〔2〕 北京市人民检察院工作报告，市人民检察院提供。
〔3〕 2020 年首都公安法治建设情况，市公安局提供。

全市司法行政机关积极优化营商法治环境。[1] 推动出台《北京市优化营商环境条例》，推动召开北京市优化营商环境法治保障联席会第一次会议，围绕"用法治方式保护中小企业法治""执行合同和办理破产"两个专题进行研究，形成重要成果，为提升首都营商环境法治化水平注入强大制度动能。

---

[1] 北京市 2020 年法治政府建设年度情况报告，市司法局提供。

七、法学教育和法学研究

（一）法学教育[1]

高等法学教育机构与专业。2020 年，北京地区高校开设的法学类专业包括法学和知识产权 2 个专业。41 所高校开设法学专业，4 所高校开设知识产权专业。

表 2　2020 年北京高校开设法学专业情况

专业名称	开设的中央高校	开设的市属高校
法　学	外交学院、北京航空航天大学、北京理工大学、中央民族大学、国际关系学院、北京大学、中国人民大学、清华大学、北京交通大学、北京科技大学、北京化工大学、北京邮电大学、中国农业大学、北京林业大学、北京中医药大学、北京师范大学、北京外国语大学、中国传媒大学、中央财经大学、对外经济贸易大学、中国政法大学、华北电力大学、中国矿业大学、中国石油大学、中国地质大学、中国劳动关系学院、中国社会科学院大学、中华女子学院（共 28 所）	北京工业大学、北方工业大学、北京建筑大学、北京农学院、首都医科大学、首都师范大学、北京第二外国语学院、北京工商大学、北京物资学院、北京联合大学、北京城市学院、首都经济贸易大学、北京警察学院（共 13 所）
知识产权	北京大学（仅有二学位）、中国人民大学（仅有二学位）	北方工业大学、北京吉利学院

---

〔1〕《北京市法治建设年度报告（2020）》主报告部分所需数据，市教委提供。

表3 全市高等教育机构分学科（法学）专任教师情况 单位：人

	合 计	正高级	副高级	中 级	初 级	未定职级
总 计	5650	1450	1910	1869	189	232
普通高校	5518	1426	1864	1820	182	226
成人高校	132	24	46	49	7	6

表4 全市普通本科法学专业学生情况 单位：人

	毕业生数	招生数	在校生数	预计毕业生数
合 计	8513	9962	36 870	8828
普通高校	8513	9962	36 870	8828
成人高校	0	0	0	0

表5 全市普通高职公安与司法大类学生情况（专科法律大类） 单位：人

	毕业生数	招生数	在校生数	预计毕业生数
合 计	1159	820	2577	1123
普通高校	1159	820	2577	1123
成人高校	0	0	0	0

表6 全市成人本科法学专业情况 单位：人

	毕业生数	招生数	在校生数	预计毕业生数
合 计	2180	3348	7492	3043
普通高校	2180	3348	7467	3018
成人高校			25	25

表7 全市成人专科公安与司法大类学生情况（法律大类） 单位：人

	毕业生数	招生数	在校生数	预计毕业生数
合 计	1206	242	1946	1668
普通高校	884	0	1386	1386
成人高校	322	242	560	282

表8　全市法学专业硕士研究生情况　　　　单位：人

	毕业生数	招生数	在校生数	预计毕业生数
合　　计	7926	9338	23 593	8707
普通高校	7826	9271	23 341	8582
科研机构	100	67	252	125

表9　全市法学专业博士研究生情况　　　　单位：人

	毕业生数	招生数	在校生数	预计毕业生数
合　　计	1012	1629	6931	2931
普通高校	908	1556	6566	2723
科研机构	104	73	365	208

　　法治宣传教育。坚持宪法教育核心，组织88万余名大中小学生在全国第五届学生"学宪法讲宪法"活动中参与宪法网上学习。此项工作得到教育部普法办表扬。分别编制高校、区教委、直属单位普法工作评价标准，完成全系统"七五"普法总结自查。圆满完成教育系统法治微视频500余部作品征集报送，31部优秀作品获市级奖项，市教委获优秀组织单位荣誉称号。深化推进教检合作，协同国家及市检察机关，完成组织16区学习最高人民检察院检察长开学法治第一课、最高人民检察院干部任中小学法治副校长对接、编制检察官参与思政课教师培训工作方案等工作。重视和加强教师法治教育能力建设，通过选派百名教师参加"国培"、组织高校依法治校专题线上培训等形式，完成300余名教师培训。开发试用"依法治教"手机学法小程序，提供网上法律学习服务，累计学习近39万人次。完成全年4次会前学法，组织教育两委机关干部"七五"依法行政第四期轮训和旁听案件庭审。积极开展抗疫普法，下发做好疫情防控期间法治工作通知，编写疫情防控普法专报被司法部官网刊发。

　　（二）法学研究[1]

　　2020年，北京市法学会推进课题管理改革，修订《北京市法学会市级法学研究课题管理办法》。开展第三方评估，组织专家组成第三方评估小组深入市公

---

〔1〕　北京市法学会2020年工作报告，市法学会提供。

检法司、区委政法委各单位对政法领域全面深化改革成效进行评估，形成评估指标体系、分报告和评估总报告。加大立法咨询论证力度，先后组织完成了对《加强首都公共卫生应急管理体系建设的若干意见》《北京市物业管理条例》等十余项条例、意见的立法论证工作。提高法治建设年度报告编写质量，突出了市委依法治市委员会成立以来所发挥的领导作用，完善了区级法治建设年度报告。持续加强论坛建设，参与第十五届环渤海区域法治论坛暨第六届京津冀法学交流研讨会。充分发挥研究会服务职能，委托 53 个研究会开展不同学科（领域）的学术研讨活动项目，指导研究会围绕"疫情防控法治研究研讨交流""组织《民法典》宣传""举办法律服务进社区、线上法律咨询"等内容，组织活动 180 多场次。始终抓好疫情防控工作。疫情发生后，及时就机关、区法学会、所属研究会做好疫情防控工作提出了明确的工作任务、防控责任和具体要求。向中国法学会报送 3 期疫情防控专报，得到中央领导重要批示。在《首都法学动态》开辟防控疫情专刊，共编发 37 期，提出建议百余条。对本市印发的 11 个防控疫情文件进行法律风险和实施情况等方面的评估分析，向市委依法治市办提交 11 份评估报告。广泛动员各研究会助力疫情防控，39 个研究会提出了 140 余条建议。发挥《法学杂志》学术引领作用。《法学杂志》已进入全部四个法学核心期刊目录，在全市法学类杂志中遥遥领先。全年出刊 12 期，刊发文章 161 篇。

区 报 告

东城区法治建设报告

2020 年是全面建成小康社会和"十三五"规划收官之年，是极不平凡、极为特殊的一年。面对错综复杂的国际形势、艰巨繁重的国内改革发展稳定任务，特别是新冠肺炎疫情的严重冲击，在市委市政府和区委的坚强领导下，东城区坚持以习近平新时代中国特色社会主义思想为指导，深入贯彻党的十九大和十九届二中、三中、四中、五中全会精神，团结奋斗，砥砺前行，统筹疫情防控和经济社会发展，坚持"崇文争先"理念，全面提升"四个服务"工作水平，大力推进"五个东城"建设，为统筹推进疫情防控和经济社会发展提供坚实有力的民主法治保障。

一、人大法治保障和监督工作

一年来，区人大常委会依法行使各项职权，共召开常委会会议 9 次，听取、审议议题 57 项，其中听取、审议"一府两院"专项工作报告 16 项，计划、预算、决算和审计报告 7 项，依法作出决议决定 8 项；召开主任会议 14 次，研究讨论议题 84 项；开展法律法规实施情况检查 5 项；对 4 件行政规范性文件进行备案审查；任免国家机关工作人员 87 人次、人民陪审员 646 人；组织 18 人进行宪法宣誓，各项工作取得了新的成绩。

（一）充分发挥人大制度优势，在推进区域治理体系和治理能力现代化中展现人大作为

人民代表大会制度是支撑国家治理体系和治理能力现代化的根本政治制度。区人大常委会坚定制度自信，主动担当作为，积极开拓进取，切实把人民代表大会制度优势转化为推进城市治理现代化的效能。

1. 坚决扛起疫情防控重大政治责任。区人大常委会坚决贯彻中央、市委、区委关于疫情防控的各项决策部署，认真落实市人大常委会关于依法防控疫情的有关决定，坚持把人民生命安全和身体健康放在第一位，印发关于落实加强党的领导、为打赢疫情防控阻击战提供坚强政治保证的措施。及时向代表发出倡议，

全区人大代表积极响应号召，投身抗疫一线，发挥重要作用。代表们通过多种方式了解民情，紧紧围绕人民群众关心关注的问题，提出合理布局防控力量降低交叉感染风险、妥善处理一次性口罩防止传染源滋生扩散等意见建议；医疗战线代表积极参与定点救治、医疗救护、基础预防、科研攻关等工作，同时间赛跑、与病魔较量，留下最美逆行身影；街道社区代表摸排登记、封闭值守、精准服务，以首善标准筑牢疫情防控"首道墙"；机关企事业单位代表发挥自身优势筹措物资、捐款捐物，体现了同舟共济的深厚情怀。代表们在各条战线、各自岗位上充分发挥密切联系群众优势和示范带动作用，以实际行动诠释了伟大的抗疫精神，展现了新时代首都功能核心区人大代表高度的政治自觉、强烈的责任担当和深切的为民情怀。区人大常委会主任、副主任按照区级领导包街道制度安排，持续深入街道、社区、学校、企业检查督导疫情防控工作，切实履行好领导责任。严格落实"四方责任"要求，区人大常委会机关和机关干部认真履行单位责任和个人责任，确保各项防控措施落实到位。选派 20 名机关干部下沉社区，为织密社区疫情防控网贡献积极力量。按照《中华人民共和国突发事件应对法》和北京市突发事件总体应急预案等有关规定，听取区政府关于新冠肺炎疫情防控专项工作报告，促进加强重大公共卫生风险防范。

2. 全面助力"五个东城"建设。深深植根于人民群众、加强同人民群众的联系、广泛凝聚社会共识是人民代表大会制度生命力和优越性的重要体现。人大常委会紧紧围绕区委"五个东城"建设要求，制定实施《关于充分发挥人大职能作用助力"五个东城"建设的意见》，确定 11 项具体任务，制定任务分解方案，推动任务落实。发挥代表密切联系群众优势，组织开展人大代表"五个东城"建设主题宣讲活动，248 名区人大代表深入选区、深入群众开展宣讲活动 185 场，1 万余名选民参加，推动将区委的决策部署转化为全区人民的广泛共识和自觉行动。积极凝聚代表智慧，围绕"五个东城"建设广泛组织代表建言献策，创办形成 4 期《代表建言专报》，将市区两级人大代表的重要意见建议报送区委区政府，进一步搭建民心民意直通渠道。深入了解"五个东城"建设成果，围绕经济高质量发展、公共文化服务及信息化建设、城市精细化管理、残疾人事业发展、发挥检察职能服务保障首都功能核心区建设 5 个专题，组织全国、市、区三级人大代表 289 人次开展集中视察，进一步激发代表在"五个东城"建设中发挥优势、主动作为的热情。

3. 积极推动核心区控规高质量实施。认真落实党中央、国务院批复精神和市委、区委有关要求，把促进控规实施作为人大常委会依法履职的重要内容，坚决维护控规的严肃性和权威性。积极向代表宣传控规精神，在草案征求意见期间发动代表深入"主展厅"和 17 个街道"微展厅"了解控规、建言献策。控规批复后第一时间组织专题学习和交流研讨，深刻理解控规精神，研究谋划人大行动。依法加强对控规实施情况的监督，听取区政府关于《东城区落实首都功能核心区控制性详细规划三年行动计划（2020 年—2022 年）》、关于《王府井商业区更新治理规划》的报告，提出坚持高位统筹、健全完善规划实施保障机制、强化规划实施监督检查等意见建议。协助市人大常委会开展《北京历史文化名城保护条例》修订调研，为夯实控规实施制度支撑提供参考。

（二）增强人大监督刚性，更好助力经济社会发展和改革攻坚任务

区人大常委会始终坚持人大监督的政治定位、法律定位，寓支持于监督之中，聚焦重大任务、强化刚性要求、体现人民意志，努力推动解决群众的操心事烦心事揪心事。

1. 凝聚"十四五"时期发展共识。为促进编制出一份高水平的规划纲要，人大常委会围绕产业发展、依法治区、社会建设、卫生健康事业发展、历史文化名城保护等专题，采取线上线下相结合等方式，组织代表深入开展调研，积极扩大公众参与，汇集民意、集中民智、凝聚共识，形成 1 个综合调研报告和 5 个专题报告。听取区政府规划编制情况报告，对规划纲要草案进行初审，提出切实保障和改善民生、推动政务功能与城市功能有机融合、推动老城整体保护与有机更新相互促进、打造特色优势产业夯实高质量发展基础等建议，努力为大会审查批准规划纲要奠定坚实基础。

2. 保障经济社会高质量发展。大力推进人大预算审查监督重点向支出预算和政策拓展，加大对重点支出、抗疫资金等重要内容的审查，对政府债务分配使用开展专题审议，提出 15 条意见建议，促进财政资金使用效益进一步提高。深化多元监督模式，推进专门委员会初步审查部门预算工作，升级预算联网监督系统，不断提升预算审查监督的精准性。落实党中央关于加强国有资产管理监督决策部署，审议区政府关于国有资产管理情况的综合报告、首次听取和审议区政府关于企业国有资产管理情况的专项报告，提出加快转变国有资产监管职能、持续优化产业结构布局等意见，切实履行人大国有资产监督职责。落实全国人大常委会、市人大常委会对审计查出突出问题整改情况监督的要求，听取和审议预算执行和其他财政收支审计查出问题整改情况的报告，对 2 个重点整改部门的整改情况进行跟踪监督，促进全区财政管理水平不断提高。听取、审议关于文化和旅游融合、主导产业助推经济高质量发展、第四次经济普查等情况的报告，开展优化营商环境代表专题培训，促进区政府发掘"活力东城"新潜能。

3. 推动加强和改善民生。紧盯群众期盼、社会关注的重要民生项目，紧扣"七有"要求和"五性"需求，听取和审议区政府关于重要民生实事完成及编制情况的报告，并作出决议，确定优化基本公共服务、改善群众居住条件、提升群

众生活便利性等 7 个方面 23 件重要民生实事项目，督促项目办实办好，增强群众对"幸福东城"建设成果的获得感。聚焦做好"六稳"工作、落实"六保"任务，坚持就业是最大的民生，听取区政府关于劳动就业保障情况的报告，促进更好应对疫情带来的就业形势挑战。围绕群众普遍关注的教育、医疗、体育、交通等问题，组织代表视察、调研，听取、审议区政府关于第三期学前教育行动计划实施、医耗联动综合改革、体育健康生活化社区建设等情况的报告，对加强静态交通治理议案进行跟踪监督，促进区政府加快推进学前教育普及普惠和医疗机构向内涵质量效率集约型发展方式转变，更新建设 94 个群众家门口的体育场地设施，强化停车治理法治保障。

4. 促进"关键小事"落实。围绕落实垃圾分类和物业管理两个"关键小事"，在全区推进大会后紧跟《北京市生活垃圾管理条例》《北京市物业管理条例》执法检查，通过法治方式保障法规落实。执法检查组开展 20 次调研、座谈和实地检查，首次由区人大常委会副主任在区常委会会议上作执法检查报告，推动解决生活垃圾闭环处理等问题，促进提升物业服务质量。发挥代表主体作用，按照全市统一部署开展 3 轮市、区两级人大代表"两条例""身边路边周边"检查。坚持边实施、边检查、边反馈、边改进，坚持问题导向，着力督办问题清单，共复查整改 85 个小区，规范完善 26 条工作措施，上报市人大常委会 13 条建议，推动两个"关键小事"取得阶段性成果。1104 人次市、区人大代表参加"三边"检查，平均参与率 98.3%，居全市前列，既增强了精治本领，又营造了共治氛围。对《北京市街道办事处条例》开展执法检查，深化街道"吹哨报到""接诉即办"法定职责落实，助力"创新东城"建设，促进发挥街道办事处在做好"关键小事"中的重要作用。

5. 推进全面依法治区。落实法治政府建设与责任落实督察工作规定，首次听取区政府关于法治政府建设情况的报告；持续监督公共法律服务工作，促进区政府进一步强化法治意识，提高运用法治思维、法治方式推进工作的能力。加强司法工作监督，促进为全面建成小康社会营造良好社会环境；听取和审议区检察院关于公益诉讼检察工作情况的报告，促进履行好公益诉讼主体责任，不断提升检察监督能力水平。加强对法律实施的监督，强化学习培训、聚焦核心条款，采取听取汇报、实地视察、座谈交流、填写执法检查意见书等方式，对全国人大常委会有关决定和《中华人民共和国野生动物保护法》《北京市实施〈中华人民共和国归侨侨眷权益保护法〉办法》在东城区的贯彻实施情况进行检查，促进法律法规得到有效执行。协助全国人大常委会、市人大常委会对反对食品浪费立法、《北京市突发公共卫生事件应急条例》《北京市文明行为促进条例》等 10 个立法项目征求意见，收集人大代表和人民群众的意见建议 731 条。

（三）全面加强制度机制建设，促进区人大及其常委会依法履职

区人大常委会深入贯彻落实党的十九届四中全会精神，深刻把握"依照法定职责、限于法定范围、遵守法定程序"的履职原则，深入开展规范化建设年活动，全面加强制度机制建设，更好发挥制度对做好新时代人大工作的引领、规范、保障作用。

1. 着力提升制度意识。先后组织开展党的十九届四中全会精神、习近平总书记关于坚持和完善人民代表大会制度的重要思想、人大依法行使职权的法律法规 3 个专题的集中学习和交流研讨，区人大常委会主任、副主任以制度化规范化建设为题进行专题辅导，进一步深刻领会构建制度体系、使各方面制度更加成熟更加定型的根本要求，深刻领会新时代人大工作的新形势新任务，切实提高制度意识和制度自觉。

2. 深入开展制度研究。先后召开近 20 次调研座谈会，深入研究分析制度建设基本情况、存在问题和思路举措，形成 9 个专题调研报告。紧盯调研过程中发现的制度建设短板，就重要制度的立改废工作进行专题研究。全面系统梳理制度、形成清单，其中区人大监督部门工作依据的法律法规 619 项、区人大及其常委会履职的法律依据和制度依据 27 项、区人大及其常委会制定的规范性文件 87 项，为推进制度建设奠定坚实基础。

3. 全面构建制度体系。专门加开区人大常委会会议，打包制定、修订和废止一批工作制度。一年来，共完成 58 项制度的立改废工作，在坚持党的领导、依法行使职权、做好代表工作、加强自身建设 4 个方面形成了相对完善的制度框架和制度体系，为依法履行职责提供了有力制度支撑。党对人大工作领导制度不断健全，修订区人大常委会党组工作规则、"三重一大"事项集体决策实施办法等，充分发挥党组领导作用。人大依法行使职权制度不断完善，制定区人大常委会专题询问办法、区人大常委会任命人员向区人大常委会报告履职情况试行办法等，切实把依法行使职权细化为推动职权落实落地的各项制度。代表工作制度不断创新，制定人大常委会组成人员联系人大代表办法等，为更好发挥代表作用提供制度保障。自身建设制度不断夯实，健全完善会议程序、工作规则、管理办法等，区人大常委会依法履职和机关服务保障水平得到有效提升。

4. 始终强化制度执行。区人大常委会坚持把制度执行作为健全完善制度体系的落脚点，带头维护制度权威，带头做制度执行的表率。加强对制度执行的监督，对制度任务进行台账管理，制定制度执行责任清单，明确主体责任、监督责任和领导责任。定期盘点制度执行情况，切实把制度建设成效体现到依法履职实践中，确保每一项工作、每一次会议、每一个决定都依法依规进行。

（四）强化履职服务保障，充分发挥代表主体作用

区人大常委会正确把握"代表机关"职能定位，坚持把服务保障代表依法

履职作为重要的基础性工作，不断拓宽代表工作的广度和深度，促进代表充分发挥主体作用。

1. 推动街道人大工作进入新阶段。主动对标"吹哨报到""接诉即办"和街道管理体制改革要求，制定关于加强和改进新时代街道人大工作的意见，进一步明确街道人大工作的体制机制、职责任务、组织基础，为推进新时代首都功能核心区街道人大工作创新发展、更好服务保障代表依法履职奠定基础。召开座谈会，系统总结东城区在全市率先设立人大街工委20年来的经验成果，推动构建街道人大工作新格局。切实加强人大常委会对人大街工委的领导，加强主任会议成员联系人大街工委工作，夯实人大工作基层基础，进一步形成全区人大工作整体合力。

2. 密切人大常委会、代表和人民群众之间的联系。开展主任会议成员接待人大代表工作，围绕加强残疾人权益保障、加强公共卫生服务体系建设、"十四五"规划纲要编制、创新物业管理体制机制等主题开展7次接待日活动，共接待代表100余人次，听取意见建议164条。加强人大常委会组成人员与人大代表的联系，宣传政策、通报情况、听取意见，扩大代表对人大常委会工作的参与。深入推进代表家站建设，制定工作意见，召开工作推进会，全区17个街道全部建成代表之家，优化整合建成118个代表联络站，充分发挥家站作用，打通代表服务群众的"最后一公里"，为代表履职搭建更贴群众、更接地气的平台。

3. 加大议案建议督办力度。高质量督办关于创新物业管理体制机制，着力打造"精致东城"议案，结合落实《北京市物业管理条例》开展9次专题培训、视察调研和座谈，区人大常委会组成人员对议案办理情况开展专题询问，提出推动居民自治、强化物业企业日常监管、创新老旧小区物业管理模式等建议，有力推动以提高"三率"为核心的物业管理体系不断健全完善。加大代表建议督办力度，按照"内容高质量、办理高质量"的要求，以提高解决率为工作目标，突出人大专门委员会对口督办和人大街工委全程参与。区十六届人大六次会议期间代表提出的105件建议全部办结并答复代表，问题解决率为87.6%，比上年提升0.7个百分点，代表满意率为96.2%，比上年提升2.8个百分点，促进规范路侧停车、改善校园周边环境安全等一批具体问题得到解决。

4. 加强代表履职服务保障和管理监督。制定代表履职管理办法，明确管理要求，规范履职行为，确保代表正确履职、依法履职、有效履职。首次将代表培训纳入党校培训计划，不断提升代表的政治素质和履职能力。升级代表履职管理系统，为提高代表工作实效提供信息化支撑。做深做实代表述职评议工作，4名市人大代表、98名区人大代表分别在人大常委会会议和选区进行述职并接受评议。加强代表思想政治建设，首次对5名市、区人大代表进行约谈提醒。加强和改进市代表工作，精心组织市人大东城团活动，为市代会东城团高质量履职做好服务保障。

（五）加强党的领导，推动自身建设取得新成效

区人大常委会始终坚持把党的领导作为做好新时代人大工作的首要政治原则，时刻强化政治机关属性，增强"四个意识"、坚定"四个自信"、做到"两个维护"，促进依法履职能力不断提升。

1. 切实加强党的领导。坚持区委对人大工作的领导，认真落实区委第五次人大工作会议精神，明确74项具体任务和责任部门；严格执行重大事项请示报告制度，一年来共向区委书面报告工作46次，向区委常委会会议、区委书记专题会报告工作8次。切实发挥常委会党组把方向、管大局、保落实的领导作用，落实党组会议第一议题传达学习习近平总书记重要讲话和党中央决策部署制度，党组理论学习中心组围绕学习贯彻党的十九届四中、五中全会精神和《习近平谈治国理政》第三卷等开展集体学习和交流研讨15次，切实把习近平新时代中国特色社会主义思想和中央、市委、区委决策部署贯彻落实到人大工作全过程各方面。全面履行管党治党责任，召开全面从严治党工作会议，制定责任清单和任务清单，开展"不忘初心、牢记使命"主题教育整改落实情况"回头看"，认真落实意识形态工作责任制，持续加强"心中有激情、干事有本领、工作有担当、作风树形象"的"三有一树"干部队伍建设，积极支持派驻纪检监察组工作。

2. 加强调查研究和专委会建设。坚持把调查研究作为基本工作方法，在疫情防控常态化形势下，区人大常委会、各专门委员会、人大各街工委通过召开视频会议和组织代表视察、座谈、走访选民等方式，不断扩大代表和人民群众对人大工作的有序参与。落实党和国家机构改革要求，设立区人大社会建设委员会和相关工作机构，调整完善相关专门委员会职能，修订专门委员会工作规则，促进更好发挥优势和作用。

3. 加大宣传工作力度。通过网络图文直播重要议题审议情况，编发微信公众号、杂志、疫情防控工作专刊、《逆行的风采》抗疫工作实录，及时更新网站等多种方式，全面反映、生动讲述人大常委会和人大代表的抗疫故事和履职故事。不断拓宽宣传渠道，民主法制出版社《决战2020——人大代表在行动》、北京电视台对区人大代表和机关下沉干部参与疫情防控工作情况给予专题报道，北京日报、人民代表报、《北京人大》杂志、北京人大网站等先后报道东城区人大工作200余次，传递和扩大了东城人大声音、代表声音。

二、法治政府建设

（一）依法全面履行政府职能

1. 优化政务服务和营商环境。推进"一网通办"，落实"指尖行动计划"。

打造营商环境 3.0 升级版，召开第二届优化营商环境大会。区级领导走访服务企业 253 家。

2. 创新社会治理模式。受理"12345"市民热线案件 16 万件，综合成绩名列全市第三、城六区第一。推动责任规划师制度下沉街道。完成 9 个社区协商议事厅示范点和 26 个楼门院治理示范点创建工作。

3. 疫情防控法治化运行。成立东城区疫情防控法律专家顾问团、东城区中小微企业法律服务团。加强新冠肺炎疫情防控期间全区行政执法工作。

（二）坚持推进依法科学民主决策

1. 规范依法决策程序。实行重大行政决策目录化、档案化管理。出台《关于进一步完善重大行政决策合法性审查工作机制的实施意见》。

2. 加强行政规范性文件监管。制定行政规范性文件制定、备案和监督工作规定。全年共开展上会材料、公文制发的合法性审核及各类区政府文件征求意见 497 件，审核全区行政规范性文件 26 件。

3. 全面开展法治政府建设评估调研。形成《东城区法治政府建设评估报告》。针对问题加强整改，从决策层面提升政府依法行政水平。

（三）全面开展行政执法规范化建设

1. 多措并举促进"三项制度"规范落实。开展行政执法规范化建设评估调研。深入开展行政执法"三项制度"专项督查整改。

2. 扎实开展行政执法协调监督。共产生行政执法量 516 832 件，人均执法量 501.29 件，同比上涨 54.04%。完成行政检查 498 947 件，同比提高约 64.60%。处罚案件约为 17 885 件，同比下降约 44.76%。

3. 深入推进街道综合执法改革。印发《北京市东城区人民政府关于向街道办事处下放部分行政执法职权并实行综合执法工作的通知》等相关文件，成立改革过渡期法制审核工作小组。

（四）强化行政权力监督

1. 自觉接受人大监督、政协民主监督。共办理全国人大建议 1 件，北京市人大代表建议 14 件，市政协提案 21 件，东城区人大代表议案、建议 105 件，区政协提案 174 件，建议案 4 件，共计 319 件。

2. 自觉接受司法监督。区政府主要负责人出庭应诉 1 次，区政府副职负责人出庭应诉 1 次。区检察院向本区行政机关发出行政公益诉讼检察建议书 12 件，均已收到书面回复并整改。

3. 加强政务信息公开。政府网站主动公开信息 43 716 条。"区长信箱"接收来信 1791 封，均按期办结，其余未到办结期限。全年受理依申请公开 208 件，均按期办结。

4. 加强审计监督。通过大数据手段实现一级预算单位审计全覆盖。抓好疫情防控专项审计。建立自然资源资产责任台账。首次对企业国有资产全面管理情况审计监督。

（五）依法有效化解社会矛盾

1. 加强行政复议和行政应诉工作。受理行政复议案件 265 件，均审理完毕。办理区政府被复议案件 14 件。办理以区政府为被告的行政诉讼案件 357 件。

2. 多元化纠纷解决机制化解社会矛盾。逐步推广"法官+司法助理员+人民调解员三联动"社区人民调解新模式。

3. 全面发挥法治宣传教育的基础性先导性作用。落实普法责任制。"七五"普法总结工作顺利验收。大力开展"12·4"宪法宣传周系列活动。

（六）全面提高政府工作人员法治思维和依法行政能力

开展区政府常务会会前学法 6 次，举办全区领导干部全面依法治区暨依法行政网上专题培训班、依法行政复议应诉专题培训班、行政处罚案卷评查培训会等全区范围的依法行政培训。

三、审判工作

（一）统筹做好防疫和审判工作

1. 为疫情防控提供有力司法保障。依法惩治妨害疫情防控犯罪，对拒不配合社区防疫并妨害民警执行公务、销售伪劣口罩等 6 起刑事犯罪，依法从严从快惩处，纳入市高级人民法院新闻发布的典型案例，有力震慑该类违法犯罪行为。妥善化解涉及医院的纠纷，疫情严重期间，法官将已经康复但欠费滞留医院一年多的患者劝返回家，为医院排忧解难，维护医疗秩序，为群众提供良好就医环境；在要求医院偿还医疗设备款的案件中，促成资金有困难的医院与债权人达成和解协议，保障医疗正常进行。围绕疫情带来的社会问题加强调研，6 篇调研信息被市高级人民法院采用，并报送至市委，召开涉疫情法律问题新闻通报会 7 场。

2. 保障防疫和审判工作"两不误"。认真落实中央、市区委以及市高级人民法院各项疫情防控工作部署，以高度政治责任感迅速、有序、严密抓好院内疫情防控，确保来院群众和本院干警"双安全"，为工作正常运转打下坚实基础。根据防疫形势需要和群众需求，积极转变工作方式，着力通过线上开展审判和司法服务工作。增设"12368"诉讼服务专线，日均接答群众来电 108 次；加强网上立案、邮寄立案，审核两者申请 25 477 件，是 2019 年的 5 倍；在院外设立"智能云柜"24 小时接收当事人材料递交；线上审结案件 9999 件，占审判结案总数的 39.5%，努力把疫情对审判工作影响降到最低，并为加速审判信息化应用奠定良好基础。

（二）充分发挥司法审判作用

1. 围绕老城保护和文化产业发展，服务"文化东城"建设。妥善审理和执行涉南中轴线周边房屋解除租赁、拆迁腾退、征收补偿等案件22件，其中执结天坛周边简易楼腾退案件8件，简易楼全部腾退即将完成，为中轴线申遗提供司法保障。针对案件中所发现的民宿"围堵"知名街区景点、无序开发破坏古都风貌等乱象进行深度调研，调研信息受到市委书记蔡奇重视并批示，促进了乱象治理。关注文化产业领域的案件，依法审结光线影业、元气娱乐等公司影视投资维权案件9件，规范影视行业投资行为。为南锣鼓巷文创产业商户量身定制法律服务，送法上门，服务文创产业健康发展。

2. 围绕改善营商环境，服务"活力东城"建设。努力克服疫情对结案用时的影响，审结商事案件9489件，平均用时103天，同比基本持平。更加注重发挥民营企业产权保护调解室的作用，成功调解案件125件，涉案金额2.3亿元，其中6起案件达成执行和解，涉案金额8000万元，促进企业合作经营。对有发放工资、购买生产资料等资金需求迫切的企业，开通绿色维权通道，优先保障资金回笼，保障复工复产。联合区司法局、簋街管委会、区工商联加强送法服务，通过"法律商会网络讲堂"微信群等平台举办专题讲座6场，回应辖区中小企业关切，助力渡过疫情危机。及时审结并执结涉王府井外文书店整体升级改造所涉腾房纠纷9件，助力王府井功能区建设顺利推进。

3. 围绕城市治理优化提升，服务"精致东城"建设。对崇雍大街改造等街区更新、街巷整治所涉拆违、租赁等纠纷加强审判和诉前调解，妥善化解纠纷15起，助力街区改造更加精美。对案件中发现的老城平房区物业管理和违法建设问题，深入开展调研，向有关部门提出治理建议；法官主动走进物业纠纷多发小区，现场调解纠纷，宣传新的《北京市物业管理条例》，向物业公司提出改善服务建议；在区委推进党建引领物业管理工作中，认真履行"局包社区"责任，积极参与社区纠纷的源头治理，帮助社区提升精细化管理水平。对城市管理行政处罚中存在的问题，通过向行政机关发送司法建议，指导行政机关执法尺度更加精准。

4. 围绕知识产权保护和深化改革，服务"创新东城"建设。审结侵犯知识产权案件549件，注重贯彻加强知识产权保护要求，依法加大侵权赔偿判处力度。针对东城区"老字号"众多的特点，召开"涉老字号知识产权案件审判情况"新闻发布会，提出知识产权保护对策。审结仿冒、侵犯商业秘密、虚假宣传、串通招投标等不正当竞争纠纷28件，引导企业依法创新、诚信经营。顺应城市管理执法体制改革和街道管理体制改革形势，主动对接"街道吹哨、部门报到"机制。针对区政府首次自行实施房屋征收拆迁强制执行工作，与有关部门多次会商，提供执行经验，协助制定"工作规程"，并现场指导执行，帮助政府依法规范开展强制执行工作；针对街道执法中存在的问题，与之加强沟通交流，助力行政执法规范化，保障行政管理体制改革顺利推进。

5. 围绕改善民生福祉，服务"幸福东城"建设。高度重视重大民生项目所涉案件，依法审结民事案件 30 件、行政案件 206 件，快速执结案件 30 件，同时深入开展调解工作，促进矛盾纠纷实质化解。妥善审结婚姻、继承、抚养等家事案件 1858 件，注重通过调解消除家庭成员之间的隔阂，弥合情感裂痕。针对家庭内部争斗引发的刑事案件，建立刑民联动化解纠纷机制，刑事法官、民事法官和人民调解员联合调解，从源头解决家庭内部纠纷，使家庭关系重归和睦。特别关注劳动就业相关纠纷，与区人力社保局合作开展调解，促进劳资双方互谅互让、共渡难关，妥善化解纠纷 1122 件。深入街道社区主动提供"一站式"解纷服务，其中解决 300 余名离退休老人追索福利费用纠纷，免除老人们奔波之苦，受到多方点赞。对涉及民生保障的执行案件建立专门通道，高效执结案件 2537 件，发放案款 1.26 亿元。开展送法入校园活动 26 场，悉心护航青少年安全健康成长。

（三）以深化司法改革促严格公正司法

1. 做好刑事审判工作，依法打击各类犯罪行为。审结刑事案件 842 件，判处罪犯 1053 人，重点打击危害首都安全稳定和群众人身财产安全的犯罪行为。重点审理市级挂账督办的"7·21 非法一日游专案""3·18 桑某某重大犯罪团伙字画诈骗案"，有力治理了首都旅游文化市场乱象。坚决贯彻"三项规程"和证据裁判原则，统一非法吸收公众存款等案件证据标准，以审判为中心的刑事诉讼制度改革深入迈进。

2. 做好多元调解、速裁和诉讼服务，便利群众解决纷争。"和立方"解纷机制从"线下调解"向"线上调解"扩展，开通疫情期间全市法院首部诉前调解工作专线，调处纠纷 491 起，接受法律咨询 449 次。在原有 11 个诉调对接工作站基础上，新设"驻东城区金融办诉调对接工作站"，将金融类矛盾纠纷纳入诉调对接。积极发挥各工作站在诉源治理中的作用，指导驻站人民调解员在疫情期间努力开展线上调解，实现非常时期"一站式""零接触"的纠纷化解效果。全年多元调解以及速裁结案 15 892 件，速裁法官人均结案 1086 件，24% 的民商事速裁法官审结了全院 69.8% 的民商事案件，优化巩固了新的审判工作格局。落实"接诉即办"工作要求，办结"12368"诉讼服务热线、审判信息网、微诉服等各渠道群众来电及留言 29 435 件，确保联系法官到位率 100%，工单在规定期限内办结率 100%。

3. 做好民事审判工作，维护社会和谐秩序。依法审结民事案件 12 689 件，妥善审理因疫情引发的旅游、教育培训、房屋租赁等民事纠纷 300 余件，引导双方协商和解、变通履行，平衡保护双方的利益，维护社会和谐。疫情严重期间，面对由不同法院审理又密切关联的案件，从安全便捷考虑，联合大兴区法院通过"云法庭"对案件协同调解，两个案件同时得以圆满解决，该方式为全市法院首创。对"以房养老""长租公寓"等新领域新业态中的相关问题结合审判实践深入调研，提出法律建议，助力有关部门加强整治。建立"民刑联动"虚假诉讼惩防工作机制，强化源头识别，加强与公、检机关对接，对 3 件涉虚假诉讼案件当事人追究刑事责任，其中一案入选最高人民法院"小案大道理"系列宣传案例，弘扬社会诚信。

4. 做好行政审判工作，促进法治政府建设。审结行政诉讼案件 862 件，其中涉区属行政机关诉讼案件 567 件。强化对行政权力的监督制约，促进行政机关依法行政能力提升，助力政府职能依法转型。围绕易发生诉讼问题，走进市公安局、公积金中心、区住房城市建设委等机关进行座谈和授课，加强与行政机关良性互动。审理涉企业注册登记和许可案件 85 件，规范行政审批和许可行为，保障行政机关依法简政放权。坚持高质量发布行政案件司法审判年度报告，被市高级人民法院评为行政审判年度报告工作先进单位。努力落实行政机关负责人出庭制度，推动行政机关更加注重依法行政、规范执法。东城区行政机关败诉率为 8.1%，同比降低 2.1%，法治政府建设又有新进展。

5. 做好执行工作，更好保障当事人胜诉权益。采取线上、线下执行方式，执结案件 11 604 件，到位金额 39.4 亿元。创新执行手段，通过支付宝查询收货地址、卫星定位扣押车辆、电子封条查封不动产，提升执行效率，有财产可供执行案件法定期限内结案率达 99.6%，提升 3.5 个百分点。创新建立财产集约处置机制和"一房一档"工作机制，形成以拍促执、快拍快执新局面，网拍成交金额达 7.8 亿元，案拍比达到 4.7%，提升 2 个百分点。与区人力社保局、区政府征收办、总直属军事法院建立协助机制，推动相关案件执行，联动执行体系进一步完善。与上海、天津等地法院建立异地财产联动处置与联合执行机制，解决异地执行成本高、效率低、缺保障问题。努力克服疫情对采取强制执行措施的影响，1 名被执行人被判处拒不执行判决、裁定罪，33 名被执行人被拘留，对规避执行的 2128 名被执行人纳入国家失信惩戒体系，1667 名被执行人迫于惩戒措施履行了全部义务。执行干警在全市执行工作考核中奋力争先，考核排名全市法院第一。

6. 做好审判监督管理工作，努力提升审判质效。针对疫情对结案进度的影响，全面加强审判监督管理，结案进度平稳有序。积极推进民事诉讼程序繁简分流改革试点，小额诉讼程序和简易程序适用率达 84%，平均审理期限分别缩短至

37天和42天。加强案件质效监控，把案件评查和审判流程节点督查作为提升质效的重要抓手。强化对改判、发回重审案件的评查，以落实审判责任为牵引，高质量制作评查报告，有力督促法官提升司法责任意识。完善"审判权力与责任清单"，压实法官审判责任和院庭长监督管理责任。审判质效稳步提升，被二审法院改判和发回重审案件同比下降33.7%，一审案件改发率排名全市基层法院第二，生效案件改发率排名第一，创历史最好成绩。

四、检察工作

（一）维护社会和谐稳定，切实增强人民群众获得感幸福感安全感

1. 坚决打赢疫情防控阻击战。一是统筹做好依法履职和维护稳定工作，依法从严从快办理涉疫案件22件23人，依法打击"暴力伤医"、医疗场所内寻衅滋事以及阻碍、干扰疫情防控工作等犯罪行为，为疫情防控和社会面稳定提供司法保障。向区委报送《关于涉疫情行刑衔接工作的报告》，获得充分肯定。二是坚守防疫前沿阵地。坚持"党有召唤，我有行动"，第一时间落实区委工作部署，仅用20个小时即召集第一批84名干警投身一线防疫工作。在历时126天的社区联防联控以及支援新国展、北京站等工作中，全院先后有200余名干警参与值守，并以优良的素质和作风得到社区干部和居民的一致称赞，30余名干警获评"社区防疫标兵"。三是积极开展疫情防控法治宣传，通过编制社区防疫工作"小宝书"等形式，解答群众关切问题，努力争取社区群众的理解、支持与配合。

2. 坚决维护国家政治安全和社会稳定。一是深化平安东城建设，依法打击各类刑事犯罪，共受理审查逮捕案件849件1160人、审查起诉案件857件1054人。严厉打击天安门地区扰序滋事、"官骗"和"法轮功"等邪教组织危害国家安全和公共安全案件65件78人。如，通过办理许某等11人利用邪教组织破坏法律实施案，铲除法轮功"大纪元"网站北京通讯社，有力维护了首都安全稳定。二是落实"少捕慎诉"原则，对犯罪情节轻微、社会危险性不大的121名犯罪嫌疑人作出相对不起诉决定，综合运用教育挽救惩治措施，促使其真心悔罪、改过自新。认真落实认罪认罚从宽制度，适用率同比上升33%。如，在"7·21"非法一日游专案中，耐心开展教育转化工作，全部被告人均认罪认罚，判决后无一上诉，取得良好效果，得到市委政法委充分肯定。三是研究制定《关于加强和改进意识形态工作的实施意见》，认真落实"三同步"工作要求，切实维护意识形态安全。

3. 坚决护卫人民安居乐业。一是全心全意解民忧办民事。突出查办"以房养老陷阱"案等侵害民生民利类犯罪案件，审查食品药品安全领域案件线索90余件，最大限度保障群众合法权益和身心健康。二是严格落实"群众来信件件有回复"和接诉即办等工作要求。共接收群众来信282件次，全部做到7日内程序性回复和 3 个月内实体性回复。三是呵护未成年人健康成长。持续对 20 余名未成年人开展帮教救助工作，用法律守护青春。42 名法治副校长推出线上"法治微课堂"23 期，开展校园普法活动 43 场次，受众达 3 万余人次。在区教工委、教委的支持帮助下，与区专门学校签署未成年人犯罪预防和教育矫治共建协议，为建立完善罪错未成年人分级管理机制创造条件。

（二）助推国家治理现代化，不断实现人民群众对美好生活的向往

1. 精准服务"三大攻坚战"。一是服务打好防范化解重大风险攻坚战。严厉打击以债权转让、私募基金等线下理财产品以及利用线上平台进行 P2P 业务的非法集资犯罪行为，妥善办理涉众型经济犯罪案件 124 件 215 人，切实为金融安全护航。二是服务打好脱贫攻坚战。本着"应救尽救""应救即救"的原则，加大司法救助工作力度。如，在姚某某故意伤害案中，姚某某全身被热油烫伤38%，家庭因巨额医药费陷入困境，检察官经过认真调查，认定其符合司法救助条件，远赴千里送去 20 万元"暖心钱"。其家乡多名借款人深受感动，纷纷主动为其减免借款本金或利息，使姚某及其家人从对社会的不满转为对法律的敬仰和对社会的感激。三是服务打好污染防治攻坚战。依法审查生态环境保护类线索50 余件。其中，就部分企事业单位将生活污水排入雨水管线、严重污染河水水体环境问题，依法向事发地街道和相关部门制发检察建议并开展立案后磋商工作，守护城市环境"高颜值"。

2. 积极融入社会治理创新。一是围绕"五个东城"建设目标，制定并抓紧抓实《检察机关服务保障"五个东城"建设的实施意见》，找准服务保障大局的切入点和结合点。向区委报送《东城区经济犯罪检察报告》，就预防和打击经济犯罪提出意见建议，均获充分肯定。二是积极营造风清气正的区域政务环境。加强与区纪委监委的衔接配合，办理职务犯罪案件 28 件 28 人。其中，某街道办事处环卫所张某受贿、某物业公司郭某行贿、职务侵占、诈骗案入选最高人民检察院第二十批指导性案例。三是坚持和发展新时代"枫桥经验"，突出发挥司法在预防和化解社会矛盾中的权威作用，促进人民群众对司法裁决的认同。积极引入律师等第三方力量进驻检察服务中心，为群众提供法律咨询等服务，努力将矛盾化解在基层、化解在萌芽。强化源头治理，就社会管理突出问题精准制发检察建议 23 份，向上级报送综治信息 39 篇。其中，《精准围猎、骗术升级警惕养老变"坑老"》等信息被最高人民检察院采用。扎实推进"十进百家、千人普法"法治宣传教育活动，为 52 家单位量身定做普法内容，力求提供更及时、更管用的"法治产品"。

3. 依法护航企业健康发展。一是全力落实"六稳""六保"任务，坚持依法保障企业权益与促进守法合规经营并重，推进涉案企业立案监督、"挂案"清查

和羁押必要性审查等工作。关注受疫情冲击较大的企业，充分考虑企业发展需要，确保企业正常生产经营活动。二是加大对知识产权司法保护力度。如，依托行刑衔接工作机制，就线上侵犯注册商标犯罪行为，建议区市场监督管理局移送区公安分局立案侦查。三是开辟服务民营企业绿色通道，在区委统战部的指导协调下，与区工商联联合建立"服务民营企业工作站"，共同为民企涉法、涉诉、合法权益保护等提供优质法律服务。四是畅通检企沟通渠道，主动了解辖区各类企业在复工复产中所遇到的法律问题，提供法律咨询 50 余次，助力企业尽快恢复生产经营。积极邀请企业家代表走进检察机关，群策群力、凝心聚力助推经济高质量发展。

4. 有效保护国家利益和社会公共利益。一是聚焦首都功能核心区控规实施，落实"崇文争先"理念，探索开展"服务保障中轴线申遗"专项监督活动。依法办理故意损毁全国重点文保单位"崇礼住宅"、驾车冲撞故宫东华门等案件。助力"疏整促"工作，督促某公司腾退侵占公共代征地，以保障市政道路规划实施。二是聚焦国有资产保护。制发诉前检察建议，督促相关部门追缴 9 家企业涉 1000 万元人防使用费，现已追缴到位 960 万元；办理首例基本养老金行政公益诉讼案，督促相关部门对因犯罪被判刑人员在服刑期间违规领取或被违规调整的基本养老金履行追缴职责，挽回国有财产损失 13 万余元。三是坚持双赢多赢共赢理念，主动与生态环境、规划和自然资源、园林绿化等部门座谈交流，积极邀请食药相关领域代表委员参与主题开放日活动，加大公益诉讼制度宣传力度，凝聚公共利益保护共识。全年共办理公益诉讼案件 11 件，全部通过诉前程序予以解决，实现公益诉讼法定领域全覆盖，有力促进依法行政，切实维护国家利益和社会公共利益。

（三）维护宪法和法律权威，努力让人民群众在每一个司法案件中感受到公平正义

1. 深入推进立案和侦查活动监督。监督公安机关立案 38 件 44 人；建议行政机关向公安机关移送案件线索 14 件 20 人，公安机关立案 12 件 18 人，确保案件办理在法治轨道上稳步推进。同步审查证据不足不批准逮捕、存疑不起诉、排除非法证据等案件 472 件，发现监督线索 110 条，并督促纠正相关问题。加大撤案监督工作力度，将没有犯罪事实或犯罪嫌疑人具有法定情形检察机关作出不批捕决定的案件纳入撤案监督范围，在区公安分局的配合下，共监督撤案 38 件 47 人，切实保护公民、法人和其他组织合法权益。

2. 稳步推进刑事审判监督。进一步落实检察长列席审委会制度，向区法院通报履行检察监督职责中发现的重点问题，对司法改革大背景下如何共同提升刑事案件办理质效，法检两院充分沟通、凝聚共识，共同维护法律统一正确实施。

加强专业化建设，不断提升监督能力，共发出纠正违法通知书 1 份，提出二审抗诉 2 件，提请审判监督抗诉 3 件。如，在贾某某刑事申诉案中，贾某某个人身份被他人冒用并以盗窃罪被判以刑罚，人口信息中留下犯罪记录，导致其就业受阻、生活遇困。经过调查核实，东城区人民检察院提请市人民检察院第二分院通过审判监督程序对此案提出抗诉，帮助贾某某还以清白。

3. 扎实推进刑事执行监督。积极开展暂予监外执行、判处实刑罪犯未收监执行等专项检察活动，就交付执行违法问题先后向丰台区、海淀区人民法院发出纠正违法通知书；就变更执行违法问题分别向安徽省利辛县、陕西省渭南市、河北省景县等司法局发出纠正违法通知书。最大限度减少审前羁押，与区人民法院、区公安分局建立联系人制度，定期通报情况，对羁押必要性审查案件立案 70 件，提出释放或变更强制措施建议 57 件，被办案机关及部门采纳 55 件，采纳率达到 96%。

4. 持续推进民事、行政诉讼监督。受理民事诉讼监督案件 53 件，推进民事虚假诉讼专项监督活动，与区人民法院、区公安分局建立以案件发现、联合防范、共同制裁为目标的协同运行机制。首次举办民事诉讼监督案件公开听证，邀请人大代表、人民监督员参加，将民事诉讼案件摆在"阳光下"。受理行政诉讼监督案件 7 件，积极开展行政争议实质性化解工作。如，办理的井某某申请监督案，经与多方沟通，最终为其获得司法救济提供有效途径，促进案结事了政和。

（四）自觉接受监督，更好地对人民负责、为人民司法

1. 坚持党的绝对领导。落实《中国共产党政法工作条例》《重大事项请示报告条例》《中国共产党党内监督条例》，严格执行请示报告制度，就检察工作重要事项、重大问题，向区委专题汇报 59 次，确保党的绝对领导落实在检察工作各个方面。落实全面从严治党主体责任，认真开展"以案为鉴、以案促改"专项警示教育活动，严格执行过问干预司法办案"三个规定"记录报告制度，制定《内设机构岗位职责廉政风险防控手册》，筑牢预防司法腐败的"防火墙"。

2. 自觉接受人大监督。坚持落实区十六届人大六次会议决议，书面反馈区"两会"中 17 位代表提出的 34 条意见和建议，得到各位代表的充分肯定。向区人大常委会专题报告公益诉讼检察工作，认真落实区人大常委会审议意见，进一步加强和改进公益诉讼检察工作。坚持深度参与、实质联络，主动邀请三级人大代表来院视察服务保障首都功能核心区建设工作，组织代表、委员参与精品案件评选、专门学校共建等各项联络活动，为代表、委员了解、监督、支持检察工作创造条件。

3. 自觉接受民主和社会监督。坚持以公开促公正，全年开展案件公开审查、公开听证、公开答复 24 次；及时、准确、全面公开案件程序性信息 1745 条、法

律文书 867 份，不断增强检察工作透明度，最大程度保障人民群众知情权。全年接待律师 758 次、阅卷 682 次，疫情期间为律师办理异地阅卷 16 次，全力保障律师合法权益。扩大检察宣传，加强与区融媒体中心和市检察院新闻中心的沟通协作，充分运用"两微一端一站一抖"等新媒体矩阵和传统媒体阵地，推出各类原创作品近 400 个，其中抖音作品《一次特殊的换押》获评全国第五届平安中国"三微"比赛暨优秀政法文化"优秀短视频"奖，新华社联合东城区人民检察院制作的以案释法宣传作品《千万别碰这种"邮票"》被人民网等 512 家媒体刊发，总阅读量达 175 万余人次，东城区人民检察院亦获评全国检察机关宣传工作先进集体。

4. 强化检察管理制约监督。充分发挥检委会对检察业务工作的研究决策、指导监督作用，将周、月、季度常态分析与数据专项分析相结合，把以"案-件比"为核心的办案质效考评体系纳入到日常管理。构建内部案件监督工作机制，实现对检察官办案全流程、立体化的监督管理。开展起诉书质量、案件质量评价、案件信息公开等专项评查，做到以查促改、以改促进。深化智慧检务，积极应用 BJCM 系统，实施案件卷宗系统传输、远程提讯、远程开庭等线上操作，推动科技信息手段同检察工作深度融合。

五、司法行政工作

（一）充分发挥统筹职能，全面推进法治东城建设

1. 统筹推进依法治区各项工作。组织召开区委全面依法治区委员会第二次会议和依法治区办第一次会议。制定工作方案，为东城区依法防控疫情提供法治保障。成立依法治区委专家咨询委员会，共有 17 位法律界专家入选。举办东城区领导干部 2020 年全面依法治区暨依法行政网上专题培训班，全区各单位 60 余名处级领导完成网络培训。开展党政主要负责人履行推进法治建设第一责任人职责及法治政府建设专项督察。

2. 扎实推进依法行政各项工作。落实《法治政府建设与责任督察工作规定》，完成东城区 2019 年法治政府建设情况报告，并按要求报告并公开。召开推进依法行政工作领导小组第一次会议，研究审议法治政府建设示范创建工作、依法行政考核指标、法治政府建设工作要点。

3. 牵头开展依法治区"十四五"规划有关工作。组织开展规划前期调研评估工作，完成《东城区法治建设调研评估报告》和《东城区法治政府建设评估报告》，起草《东城区依法治区建设工作规划（2021—2025 年）》，召开东城区"十四五"时期依法治区工作规划前期评估暨编制思路专家研讨会讨论修改后，拟提交区委常委会审议。

（二）充分发挥保障职能，全面推进法治政府建设

1. 扎实做好行政文件合法性审核工作。重大行政决策机制逐步完善，规范

性文件备案审核制度落实到位。出台《关于进一步完善重大行政决策合法性审核工作机制的实施意见》和《东城区行政规范性文件制定、备案和监督的若干规定》两大制度，健全审核体制。制定重大行政决策合法性审查表、行政规范性文件合法性审核表等一系列文书，加强程序规范。

全年共开展 4 次行政规范性文件清理工作，废止 19 件行政规范性文件，清理结果已对外公布。全年共开展上会材料、公文制发的合法性审核及各类区政府文件征求意见 497 件，审核全区行政规范性文件 26 件，以区政府及政府办名义制发的规范性文件 6 件，均按要求备案。通过提前介入、电话交流、座谈磋商等形式提出法制审核意见 201 件次，均被采纳。办理市立法草案征求意见 22 件、市政府常务会背景材料 18 件，充分发挥了区政府参谋助手的作用，为区政府决策提供有力的法制保障。

2. 深入推进街道综合执法改革。"街乡吹哨、部门报到"综合执法改革平稳落地，430 项行政执法权下沉的法治保障工作高效运行，从制定方案保过渡、出台规定明职责、编写指引定标准、线上线下强培训四个方面保驾护航。一是保过渡，制定出台了《关于做好我区行政执法职权下放法治保障工作的过渡期实施方案》，从区级层面明确了改革过渡期（2020 年 12 月底前），推进街道执法工作的法制审核小组实体化运行，有效缓解改革初期街道法治保障的巨大压力。二是明职责，为避免执法实践中出现推诿扯皮，出台了执法权限划分、执法责任制和案件指定管辖等工作规定。三是定标准，针对各街道在执法中反映的难点问题，区司法局编写了相应的工作制度汇编、问答式工作指引，对街道执法工作流程、标准、案卷制作等方面进行指导。四是强培训，采取线上线下等多种形式分批次对街道人员进行不同内容、不同角度的业务培训 900 余人次，组织街道干部参加全市统一的执法资格考试，充实一线执法力量。7 月份以来，各街道综合执法队在疫情防控检查、复产复工、生活垃圾分类以及大气、噪声污染防治、控烟管理等方面开展执法检查 10.7 万件，对全区行政执法效能的进一步提高起到了坚实的支撑作用。

3. 大力推进东城区行政执法规范化建设评估工作。组织全区各行政执法部门系统梳理行政执法工作资料，对各单位进行实地走访，调查基层行政执法规范化建设的具体情况，并对评估过程中形成的数据、材料进行分析、汇总、整理、研判，形成《东城区行政执法规范化建设现状及问题分析对策评估报告》。全面监督落实行政执法"三项制度"，督促全区各执法部门加大执法力度。组织全区各行政执法部门深入开展了行政执法"三项制度"落实情况专项督查整改活动，积极推动各项制度落实，不断提高执法规范性。2020 全年，全区共产生行政执法量 43.3 万件，在连续机构改革及疫情防控常态化背景下，同比上涨了

39. 64%，执法效能进一步提高。此外，还组织全区执法资格考试 3 次，整体通过率 83. 2%；审核强制拆除违法建设案件 42 件，审核通过 28 件，退回 14 件；组织开展全区案卷评查及质量抽验工作，共抽取 17 个行政执法部门行政处罚案卷 82 卷，其中优秀卷 81 卷，合格卷 1 卷。

4. 坚持依法做好行政复议、诉讼案件办理工作。充分发挥行政复议化解行政争议主渠道作用，依法办理行政复议、诉讼案件。全年办理以区政府为被告的一审行政诉讼案件 232 件、市政府受理的行政复议案件 14 件、区政府为被申请人的检察院监督案件 20 件、执行异议案件 1 件。

（三）充分发挥管理职能，全面推进司法行政工作进程

1. 加大矫正对象管理服务力度。全力围绕社区矫正群体"零疫情"、社区矫正对象"零违规"和社区矫正工作人员"零感染"工作目标，严格监督教育、严格情况摸排、严格审核管理，扎实开展矫正管理相关工作。采取座谈、培训、报刊、动漫宣传片、参观司法所、发放单行本等形式，在群众中广泛开展《中华人民共和国社区矫正法》（以下简称《社区矫正法》）宣传活动，营造全社会理解支持社区矫正工作的良好氛围。

2. 严格落实安置帮教工作措施。牵头协调，狠抓落实，不断加强对刑满释放人员的帮教力度。加强与监狱沟通，落实重点人员无缝衔接。加强督导检查，全区各司法所安置帮教工作有序开展。完成 2020 年东城区人民陪审员选任工作。通过两个月时间的精心筹备、精细组织、广泛宣传、严格审查，以公开抽选的方式，从 658 名常住 1 居民和个人申请正式候选人中随机抽选出 585 名拟任命人民陪审员。

3. 积极履行律师行业监管服务责任。一是注重发挥律师行业党建工作全覆盖的组织优势，引导律师党员为区域经济发展和改善营商环境建言献策。成立区疫情防控法律专家顾问团，依法助力疫情防控和企业复产复工。组织 34 家律所 136 名律师成立法律服务志愿者团队，将法律服务资源下沉到街道、社区。组织开展民营企业法治体检活动，为 300 多家民营企业提供法律意见、防范法律风险。当好区重点纳税律所的"紫金服务"管家，积极对接服务对象发展诉求，努力构造亲清政商关系。二是压实律师行业监管责任，加大投诉举报案件的查处力度。三是开展行政审批事项"全程网办"和"一网通办"推进工作，进一步推动减证便民、优化政务服务。

（四）充分发挥服务职能，全面推进法治社会建设

1. 全面提供优质高效的公共法律服务。一是公共法律服务区、街道、社区三级工作网络全面建成，公共法律服务实体平台、热线平台、网络平台"三台融合"，全面提升法律服务质量。二是认真落实为民办实事和市区重点工作，做好

弱势群体维权工作。办理农民工法律援助案件 51 件、80 岁以上高龄老人法律援助案件 21 件、残疾人法律援助案件 27 件，为 60 岁以上老年人提供免费代书 15 人次，提供上门服务 6 人次，收到锦旗 8 面。积极开展法律援助"六季行"宣传活动，在重要时间节点，开展面向妇女、残疾人、农民工、未成年人、军人军属、老年人的专项法律援助宣传活动。全年共指导工作站深入工地、社区、学校、驻区部队开展法律咨询、维权讲座等宣传活动 20 场，发放宣传材料、宣传品 2000 余份，进一步提高法律援助社会知晓率和影响力。三是加强公证质量管理，提升公证法律服务的水平和质量，全面开展公证执业专项自查工作。截至 12 月 20 日，东方、信德公证处共计办理国内公证业务 23 933 件，涉外公证 14 345 件及涉港澳公证业务 243 件。

2. 全面发挥法治宣传教育的基础性先导性作用。一是多措并举，开展疫情防控法治宣传。先后两次部署，全区累积发布疫情防控宣传信息 5000 余条，发放张贴各类宣传材料共计 70 万余份，编辑普法与依法治理工作简报 20 期，制作 8 个普法微视频，覆盖人员达到 150 万人次。二是宏观统筹，高位推进《民法典》学习宣传。组建区《民法典》讲师团，与依法行政相融合，邀请金国坤教授进行《民法典》解读，购置《民法典》书籍，开展《民法典》知识答题，连续制作多部《民法典》微视频在全区广泛投放。三是精心安排，开展全区"七五"普法总结验收工作。编纂工作情况报告，制作工作宣传片和《东城区"七五"普法成果汇编》，对全区 82 家单位的自查材料和工作档案检查督促整改。对区应急局等 6 家区属重点单位实地检查，听取了区人民检察院等 4 家单位工作情况汇报。四是落实普法责任制，开展督导检查。召开督导检查会议，听取区教委等重点普法责任制单位汇报，查阅档案等。

3. 全面开展社会矛盾纠纷排查化解。一是在常规排查化解的同时，重点围绕元旦、春节、"两会"、十九届五中全会和新冠疫情防控等特殊时期开展专项矛盾纠纷排查化解活动，建立工作台账，实行日报告制度等。二是积极推动人民调解队伍建设和信息化建设，不断完善以人民为中心的社会矛盾多元化解体系建设。在"诉调对接"深度融合试点经验的基础上，逐步推广"法官+司法助理员+人民调解员三联动"社区人民调解新模式，选取适合开展的地区开展"诉调对接"全覆盖。

六、法治建设特色和亮点工作

（一）提前一年开展"全国法治政府建设示范区"创建工作

为迎接中央依法治国办于 2021 年开展的全国法治政府建设示范创建工作，区依法行政领导小组第一次会议审议通过《2020 年东城区关于开展法治政府建设示范创建活动的实施方案》，提前部署创建工作。委托法治政府研究机构依据前次创建指标体系，制作评估指标体系职责任务清单，对东城区政府法治政府建设情况开展全面深度评估，形成《东城区法治政府建设评估报告》，并针对评估中发现的问题开展系列整改工作，切实从决策和实施层面提升政府依法行政水平，为2021年正式开展创建工作奠定坚实的基础。

（二）在全市率先开展法治政府建设年度情况报告统一政务公开

按照《法治政府建设与责任落实督察工作规定》相关要求，每年4月1日之前，地方各级政府和县级以上政府部门的法治政府建设年度报告，除涉及党和国家秘密的，应当通过报刊、网站等新闻媒体向社会公开，接受人民群众监督。为让社会公众更便捷、更全面地获取法治政府建设信息，东城区实行"法治政府建设年度情况报告统一发布"制度，主动接受社会监督，推动形成全社会关心支持和参与法治政府建设的良好氛围。2020年初东城区在全市率先于官网设置"东城区法治政府建设年度情况报告"专栏，统一公布区政府及各街道、各委办局法治政府建设年度情况报告。东城区将落实法治政府建设情况报告制度作为推动法治政府建设的重要抓手，全面持续提升法治政府建设水平。2021年3月26日，东城区政府和36家委办局、17个街道共计54份2020年度法治政府建设年度情况报告在"数字东城"官网政务公开栏目第二次集中发布。

（三）开展法治建设第一责任人履职专项督查

2020年东城区区级层面深入开展法治建设第一责任人职责及法治政府建设督察自查工作，同时在全区各街道、各委办局开展党政主要负责人履行推进法治建设第一责任人职责专项督查，要求各单位开展自查，督促整改，确保下级行政机关党政主要负责人切实履行推进法治建设第一责任人职责。东城区各级党政主要负责人针对自查发现的问题，深刻反省，严格整改。通过自查整改工作，东城区法治工作取得一系列进展：一是进一步加强法治建设工作统筹领导，将推进法治建设第一责任人履职纳入"十四五"规划和全年区政府绩效考核，加强督察考核，将行政主要负责人履行推进法治建设第一责任人职责情况纳入年终述职内容；二是进一步规范依法决策程序，出台《关于进一步完善重大行政决策合法性审查工作机制的实施意见》，起草《东城区重大行政决策程序实施细则》，严格落实决策项目档案化管理，建立决策咨询论证专家库。三是进一步健全规范性文件合法性审核工作机制。制定《北京市东城区行政规范性文件制定、备案和监督的若干规定》，健全规范性文件审核体制机制。四是进一步健全行政调解工作机制，加强行政调解指导委员会与各成员单位的内部制度建设，加大对各行政执法单位和各街道的行政调解工作指导力度。五是进一步完善东城区行政执法制度建设，及时督促整改，全面做好行政执法专项考评工作，重点监督基层执法规范，深化行政执法体制改革，健全行政执法规范化体系。

西城区法治建设报告

2020年，西城区坚持以习近平新时代中国特色社会主义思想为指导，深入学习贯彻落实习近平法治思想，立足首都功能核心区战略定位，坚决做到法治建设和疫情防控"两手抓"，以首善标准持续推动法治西城建设。

一、人大法治保障和监督工作

2020年，西城区人大常委会共召开常委会会议11次、主任会议18次，常委会审议议题63项，作出决议决定6项，形成审议意见书15份，补选市人大代表2名、区人大代表1名，任免国家机关工作人员74人次，接受3名区级国家机关领导人员辞去职务。

（一）运用法治思维和法治方式，助力城市品质持续提升

聚焦垃圾分类和物业管理两个"关键小事"。人大常委会认真落实"两条例一行动"，对《北京市生活垃圾管理条例》《北京市物业管理条例》贯彻实施情况开展了执法检查，组织代表先后到西长安街等7个街道和部分单位、居住小区、超市进行集中视察检查，听取和审议了执法检查报告。关注基层治理体系和治理能力建设。人大常委会把开展《北京市街道办事处条例》执法检查与督办关于深化基层治理、进一步完善"接诉即办"工作机制议案紧密结合，组织代表深入白纸坊等7个街道、社区进行了执法检查和议案督办调研，听取和审议了执法检查报告和议案办理报告，主任会议听取了区政府关于《北京市文明行为促进条例》实施情况的报告。听取和审议了区政府落实加强历史文化名城保护决议情况的报告，主任会议听取了区政府腾退文物科学利用工作推进情况的报告，持续助力老城整体保护。听取和审议了区政府落实街区整理决议情况的报告，推动了北京城市新总规和核心区控规的实施。围绕打好污染防治攻坚战，人大常委会听取和审议了区政府关于2019年环境状况和环境保护目标完成情况的报告，主任会议听取了区政府2020年上半年污染防治攻坚战工作情况的报告，有力推动了区生态环境质量持续改善。

（二）提升财政预算监督质效，推动经济高质量发展

为促进营商环境持续优化，组织代表视察调研物美新街口店、北京国信华源科技有限公司和国网电子商务有限公司，听取和审议了区政府关于市场监管工作情况、关于优化营商环境工作情况的报告，进一步激发了市场主体活力。为优化区域产业结构、实现经济转型发展，聚焦国家级金科新区建设，组织代表走访调研奇安信科技集团股份有限公司和新动力金融科技中心，听取和审议了区政府关于金融科技发展工作情况的报告。修订计划审查监督办法，进一步规范了审查内容、程序和要求。区人大财政经济委员会在全市首家以听取和审议专项报告的形式，强化了对政府投资情况的监督。深化预算审查监督，5个专门委员会对区住房城市建设委等5个政府部门和金融街街道等2个街道的2021年预算编制情况进行了初审。强化对"双重"项目的监督，对5个重大投资项目和9个重点支出项目中涉及的养老、教育重点项目进行实时跟踪监督。首次组织审计整改情况跟踪监督，组织部分委员代表专题听取和审议2个重点部门和4项重点监督内容审计整改情况，强化了审计整改效果。履行人大国有资产监督职能，人大常委会听取和审议了区政府2019年度国有资产管理情况的综合报告和2019年度行政事业性国有资产管理情况的专项报告，推动国有资产发挥更大效益。

（三）保障和改善民生，提升人民生活品质

围绕打好精准脱贫攻坚战，人大常委会组织代表赴河北省张北县、阜平县调研对口帮扶工作，听取和审议了区政府关于扶贫工作情况的报告，推动对口受援地区持续发展。关注紧密型医联体建设试点工作，人大常委会听取和审议了区政府专项工作报告，推动形成合理有序就医格局，促进医疗服务体系整体效能不断提升，更好满足人民群众健康需求。关注教育事业发展，主任会议分别听取了区政府关于师资队伍建设情况和青少年体育工作情况的报告，为办好人民满意的教育和促进青少年健康发展作出积极贡献。关注养老事业发展，主任会议听取了区政府关于西城区居家和社区养老服务工作情况的报告，推动区养老服务能力持续提升，养老基本公共服务体系持续完善。

（四）加强法律法规贯彻实施监督，推动全面依法治区建设

对全国人大常委会有关决定和野生动物保护相关法律法规实施情况进行监督。开展司法工作监督，人大常委会听取和审议了区法院关于深入推进诉源治理工作情况的报告，推动矛盾化解从终端裁决向源头防控延伸，促进矛盾化解更加公正高效便捷；围绕有效防范化解重大金融风险，主任会议听取了区检察院开展金融犯罪检察工作情况的报告；对区实施"七五"普法情况进行了监督，推动相关工作深入开展。认真执行规范性文件备案审查办法，依法对《北京市西城区促进出版创意产业园区发展办法（修订）》等2份规范性文件进行了备案审查。

严格执行宪法宣誓制度，认真组织被任命人员进行宪法宣誓。加强对司法工作人员的监督，20 名审判员、15 名检察员向人大常委会进行了书面述职。完成《中华人民共和国动物防疫法（修订草案）》《北京市突发公共卫生事件应急条例（草案）》等法律法规征求意见工作。

（五）服务保障代表依法履职，充分发挥代表主体作用

持续开展代表联系选民月活动。通过小规模座谈、调研、走访、电话访问、微信交流等多种形式，以推动《北京市生活垃圾管理条例》等 4 个条例贯彻实施为主题，紧紧围绕"身边路边周边"热点问题，开展调研检查，积极听取选民群众意见建议。21 名市人大代表和 366 名区人大代表参加活动，共接待选民群众 1549 名，征集意见建议 383 件。三轮"身边路边周边"调研检查中，市、区人大代表共 1390 人次参与，三轮参与率均为全市第一。坚持人大常委会主任、副主任牵头重点督办，专门委员会分类督办，代表联络部门协调督办的工作机制，推动解决了一批人民群众关注的热点问题。坚持代表大会期间代表审议意见研究处理机制，主任会议听取了区政府关于区十六届人大七次会议代表审议意见研究处理情况的报告，推动代表审议意见得到更好落实。大力推进街道人大代表之家、社区人大代表联络站建设，15 个代表之家、226 个代表联络站全部建成，为密切代表与选民群众的联系搭建了新平台。完善代表自主选择列席人大常委会会议、参加执法检查和视察调研工作机制，更好保障代表对人大常委会、专委会工作的参与。

二、法治政府建设

（一）提升行政决策公开力度和法治化水平

制发《北京市西城区行政规范性文件管理办法（2020 年修订版）》和《北京市西城区人民政府重大行政决策事项程序暂行规定》，审核各类文件协议 180 件，重大行政决策集体讨论率达到 100%，共有 15 次区政府常务会议 25 项议题进行了微博直播。出台《北京市西城区法律顾问工作指导意见》，进一步发挥专家顾问的作用。

（二）持续深化政府职能转变

推进权力清单动态管理，调整完成后区权力清单共 969 项。继续优化营商环境，推出区告知承诺事项 47 项。全面推进"区块链+电子证照"应用和政务服务"一张网"建设。全程网办率达 76.72%。率先开启全生命周期"微信办照"。落实"政务服务好差评"制度。推进公共资源交易平台整合，共享"互联网+"工作模式。深化街道管理体制改革和基层综合行政执法改革，不断提升功能核心区管理品质。

（三）推进政务公开标准化规范化工作

建立 4698 条政务公开主动公开目录清单库并在网站公布。政策发布前进行

民意征集，加强决策公开及政策解读，开展政民互动直播间录播 19 场。连续 7 个月在北京市信用状况环境监测中位列 16 区第一名。建成全区统一的公共信用信息服务系统，归集共享各类信用信息 3300 多万条。加强 "双公示" 工作，公布行政许可结果信息 5394 条，行政处罚结果信息 3739 条。

（四）深入推进严格规范公正文明执法

加快构建以信用为核心的新型市场监管机制。积极落实推进辖区事中事后监管工作，落实信用出证制度，推进联合信用核查工作，推进联合惩戒体系建设，开展了 19 批次 "双随机" 抽查。加强重点领域执法，持续深化行政执法 "三项制度"，开展区级案卷评查工作，严格实施行政处罚裁量基准制度，提高行政执法公信力。

（五）持续强化对行政权力的监督

全年办复各级建议、提案总计 300 件。区级领导以区政府负责人身份出庭应诉。全区各行政机关负责人出庭应诉 55 人次。强化财政和审计监督。加强对涉及市场主体的财政政策的公平竞争审查。关注优化营商环境等专项审计，积极做好审计结果公开。持续四年保持以西城区人民政府名义受理的信息公开案件 "零败诉" 记录。

（六）立足区情，提升社会治理水平

加强对涉及脱贫攻坚工作和做好 "六稳" 工作、落实 "六保" 任务的法治保障。加强全区公共法律服务体系建设，打通公共法律服务 "最后一公里"，实现网络平台、热线平台、实体平台全覆盖。

（七）积极开展法治政府建设示范创建活动

连续三年自我加压，组织第三方对法治政府建设情况开展全面评估。2020 年 7 月 31 日，西城区被中央全面依法治国委员会办公室命名为第一批全国法治政府建设示范地区。

（八）加强依法行政能力建设

区委常委会认真学习习近平法治思想，及时跟进学习习近平关于全面依法治国重要论述。区政府常务会会前学法 6 次。与中国政法大学共建全国领导干部法治教育合作基地，组织各类依法行政专题研讨班 10 次，讲座 4 次，共培训 1100 余人次。完善 "谁执法谁普法" 责任清单，开展直播以案释法、微信公众号专栏等各类线上普法活动。重点开展《宪法》、4 个条例和《民法典》等宣传。

三、审判工作

西城区全年案件总量 79 479 件，同比下降 4.6%；审（执）结案件 71 613 件，同比下降 5.9%；法官年人均结案 434 件，审判综合质效考核指标位居全市法院前列。

（一）依法履行审判职责，进一步彰显社会公平正义

一是扎实推动平安西城建设。审结各类刑事案件761件，判处罪犯916人。强化新型案件调研工作，针对"套路贷"案件撰写的调研报告获得北京法院一等奖。审结严重暴力犯罪、多发性侵犯财产犯罪、涉枪涉赌涉黄犯罪317件，保障公民人身财产安全，社会严重暴力犯罪案件持续走低。公开开庭审理2件高空抛物危害公共安全案件，守护好人民群众"头顶上的安全"。加大野生动物资源司法保护力度，50名涉及非法猎捕、收购珍贵、濒危野生动物的嫌疑人被追究刑事责任，最大涉案标的价值近2亿元。依法公正高效审理20件重大职务犯罪案件，始终保持严惩腐败的高压态势。推进以审判为中心的刑事诉讼制度改革，严格落实认罪认罚从宽制度，适用认罪认罚程序审理案件529件，占全部刑事案件数量的69.5%。刑事案件律师辩护率达到92.3%，法律援助覆盖率达到75.4%。二是积极维护民生领域合法权益。审结各类民商事案件39 799件，同比下降21.5%。妥善审结涉及食品药品、教育培训、医疗纠纷、物业服务等人民群众切身利益的案件6039件。积极引导优胜教育、非凡动力等教育培训公司、健身机构等作为被告的群体性案件原被告双方达成和解。审结离婚、继承、抚养等家事案件2556件，适用人身安全保护令8次，以网络直播方式向社会通报老年人金融消费权益保护情况，切实维护老年人合法权益。审结劳动争议案件1074件，建立劳动争议常态化研讨机制，统一裁审尺度，促进西城区和谐劳动关系的建立。审结知识产权案件1818件，对重点商标保护名录中的"老字号"企业进行"一对一"司法帮扶，形成《关于西城区"老字号"企业商标权司法保护情况的调研报告》，以司法力量守护西城区独特的宝贵资源。三是大力支持促进行政机关依法行政。审结各类行政案件1231件，其中国家部委作为复议"双被告"案件183件。系统总结行政复议"双被告"制度施行五年来的审判成果，形成《复议"双被告"案件行政审判工作报告》，对行政诉讼与行政复议有机衔接提出建议，得到最高人民法院充分肯定。发布区行政机关负责人出庭应诉情况年度报告，就行政复议制度改革后的复议程序召开研讨会，努力促进行政争议源头预防和实质性化解。建立《区属机关电子送达地址备忘录》，推进行政机关实现电子送达全覆盖。为工信部、市税务局、市卫生健康委等机关及西城区处级干部开展法治培训4场，持续推进司法与行政良性互动。四是稳步巩固基本解决执行难成果。全年执结案件28 835件，涉案标的总额308.7亿元。严格规范执行流程，梳理出38个办案节点，整合15个工作模块，编写出台的《执行办案规范操作指南》被北京市高级人民法院在全市分享推广。成立财产处置专管团队，引入专业司法拍卖辅助机构，加快财产处置进度，全年拍卖标的物1882件，拍卖房产286套，成交额13.1亿元，案拍比是2019年的2.9倍。尝试线上直播带看活动，在

北京地区第一次实现 6 个会场同步展示，中央政法委、市委政法委官网全程直播，吸引 72.3 万网友在线关注。开展超期未结首执案件清理工作，善用"继续执行保险"，有效避免了因执行异议权利滥用导致财产处置低效的情形。加大执行案款清理力度，缩短案款发还周期，全年发放案款 28.6 亿元。

（二）服务保障区域发展大局，积极回应人民群众司法需求

一是全力服务保障核心区高质量发展。围绕服务疏解非首都功能，稳妥审慎推进涉疏解项目案件的审理。通过法官们耐心细致地释法说理，督促被执行人自动履行法定义务，实现涉文物保护执行案件阶段性清零。强制执行"霸占"医院床位长达 6 年的腾退案件，有力维护公共医疗秩序。调研核心区民宿产业发展乱象并提出司法建议，助推区域社会治理精细化精准化。与北京晚报、北京人民广播电台就解读《民法典》合开专栏，发表文章、播出节目 41 期，送法进街道、进学校、进企业，让《民法典》走进群众心里，营造良好法治氛围。二是持续优化法治化营商环境。严格规范民商事案件延长审限和延期开庭问题，在适用普通程序案件中大力推行庭前会议制度，提高庭审一次成功率。商事案件平均审理天数为 103.4 天，比全市法院平均审理天数少 17 天。加大民营企业产权保护力度，发布企业产权保护十大典型案例，签订《关于建立民营企业产权保护社会化服务体系战略合作协议》，将西城区 1114 家民营企业纳入诉源治理直通车企业通道，提供在线诉讼咨询、多元解纷、普法宣传等三大类 8 项司法服务。完善诉讼服务体系建设，通过线上模式对全区律师、企业开展定向培训，累计培训 23 000 余人次。三是聚焦防范化解金融风险。审结金融借款、民间借贷、信用卡、证券、保险等金融案件 20 140 件，维护金融市场健康发展秩序。积极探索 P2P 平台类案件民事诉讼解决路径，稳妥推进指定管辖的"原油宝"系列案件的审理工作，加强对投资人合法权益的保护。完善金融纠纷诉源治理和多元化纠纷解决机制，联合北京金融街服务局等 4 家单位搭建融司法、仲裁、调解、监管、科研为一体的全新工作平台。主办第三届北京金融法治环境建设研讨会，首次纳入北京金融街论坛。创新建立金融纠纷调解协议"一站式"司法确认机制，6 个月化解银行贷款类纠纷 4596 件，帮助 4000 余名欠款人及时挽回信用，和解协议履约率高达 98%，银行回款总额超过 4000 万元，推动金融案件收案量近五年来首次实现下降。

（三）全面深化司法体制综合配套改革，探索法院管理体系现代化

一是全面落实司法责任制，让放权更有序、监督更有效。进一步构建"权责明晰、权责统一、监督有序、制约有效"的审判权运行机制，制定审判权力和责任清单的实施细则，通过正、负面清单逐项列明审判人员和审判组织的权责内容和履职要求。细化"四类案件"内涵，完善院庭长监管"四类案件"的发现机

制、启动程序和操作规程，为院庭长依法行使监督管理权、确保"四类案件"公正高效办理提供依据。院庭长带头办理重大疑难复杂案件成为常态，审结案件 19 281 件，占西城区人民法院全院结案数的 27%。初步建立类案检索机制，理顺专业法官会议和审判委员会的衔接路径，进一步解决"同案不同判"问题，西城区人民法院上诉案件、发回重审和改判案件数量分别比上一年度减少了 40%、21%。二是深化综合配套改革，让配置更合理、资源更优化。在审判格局重塑背景下，根据前中后端不同的工作需求灵活建立多类型审判团队，实行团队审执任务定量化和考核差异化，充分激发团队内生动力。深入开展民事诉讼程序繁简分流改革试点工作，简易程序适用率从 2019 年的 50.6% 上升到 64.3%，独任制适用率从 55.6% 上升到 87.8%。深入推进人员分类管理改革，全年实现 15 名法官按期晋升和择优选升，170 名科级法官助理、书记员、法警、司法行政人员职务职级晋升，司法警察大队内部机制改革走在全市前列，各类人员各行其道、各司其职的良好局面进一步形成，改革经验入选第十批全国法院司法改革案例。建成集约送达中心，承接西城法院所有民商事、行政、执行案件送达工作，案件平均送达时长从 12 天降至 4.2 天。建成电子卷宗同步生成中心，所有新收案件材料集中收转、扫描、加工、保管、借阅、整理，电子卷宗扫描率达到 100%，做到"一次扫描、全程使用、一键归档"。

四、检察工作

2020 年，西城区人民检察院全年共办理各类案件 3420 件，办结 3371 件，办结率为 98.6%。

（一）深度融入治理，服务保障区域高质量发展

一是以更大力度投身平安建设。共批准逮捕各类犯罪嫌疑人 522 人、提起公诉 841 人。严格落实"三同步"要求，妥善办理敏感案件。坚决打击借疫情恶意攻击党和政府、散播邪教歪理邪说、滋扰生事制造影响等行为，共起诉 26 人，助力政治中心区一体化防控。围绕增强人民群众安全感，严惩严重暴力犯罪，突出办好群众身边"小案"。针对近年来持续高发的危险驾驶、故意伤害、寻衅滋事等犯罪，切实加大打击力度，共起诉 179 人；针对盗抢骗等多发性的侵财犯罪，进一步强化综合治理效果，共起诉 250 人，有力保障了社会安定、人民安宁。注重"案结"更要"事了"，将恢复性司法理念贯彻办案始终，把释法说理作为司法常态。通过落实非羁押诉讼、当事人刑事和解等制度，对情节轻微的 214 名初犯、偶犯、过失犯，依法决定不批捕不起诉，减少社会对抗，增进社会和谐。二是以更实举措服务区域发展。持续为金融安全护航。专业化办理金融领域犯罪案件，起诉金融诈骗、破坏金融管理秩序等犯罪 35 人，挽回损失 1.8 亿余元。深度参与金融风险专项整治，通过发布金融检察白皮书、开展金融检察大讲堂等举措，督促有关单位加强监管，帮助人民群众远离"非吸"。严格落实全国人大常委会决议，依法严惩破坏野生动物资源犯罪。依法提前介入涉案金额 2 亿元的某企业骗取行政许可非法收购、出售野生动物制品案，并对 14 人提起公诉。针对辖区部分商家违规提供一次性餐具、洗漱用品，浪费资源且损害公益的情况，联合文旅、商务、城管执法等部门，深入开展"公益诉讼守护美好生活"专项活动，敦促商家将《北京市生活垃圾管理条例》落到实处。坚持为反腐倡廉尽责，区检察院共受理区纪委监委移送的职务犯罪案件 35 件，其中上级交办的重大、有影响案件 13 件。三是以更优环境保障民营经济。全面落实最高人民检察院服务民营经济 11 项检察政策，强化对各类所有制企业的平等保护。在坚决打击侵害民营企业家人身权、财产权犯罪的同时，突出对其创新权益及经营自主权的司法保护，共起诉侵犯知识产权、妨害公司管理等犯罪 99 人。始终把企业生存发展作为司法的重要考量，帮助企业特别是小微企业，在疫情冲击下保生存、保发展。在坚持少捕慎诉的同时，着力强化对公开审查、公开听证制度的实际运用。1 名民营企业负责人依法可不继续羁押，检察机关及时建议办案机关取保候审；21 人犯罪情节轻微且自愿认罪悔过，检察机关依法作出不起诉的决定。西城区人民检察院协同区工商联搭建保障企业合规经营的绿色通道。邀请 40 余名企业家代表座谈交流，充分了解企业需求，提供靶向法律服务，打出助力复工复产"组合拳"。四是以更高标准办好为民实事。努力让"检察温度"可见、可感、可触。用真情呵护未成年人健康成长，西城区人民检察院联合区教委等部门，专项治理未成年人网络环境，动员辖区 97 家中小学 16 万名学生家长参与，排查发现 1 条性侵未成年人的犯罪线索，已依法提起公诉。守卫群众"舌尖上的安全"，会同市场监管等部门，五年磨一剑，持续开展专项整治，食药犯罪逐年减少，惩治效果有效彰显。用"法律扶贫"防止"因案致贫"。向因案陷入生活困难的受害家庭发放救助金 15 万元，帮助农民工追索损失 130 余万元。

（二）强化诉讼监督，不断提升群众司法获得感

一是坚决防范冤假错案。严把案件的事实关、证据关和法律关。针对公安机关有案未立、压案未查、有罪未究等问题，依法监督立案 42 件，监督撤案 22 件，追捕追诉 57 人；对发现的适用强制措施不当、违反法定程序取证等情形，提出纠正意见 5 件。认真履行审查职责，突出审查引导侦查，对现有证据不足以证明构成犯罪、需补充侦查的 264 件案件，积极引导、督促公安机关查清事实、完善证据；对情节显著轻微、不构成犯罪的 13 人决定不批捕不起诉，确保无罪之人不受刑事追究。始终坚持法定证明标准，对一主动投案人员，强化实质审查，发现其系虚假供述、"顶包"替罪，遂以涉嫌包庇罪对其批准逮捕，并监督公安机关将涉案主犯抓获。二是强化刑事执行监督。以案为鉴、以案促改，切实

将有关规定落到实处。抓住刑罚交付执行、变更执行等关键环节，进一步加大同步监督力度。法院裁判生效后，因疫情导致 5 人未被即时收监，检察机关及时跟进提醒，依法督促纠正，有力确保了裁判得以严肃执行、罪犯受到应有惩处。强化对"减假暂"案件的审查，对不符合条件却提请暂予监外执行的 5 人，依法提出不同意见；对暂予监外执行情形消失的 1 人，依法建议有关单位，收监执行剩余刑期。全面排查监外执行情况，针对出现的脱漏管等违法违规情形，书面纠正违法 10 件，发出检察建议 2 份。对不需要继续羁押的 63 人依法建议释放或者变更强制措施。三是加强人权司法保障。严格落实权利义务告知程序，针对疫情造成区看守所封闭管理、检察机关告权不便的情况，两家开通绿色通道，安排专人进行对接，切实将口头、书面"双告知"的要求贯彻始终，确保犯罪嫌疑人、被告人能够依法及时地行使权利、履行义务。全面推行认罪认罚从宽制度，在以案件事实、证据促进嫌疑人真诚认罪悔罪、自愿接受处罚的同时，认真听取律师意见、耐心做好被害人的工作，推动实现化解社会矛盾、强化人权保障、节约司法资源的多赢局面。2020 年认罪认罚制度适用率达 74.8%，量刑建议采纳率 95.5%，一审服判率 96.8%。高度重视律师对保障人权的积极作用，尊重和保障律师依法执业，共接待律师阅卷 1020 人次。四是深化民事行政检察。全年共受理民事行政监督案件 67 件。坚持裁判结果监督与审判程序监督并重，突出精准监督。对已生效的民事行政裁判，提请抗诉 3 件，发出再审建议 6 件；针对民事执行、行政审判过程中存在的瑕疵情形，制发检察建议 9 份。大力整治虚假诉讼。聚焦民间借贷等案件，排查虚假诉讼线索 3 件，提请抗诉 1 件；对涉嫌犯罪的，监督公安机关立案 1 件，起诉 1 人，切实让打假官司者吃上真官司。对不符合监督条件的 40 余件案件，耐心做好息诉服判工作。为一起案件的当事人解除了不应负担的 2000 万元债务，后法院撤销"限高令"，检法合力维护当事人合法权益，共同捍卫法律权威。

（三）狠抓自身建设，提升检察业务硬实力

一是切实把严格规范司法落到实处。坚持严管就是厚爱，着力强化对检察官的履职监督和业绩评价。紧盯提讯、出庭、接待等环节的风险点，常态化开展案件评查、检务督察、综合点评，确保检察官依法、规范、文明办案。始终把纪律规矩挺在前面。不折不扣落实"三个规定"及其实施办法，过问或干预、插手司法办案等重大事项"逢问必录"，确保检察官安心、专注、公正办案。2020 年以来共记录报告有关事项 12 件。严格贯彻中央八项规定及其实施细则精神，驰而不息整治"四风"。二是全面提升检察业务硬实力。围绕提升证据审查、出庭应诉等司法素能，深入开展各类教育培训活动 61 次，参训干警 1600 余人次。坚持站在推动检察工作现代化的高度，厚植专业精神。在全院掀起学习贯彻《民法典》的热潮，邀请专家答疑解惑，借助外脑以智促专。严格落实领导干部办案规定，入额院领导带头办理重大敏感、疑难复杂案件；对 10 件案件解剖麻雀、逐案评判，帮助检察官提升技能。一年来，办理的 8 件案件获评最高人民检察院或市人民检察院精品案例、典型案例，31 人获市级以上荣誉，魏雪同志从全国公诉人竞赛中脱颖而出，获评"全国十佳公诉人"。

（四）自觉接受监督，确保检察权在阳光下行使

一是自觉接受人大、政协监督。严格落实宪法规定，对人大负责并报告工作，2020 年就金融检察工作向区人大主任会议作了专题报告。全力支持代表、委员履职，什刹海、金融街、月坛等街道联组近 20 名代表和委员，参加针对 7 起案件的公开审查、公开听证，与检察机关共同会诊，助检察机关化解矛盾。高度重视，逐一落实代表、委员提出的 60 余条意见建议，切实将人大、政协监督转化为改进工作的强大动力。二是全面深化检务公开。定期举办检察开放日活动，邀请辖区单位和社区群众，"走进来"直观感受检察工作；利用"两微一端"回应社会关切，增进公众对检察工作的了解支持。坚持能公开的一律公开，对已生效的起诉书、抗诉书、终结性的不起诉决定书等，一律上网公开。全年发布案件程序性信息 8995 条、法律文书 782 份。区人民检察院连续 9 年被评为"全国检察宣传先进单位"。

五、司法行政工作

（一）不断强化大局观念，统筹推进全面依法治区

持续加强统筹协调，积极做好全面依法治区日常工作。不断提升依法行政工作水平，完成了对各部门、各街道的依法行政中期考核，连续三年开展法治政府建设评估，2019 年西城区法治政府建设得分为 767.7 分，得分率为 96%，7 月西城区获得全国法治政府建设示范区称号。全年共收到行政复议申请 280 件，审结 254 件，以区政府为被告的行政诉讼案件 187 件。2020 年 10 月 28 日，区长以区政府负责人的身份参加出庭应诉庭审活动。

（二）切实强化责任担当，主动为区域发展提供优质高效法律服务

一是参与承办"金融服务与发展"平行论坛中的"构建金融市场良好的法治营商环境"议题。积极与北京市金融局对接，做好平行论坛的组织、筹备、协调等工作，通过精心策划和周密筹备，立法、司法、金融监管以及法律服务等机构中多位重量级嘉宾出席论坛，为进一步优化金融市场营商环境、防范金融法律风险、保障金融市场平稳有序发展出谋划策。二是扎实推进落实街道综治行政执法体制改革，做好街道综合行政执法体制改革执法衔接工作，印发《关于做好全区行政执法职权下放相关工作的意见》，组织 4 次法治业务培训，区司法局主要领导带队，密集走访 15 个街道，开展深化街道综合行政执法体制改革专题调研，

针对存在的难点、焦点问题出主意想办法，切实解决街道实际困难。印发《关于进一步明确街道办事处综合行政执法体制改革相关问题的若干规定》，对街道集中反映的问题进行明确，确保街道综合执法改革持续深化推进。三是广泛开展普法宣传，积极营造浓郁法治氛围。坚持"区域重点工作开展到哪里，法治宣传教育就出现在哪里"的理念，深入开展宪法宣传教育活动，围绕平安建设、疏解整治、扫黑除恶等重点工作，设计制作电子挂图微动漫 14 期、疫情防控和复工复产普法宣传折页 2 万张、以案释法宣传册 2.4 万册。在全区征集优秀法治动漫微视频作品 33 部，在西城区居民楼和商务楼宇 3200 个点位的电梯智慧屏投放普法公益广告，扩大法治宣传覆盖面，为区域发展营造了良好的法治环境。

（三）深入践行"司法为民"的理念，积极回应群众法律需求

深入践行以人民为中心的发展理念，牢牢聚焦于群众多层次、多样化的法律需求，为群众提供了精准、普惠、便捷的法律服务。一是打造独具特色、功能完备的公共法律服务体系。建设完成区、街、社区三级公共法律服务实体平台并投入运行，形成 1+15+259 的工作局面，让群众只进"一扇门"，就能办理公共法律服务的"所有事"。二是着力提供精准、普惠、便捷的法律服务。大力发展"互联网+"法律服务，积极推广"12348"法律咨询热线、视频调解、网络咨询等便民举措。全面推行公证"最多跑一次"改革，实现"马上办、网上办就近办、一次办"。全年共接待办证咨询 271 252 人次，办结公证事项 137 456 件。推进社区法律顾问工作，259 个社区全部签约法律顾问。三是坚持"绝不允许困难群众打不起官司"的理念，不断提高法律援助水平。截至 10 月底共受理法援案件 2199 件，以"法律援助助力服务民生"为主题，广泛开展农民工、妇女、残疾人、未成年人等专项维权活动，切实保障了群众合法权益。

（四）牢固树立核心区政治敏感意识，切实维护社会和谐稳定

坚持把维护安全稳定作为"第一责任"，以最高标准、最强组织、最实措施、最佳状态确保各项安保措施落到实处。一是认真组织做好《社区矫正法》贯彻实施，加强"两类"人员教育管控。组织召开《社区矫正法》施行若干问题研讨会，对照分析该法实施后对基层社区矫正工作带来的变化和影响，统一思想认识和执行口径。二是强化重点行业监管。开通保障企业复工复产公证法律服务绿色通道，当事人可通过公证处官网、官微、微信城市服务、北京法律服务网等在线咨询、申请办理公证事项。区属三家公证处大力拓展公证业务，服务社会经济发展，共接待办证咨询 114 472 人次，办结公证事项 359 412 件，更好地实现了公证处服务大众的社会职责。

六、治安工作

（一）积极协助配合修订完善本市养犬法规，进一步加强养犬管理工作，维护市容环境和社会公共秩序

针对修订完善本市养犬法规积极征求基层民警及群众意见，并及时全面反馈相关信息。按照市公安局 2020 年养犬管理工作的整体部署，维护市容环境和社会公共秩序，结合西城区养犬管理工作实际，进一步加强养犬宣传，印制养犬宣传海报，宣传横幅，致养犬居民一封信，《爱狗箴言》杂志等宣传用品，积极组织社区养犬自律会开展文明养犬宣传活动，悬挂横幅，使养犬人做到依法、文明、科学养犬，创建和谐社区。召开养犬集中登记年检工作部署会，传达市公安局养犬管理工作要求和工作任务，截至 2020 年 9 月底全区共登记年检养犬 7113 只，完成工作目标的 83.01%。进一步强化养犬执法检查，围绕涉犬 110 警情、"12345"热线和群众举报线索，加大养犬执法检查，全区截至 2020 年 9 月底共完成相关行政处罚 321 起，其中没收 76 件，罚款 85 件（金额 94 490 元），警告 160 件。进一步加强流浪犬的收容救置，组织 4 部捕犬车，在全区开展 24 小时流浪犬收容救置，重点对政治中心区、长安街沿线、繁华场所等重点地区开展流浪犬收容救置，全区截至 9 月底共收缴犬只 665 只，确保了重大安保工作不出现涉犬突出问题。

（二）配合市人大、市司法局、市卫生健康委，开展医疗安全地方立法工作

积极配合市人大常委会、市卫生健康委等部门制定《北京市医院安全秩序管理规定》，并在实施后从警务室建设、一键式报警联动、安检等方面牵动全区二级以上医院推进工作，指导各派出所按照规定要求推进相关工作，在全区 13 家三甲医院、1 家三级医院、2 家二级医院建立了警务工作室，并在全区 18 家医院安装了 2500 余个一键式报警装置，6 家二级以上医院配备并投入使用安检门、安检仪等大型安检设备。

（三）进一步加强服务设施、制度机制、作风形象及信息化建设水平，创新便民服务措施，不断提升窗口单位服务管理水平

按照公安部《关于加强公安机关窗口单位规范化建设的指导意见》中的相关要求，认真梳理各类服务审批项目，不断推进窗口规范化建设，全面细化工作举措。一是完善培训机制，进一步细化完善窗口业务、培训、考核等项制度，着重从作风纪律、业务能力、服务能力进行考核，充分激发和调动被考核人员的积极性，从而提高全体工作人员的业务能力和综合素质。二是转变服务态度，要求窗口服务的民警说好每一句话，对群众提出的每一个问题做好耐心解答。三是规范服务行为，坚决杜绝脸难看、话难听、事难办等现象发生，在群众办理业务过程中享受公安机关便民、利民、爱民的服务。四是落实服务制度，坚持高标准严

要求，落实首接责任制，将办理审核审批等流程规范化、专业化，以过硬的业务知识来应对服务工作中的难题、问题。

七、2020 年法治建设特色和亮点工作

（一）以全力防控疫情为重点，切实增强法治抗疫、外防输入、内防反弹能力

一是严把疫情防控法律关。组建疫情防控期间法律顾问团，梳理防疫工作中涉及政府各部门的法律职责，进行全区各项疫情防控政策、相关文件等合法性审核，出具审核意见书 15 件次，提出相关建议 20 余次，制定《关于依法处置新型冠状病毒感染的肺炎疫情防控期间十二种违法行为的指导意见》等，确保防疫各项政策措施依法依规。加强涉疫情相关法律问题调查研究，提前分析研判疫情变化可能带来的新问题，及时提出疫情防控司法对策，编发涉疫情房屋租赁、金融纠纷、执行迟延履行金、涉野生动物犯罪等调研类信息 108 篇。二是强化涉疫执法力度。妥善处理涉疫情案件 142 件，其中全市首例涉疫情诈骗案、首例涉疫情不可抗力抗辩租赁案入选优秀案例。加大涉疫违法犯罪打击力度，第一时间出警处置涉疫警情，依法打击处理涉疫诈骗、售卖假口罩、网上发布涉疫谣言等犯罪嫌疑人。三是加大涉疫普法宣传。针对防疫期间社会上出现的热点法律问题，采取"以案说法"的形式在"法治西城"的微信公众号上分期连载，引导群众积极配合做好各项疫情防控措施，受到社会广泛关注，并被"人民网""北京西城"等官媒转载。四是做好内部场所防控管理。严格收押管理，做好"三所一中心"疫情防控工作，制定《疫情防控期间嫌疑人收押和管理流程》等，规范疫情期间嫌疑人收押及管理流程，做到严把收押入区关、在押管控关、人员送押关、内部管控关、外部防控关，实行封闭化管理，严防疫情输入。严格政法队伍防疫措施，制定突发疫情应急预案，严格请销假审批制度，严格出警管理，明确各项对外工作防疫措施要求，强化"健康宝"个人情况核实、体温检测等防疫流程，加大定期消杀力度，实现区政法队伍无一人感染。

（二）政治中心区一体化防控战训机制，被市公安局评为首都公安执法规范化建设"十大示范项目"

大力弘扬"红墙卫士"精神，以打造"四个铁一般"示范队为目标，采取"五统一"（统一驻地、统一装备、统一培训、统一指挥、统一管理）措施，建立政治中心区一体化防控战训机制，围绕"三队五岗"（思想过硬的政治队、业务精湛的战斗队、纪律严明的形象队；锤炼思想的政治岗、严防严守的阻截岗、带动周边的堡垒岗、提升能力的练兵岗、展示形象的示范岗）建设标准，持续规范岗位勤务，积极拓展战训方法，稳步提升执法规范化水平，坚决为党中央和人民站好岗、放好哨。工作中，健全"教学练战"一体化机制，积极拓展战训方

法，落实"七知七会"（知岗位会联动、知方案会落实、知任务会查控、知流程会处置、知标准会执行、知情况会报告、知装备会使用），稳步提升规范执法水平，坚决做到发现即处置、问题不过岗。

（三）加强创新治理，强化社会矛盾化解

一是大力构建西城区大调解工作格局。完成大调解工作格局组织机制建设。成为全市人民调解员等级评定试点区。出台《北京市西城区关于加强和完善调解工作的意见》，成立中共北京市西城区委全面依法治区委员会调解工作专项指导小组，出台《调解工作专项指导小组机构及工作职责》，明确组织机构，统筹指导区属相关部门和单位深入开展社会矛盾纠纷排查化解工作。圆满完成"两节"、"两会"、服贸会、中秋、国庆、十九届五中全会等重点时期矛盾纠纷排查调解工作。共排查 15 434 次，立案调解 3665 件，调解成功 3585 件，成功率98%。行政调解案件 10 733 件，调解成功 7884 件，成功率 73%。二是推动矛盾纠纷源头化解。积极调研《北京市物业管理条例》颁布后的实施情况，协同相关部门及时调处物业矛盾，从源头上减少物业供暖等批量纠纷的产生，物业供暖合同纠纷案件同比下降 63.7%。持续发挥诉源治理直通车"线网站巡"一体化工作机制作用，进一步整合"12368"诉讼服务热线、移动微法院、西城家园等12 个诉讼服务平台，全年处理群众线上诉求 66 342 件，全部做到 24 小时内100%办结；建立群众诉求分析通报和质检回访机制，群众平均满意度从65%上升到77%；围绕百姓身边的烦心事、揪心事，以涉家庭房产纠纷、消费者权益保护等为主题，线上线下开展普法讲堂 24 期，连线全区 15 个街道，累计观看量170 余万人次，被确定为全区"七五"普法特色法宣项目进行推广。三是持续推进"一站式"建设，让解纷更多元、服务更便捷。依托西城法院多元解纷诉调对接中心，打造分层递进、繁简结合、衔接配套的一站式纠纷解决机制。积极引导当事人首选非诉讼解纷渠道，诉前调解成功案件 11 005 件，数量是 2019 年的2.7 倍。前后端法官人均结案比例达到 11：1，调解成功和速裁结案量占民事结案总量的 71.2%，繁简分流新格局的效能进一步凸显。西城区人民法院获评全国法院"一站式多元解纷和诉讼服务体系建设"先进单位、北京法院司法改革"微创新"最佳示范案例。

朝阳区法治建设报告

2020 年是全面抗击新冠病毒疫情的战斗之年，也是全面建成小康社会和脱贫攻坚的决胜之年。朝阳区以习近平新时代中国特色社会主义思想为指导，深入贯彻党的十九大和十九届二中、三中、四中、五中全会精神，深入学习贯彻习近平总书记关于全力做好新型冠状病毒感染肺炎疫情防控工作的系列重要指示精神，认真落实中央全面依法治国决策部署，开拓进取、务实创新，推动法治建设取得新成效。

一、人大法治保障和监督工作

2020 年，朝阳区人大常委会坚持服务保障、监督管理并重，按照"构建格局、完善机制、提供支撑"总体思路，依法履行职权。全年共召开常委会会议10 次，审议议题 59 项，其中，听取审议专项工作报告 15 项，听取审议计划、预算、决算、审计等报告 10 项，开展执法检查 2 项、专题询问 1 项、专项工作评议 1 项，作出决议决定 11 项，任免国家机关工作人员 194 人次，组织 52 人进行宪法宣誓。

（一）压实法治建设主体职责，完善领导体制和工作机制

区人大常委会将学习贯彻习近平新时代中国特色社会主义思想作为首要政治任务，持续深化常委会党组、常委会组成人员、代表、机关干部联动学习制度，切实增强"四个意识"，坚定"四个自信"，做到"两个维护"。抓好党组理论学习中心组学习，将思想交流、专题研讨贯穿其中，提升学习实效。完善常委会组成人员会前学习制度，结合履职需要，组织会前集体学习。积极主动将区委决策部署转化为人大依法履职实践，努力形成推动全区经济社会发展的实际效果。认真履行全面从严治党主体责任，制定责任清单，完善月调度、季会商、年总结等制度，项目化推动责任落实。坚决贯彻党中央决策部署和市委、区委工作安排，动员市、区、乡三级人大代表积极投入疫情防控总体战、阻击战，为战胜疫情发挥积极作用。

（二）依法履行监督职能，推进经济社会发展

区人大常委会紧紧围绕关系全区经济社会发展的重大问题和群众关心关注的民生问题，坚持突出重点、统筹联动、精准发力、创新方式，着力增强监督的针对性和实效性。落实朝阳区预算审查监督办法，完善组织工作机制，强化各专委会参与预算初审工作效果。依法听取审议计划、预算、审计等工作报告，审查批准决算及计划、预算调整方案，针对本年度财政运行实际，提出加强税源建设、落实"过紧日子"要求、强化绩效理念、做好前瞻性研究等审议意见。落实全国人大关于加强对审计查出突出问题整改情况监督的要求，研究制定具体工作意见，推动审计监督作用发挥。开展绩效管理监督，组织代表参与农村人居环境整治项目、高新技术产业发展引导资金事前绩效评估工作。深化预算联网监督，加强信息监控和数据分析，促进成果应用到预算监督中。听取审议行政事业单位国有资产管理情况的年度专项报告、国有资产管理情况的综合报告，提出健全国有资产报告制度、构建全面覆盖的监管体系、提升行政事业性国有资产使用绩效等审议意见，依法行使国有资产监督权。

着眼于朝阳区"十四五"规划的编制，深化各专委会联动机制，通过组织座谈会、网上征求意见等方式，广泛听取民声，推动规划纲要编制更具民意基础。区人大常委会连续第四年听取法治政府建设情况的报告，针对行政规范性文件管理、推进矛盾多元调解工作、创建全国法治政府建设示范区等内容，提出完善法治政府建设监督考核措施等建议，得到区政府高度重视。听取审议区法院刑事审判工作情况的报告，通过网络旁听庭审、召开刑事律师座谈会、书面征求意见等方式，深化代表、专家参与，提出深入推进刑事诉讼制度改革、提高刑事审判质量和效率等审议意见。听取审议区检察院刑事执行检察工作情况的报告，针对社区矫正检察、看守所检察、羁押必要性审查、财产刑执行检察等内容，开展专项调研，提出发挥刑事执行检察职能作用、增强刑事执行检察监督实效等审议意见，保障国家法律法规在执行刑罚和监管执法活动中正确统一实施。对涉及疫情防控的规范性文件开展备案审查。

（三）发挥代表主体作用，服务保障代表依法履职

区人大常委会坚持"服务保障监督管理"工作方针，积极做好代表工作，促进代表依法履职。推进代表"家站"建设，完善平台阵地。按照全市统一安排，依托"三个中心"，坚持"五有"标准，大力推进"代表之家"建设，9月份实现"代表之家"全区覆盖。深化"双月"代表座谈会机制，围绕依法监督工作面对面听取代表意见建议。深入开展"代表进家站，同心促发展"代表集中联系选民主题月活动，982名三级人大代表参加，接待选民6300人次，收集意见建议2481条。改进代表会前视察活动组织方式，提高视察实效，深化代表对

常委会工作的参与，全年共有 1895 人次代表参加常委会相关履职活动。深化代表建议督办，增强办理实效，本届人大六次会议期间提出并交区有关部门办理的 166 件建议，以及闭会期间代表通过议案建议网上提交系统、三级代表网络监督城市管理平台等途径提出的 110 件建议，均已办复或转市代表向市有关部门反映。发挥三级代表联动作用，形成常态化机制，落实市人大"开门立法"工作部署，区常委会周密组织，围绕北京市物业管理条例、生活垃圾管理条例等立法项目，2697 人次三级人大代表提出意见建议 1.3 万余条。组织动员三级人大代表参与"两条例""三边"检查，3884 人次代表亲身参与，促进朝阳城市精治共治法治水平提升。健全代表建议转办机制，通过市人大代表转交建议 29 件，关于京沈客专及星火站道路配套、温榆河公园市政管线建设等建议得到推进。

二、法治政府建设

2020 年，朝阳区进一步提高政治站位，强化责任担当，积极履职尽责，坚持疫情防控和业务工作"两手抓、两不误"，为疫情防控和经济社会发展提供了有力的法治保障，成功获评全国首批法治政府建设示范地区。

（一）依法全面履行政府职能

服务保障疫情防控。深入贯彻落实习近平总书记对新型冠状病毒感染肺炎疫情防控的系列重要讲话，制定朝阳区支持企业应对新型冠状病毒感染的肺炎疫情稳定发展的若干措施和进一步支持中小微企业应对疫情影响保持平稳发展若干措施，全力减轻疫情对企业影响，保障中小微企业有序复工复产。率先梳理新型冠状病毒感染的肺炎疫情防控工作法律法规及文件和新冠肺炎疫情期间矛盾纠纷人民调解工作问答，并针对疫情防控期间个人信息采集使用等问题提供法律意见。率先编制新冠疫苗接种工作相关法律事项指导手册，梳理法律规定，明确工作流程和部门职责，提示法律风险，为疫苗接种工作提供法治保障。充分发挥"朝阳律师"法律服务作用，组建三大律师服务团，实行全天候在线值班制度，开展公益法律咨询与指导，开通"朝阳普法"微信公众号"疫情助手"服务，宣传疫情防控政策，实时为群众答疑解惑。

深化行政审批制度改革。进一步理顺和规范审批规则，最大限度精简、优化审批程序。梳理完成 11 类共 29 798 项政务服务事项及 5188 项延伸到街乡、社区、村办理的服务事项，其中前 7 类 1899 项依申请事项中，1575 个事项实现一门进驻、一窗受理，达 82.9%，252 个事项实现全程网办，641 个事项实现掌上办理。推出 154 个告知承诺事项，实现企业认证材料压缩至 2 项、开具医保报销凭证"一次不用跑"，方便企业群众办事。

优化政务服务。推出新设企业"证照联办"模式，企业变更或注销登记办理时长压缩至 4 小时。深化"错峰延时"，实现"中午不间断、周末不打烊、早晚弹性办"。开展政策解读，制作培训视频 30 部，印发优化营商环境汇编 900 余册。推进国际人才服务建设，建成望京、三里屯等国际人才一站式服务点，11个部门的 120 个人才服务事项可通过一个平台办理。落实支持疫情防控和经济社会发展税费优惠政策，全年减税降费 17.25 亿元，办理增值税留抵退税 12.3亿元。

加强市场监管。深化商事制度改革，优化"e 窗通"企业开办平台，推进全程网上办理和电子营业执照应用，试行登记告知承诺制，简化登记注册流程。开通绿色通道，按照"即时办理、即时取照""随到随审、科学审批"原则，开展涉及疫情防控事项的登记注册审批和产品注册检测，提升登记审批效率。完善市场监管体制，采用"双随机"方式抽查各类主体 2 万余户，市场监管领域开展食品流通、药品、集贸市场等监督检查共 56 502 家次。创新监管方式，在全市率先梳理市场轻微违法行为容错纠错工作，激发市场主体活力。

提升社会治理和公共服务水平。探索完善"四减三增两满意"减负增效体系，做好朝阳区社区工作准入管理，规范社区工作管理事项。深化区、街乡和社区（村）三级社会动员平台，推动其与社会组织孵化基地、枢纽型社会组织融合发展，为基层治理、志愿互助和特殊群体关爱等各类社区社会组织提供培育孵化、资源对接等支持性服务。持续推进公共法律服务中心实体平台"标准化"建设，全年累计接待法律援助咨询 19 030 人次，热线解答咨询 12 262 人次，司法鉴定接待 327 人次，办理法律援助案件 4058 件。

（二）推进依法科学民主决策

严格落实规范性文件审查和依法决策程序。全年审核拟以区政府、政府办和经区政府审议以区属部门名义印发的行政规范性文件 21 件，审核区政府重大行政决策草案、战略合作协议等 42 件，提出审核意见 200 余条。充分发挥政府法律顾问作用，各部门、各街乡政府法律顾问参与涉法事项论证 1.5 万件次，为区政府依法科学民主决策提供高效专业的法律支撑。开展规范性文件集中清理工作，涉及以区政府和政府办名义制发的规范性文件 52 件，认定保留 25 件，废止12 件，拟修改 15 件；涉及以各街乡、委办局名义制发的规范性文件 92 件，认定保留 64 件，废止 28 件。

扩大公众参与，推进民主决策。按照区委、区政府"协商于民、协商为民"的工作思路，全面深化党政群共商共治机制，新建成 20 个全要素小区和 258 个全景楼院。健全社区（村）、街乡、区三级协商联动机制，着力破解私搭乱建、交通停车等八大社区治理难题，打造 43 个市级社区协商示范点，推动 1190 件为民办实事项目落地。持续推进居民议事厅从社区向网格、网络延伸，建成网上议事厅 358 个。

（三）坚持严格规范公正文明执法

推动落实综合行政执法改革。按照市级关于综合行政执法改革意见，组建、调整市场监管、住建、应急等领域的执法机构。推进行政执法资源和力量向基层延伸，制定关于向街道办事处和乡人民政府下放部分行政执法职权并实行综合执法的实施方案，调整组建街乡综合行政执法队，将城管执法、卫生健康等五个领域的431项执法职权下放至街乡，集中行使综合执法职权，明确职责分工，完善工作机制。

加强基层综合执法制度建设。区政府制定街乡落实行政执法责任制的工作意见，明确有关行政执法范围和执法事项，制定朝阳区行政执法事项管辖规定等工作制度，明确岗位职责、执法边界。编制落实行政执法"三项制度"指导手册和行政执法案卷评查工作规范及街乡执法岗位职责、重大执法决定事项等示范文本，为推动区街乡构建权责明确、行为规范、监督有效的行政执法体系提供制度保障。

持续推进行政执法"三项制度"落实。开展"三项制度"培训，注重打好"组合拳"，形成培训部门、参训人员、培训内容的全覆盖。在"北京朝阳"网站增设"行政执法信息"模块，实现执法信息公示的统一化、规范化。持续开展全区执法案卷评查工作，并在全市率先开展街乡行政执法案卷评查，评查合格率为90.9%。加强对执法全过程记录和重大执法决定法制审核制度落实情况的监督，组织行政执法资格考试453人次，通过434人次，考试通过率为95.81%，同比上升26.82%。

（四）强化对行政权力的监督

自觉接受人大、政协监督。认真依法办理人大议案、人大代表建议、政协委员提案。共办理市人大代表建议、政协委员提案40件（单办或主办16件、会办24件），其中代表建议30件、委员提案10件；办理区人大代表议案1件，办复人大代表建议、政协委员提案480件，其中代表建议174件（会上156件，闭会期间18件）、区政协委员提案306件（会上287件，闭会期间19件）。

加强审计监督。依法全面履行审计监督职责，全年完成审计项目63个，查出各类违规金额3308万元，提出审计意见、建议292条，纠正管理不规范金额28.76亿元，促进增收节支2亿元。针对疫情防控资金和捐赠款物、"疏整促"等重点工作开展专项审计，充分发挥审计在规范权力运行、保障经济高质量发展等方面的作用。

加强政务信息公开。以企业和群众需求为中心，依法开展信息公开工作，进一步动态调整《政府信息主动公开全清单》。全年区政府门户网站主动公开政府信息27 707条，受理依申请信息公开1217件。以区政府或政府办名义印发主动公开政策性文件 21 个，进行解读 21 个，解读率达 100%。

（五）依法有效化解社会矛盾

加强行政复议和行政应诉工作。坚持依法高效公正审理行政复议案件，加强政府内部监督。制定朝阳区行政复议法律文书电子送达工作细则，规范电子文书送达，提高工作效率。2020 年，区政府共审理行政复议案件 523 件（含上年结转 90 件），其中新收 433 件，受理后审结 386 件，直接纠错率 7.7%，调解率 30.3%，达到历史最高。区政府行政应诉案件 483 件，同比下降 25.3%；共审结 394 件，一审败诉率 3.6%，远低于全市平均数。以区政府为被申请人的行政复议案件 33 件，审结 31 件，被纠错 4 件。落实行政机关负责人出庭应诉制度，区领导、区属行政机关负责人先后出庭应诉 132 次。

加强多元调解工作。健全完善社会协同工作机制，形成"一轴两翼三师"矛盾化解工作格局。深化访调、诉调对接工作，全年共调解民事纠纷 14 440 件，调解成功 13 441 件，调解成功率 93.08%；通过诉前调解模式化解矛盾纠纷 4407 件。全面推广法官工作站制度，做强区级诉前调解中心，通过调度全区人民调解资源，与街乡、社区（村）人民调解组织和行业性专业性调解组织联动，构建起"区级中心调度、三级平台联动"的工作体系。

做好普法宣传工作。继续深入开展"学习宪法，尊法守法"主题活动，配发宪法学习手册。广泛学习宣传《民法典》，利用区-街乡-社区（村）三级普法橱窗、普法阵地张贴《民法典》挂图，循环播放主题电子挂图，配发《民法典》学习用书、宣传册共计 21 万册。采取"云直播"方式讲解《民法典》，浏览量达 17.9 万人次。开通"朝阳普法"抖音号、头条号、企鹅号，形成新媒体融合普法网络。以"法律十进"为载体，通过直播方式线上线下联动，突出"四个维度"，开展普法话剧、书法展、宪法讲座等。通过形式多样的宣传活动，促法治理念、法治文化深入人心，城市文化文明发展的法治内涵持续提升。全力做好"七五"普法总结验收工作，为下一步起草"八五"普法规划夯实基础。

（六）全面提高政府工作人员法治思维和依法行政能力

认真落实区政府常务会会前学法制度、国家工作人员学法用法制度的意见、"谁执法谁普法"责任制等，制定朝阳区国家工作人员旁听庭审工作实施意见和第二批、第三批北京市朝阳区普法责任制清单等文件。组织全区各部门、各街乡法制工作主管领导及法制机构负责人共 300 余人参加依法行政工作培训和处级干部法治政府建设培训班。将依法行政理论及实务纳入各级公务员培训的基础课程，全年共举办主体班次 13 个，培训干部 607 人次。

三、审判工作

2020 年，朝阳区人民法院在服务保障疫情防控工作的同时，坚持服务大局、司法为民、公正司法，忠实履行宪法和法律赋予的职责，推动各项工作取得新成效，努力让人民群众在每一个司法案件中感受到公平正义。全年受理各类案件136 130件，审结案件135 578件。

（一）保障疫情防控工作

疫情发生后，区法院及时制定做好"六稳"工作、落实"六保"任务相关司法服务和保障的意见，推出相关"十项机制"，强化民生司法保障，助力企业纾难解困；制定关于新冠肺炎疫情相关社会矛盾纠纷的司法研判及决策参考和关于在疫情防控和复工复产过程中稳定劳动关系的指引等，为党委政府防控涉疫情相关矛盾风险提供决策参考，得到区主要领导高度肯定。推动涉疫矛盾纠纷综合化解，依法妥善处理以某双语幼儿园系列教育培训合同纠纷、某文化集团系列合同纠纷为代表的涉疫纠纷429件；召开新闻通报会，发布典型案例，引导纠纷主体协商和解、互谅互让、共渡难关。

（二）刑事审判工作

2020年，共审结刑事案件2701件，判处罪犯3486人。

依法惩治妨害疫情防控违法犯罪，对危害疫情防控的犯罪行为依法快审快判、形成震慑，审结暴力抗拒疫情防控的"郭某妨害公务案"、北京某知名连锁药店贩卖假冒口罩的"李某等人销售伪劣产品案"，保障人民群众生命健康安全。稳妥办理涉众型经济犯罪案件，统筹做好依法审判与追赃挽损、化解风险、维护稳定工作。依法严惩严重危害社会治安犯罪，严厉打击抢劫、绑架、故意伤害等危害群众生命财产安全犯罪，切实增强人民群众的安全感；积极参与禁毒斗争，审结毒品犯罪案件91件；审结广受社会关注的"超速别车泼咖啡案"，依法打击危险驾驶行为，维护人民群众出行安全。保持惩治腐败犯罪高压态势，完善刑事诉讼与监察程序衔接机制，依法严惩贪污贿赂等职务犯罪。

（三）民商事审判工作

2020年，共审结民商事案件75 901件。

织密民生司法保障网，充分运用司法手段推动解决群众关注的难点堵点问题，妥善审结教育医疗、劳动就业、养老育幼、消费维权等与民生密切相关的案件28 274件；坚持把社会主义核心价值观融入司法审判，加强以案释法，亮明司法态度，不断增强司法审判对社会主义核心价值观的引领力。营造法治化营商环境，对标世界银行营商环境评价指标，完善商事审判优化流程提速增效工作办法，制定民商事案件审判流程规范及防控风险点提示，持续提升民商事纠纷解决质效；与区发改委联合开展优化营商环境政策3.0版本的司法解读，主动回应各类市场主体关切，努力让企业家在朝阳安身、安心、安业。防范化解金融风险，积极发挥金融审判服务实体经济、规范金融市场秩序的职能作用，妥善审结金融借款、委托理财、股权众筹、营业信托等各类金融案件；与区金融办合作，加大对 P2P 网络借贷等金融纠纷的调处力度，维护区域金融安全。服务创新驱动发展战略，加强知识产权司法保护力度，审结涉数字文化、创意设计、文化贸易等高端产业的案件，发布文化产业知识产权审判、文娱产业合同案件审判典型案例，助力文化产业转型升级。服务保障重点工作推进，妥善审结涉"疏解整治促提升"专项行动案件，助推实现区域发展减量、环境改善，其中崔各庄乡疏解腾退系列案被市高级人民法院评为"疏解整治促提升"专项行动典型案例。

（四）行政审判和行政监督工作

2020 年，共审结行政案件 1046 件。

支持监督行政机关依法履职；围绕法治政府建设要求，构建"一核双链、三项协同"工作机制，加大对行政纠纷的实质性化解力度，连续 12 年发布《行政案件司法审判年度报告》，助推严格规范公正文明执法；保障北京市基层综合执法改革，形成关于为街乡综合执法改革工作提供司法保障工作方案的报告，组织开展覆盖全区街乡的法治培训，助力行政执法职权能够"放得下、接得住、管得好"。

（五）案件执行工作

2020 年，共执结案件 55 705 件。

继续巩固"基本解决执行难"成果，向着"切实解决执行难"目标迈进，全年共执结案件 55 705 件，发放案款 69.2 亿元，"一点两翼三化"执行长效机制得到最高人民法院肯定并在全国推广。深化联动机制构建，推动区委全面依法治区委员会出台加强综合治理，从源头切实解决执行难问题的工作措施，完善综合治理执行难工作格局；在公安、国土、城管、交通等相关单位的配合下，妥善执行了涉永安里旧城区改建、亮马河景观改造、化工路及双合家园配套设施建设等重点工程项目案件，累计腾退场地面积 30.5 万平方米。攻坚财产查控难题，以信息化、社会化手段拓宽财产查控渠道，提高财产处置效率，与区公安分局、北京产权交易所等合作，建立执行查扣小件标的物集中处置机制及财产在线登记平台；与市交通局首创京牌机动车专线查封系统，承担了疫情防控期间全市法院委托的京牌机动车查封、解封工作，体现应有的大院担当。完善联合惩戒机制，加大对失信被执行人实施信用惩戒力度，累计公布失信被执行人名单 6584 人次，促进社会诚信体系建设。

四、检察工作

2020 年，朝阳区人民检察院按照刑事检察、民事检察、行政检察、公益诉讼检察"四大检察"工作新格局，结合服务保障疫情防控工作，扎实推进重点工作，推动"四大检察"再上新台阶，努力以更优的检察履职满足人民群众更高的法治需求，以更实的工作举措保障区域经济社会高质量发展。全年共受理各类案件 9130 件，办结案件 8468 件，占全市基层院办案量的 1/6。

（一）扎实开展司法办案

全力保障疫情防控大局。打造办案"线上"模式。加大科技在司法办案中的运用，搭建办案"云"平台，开展"云"提讯、"云"宣告，进行"云"开庭近 2000 次，占全年开庭案件的 69.5%，确保疫情防控与检察办案两手抓、两不误。从严打击涉疫犯罪。惩治妨害疫情防控秩序、破坏野生动物资源保护等涉疫案件 67 人，依法办理制假售假的李某等人销售伪劣产品案和抗拒防控的郭某妨害公务案。

维护国家政治安全和社会稳定。打击各类危害国家安全犯罪 26 人，打击强奸、绑架等侵犯人身权利犯罪 854 人，惩治放火、危险驾驶等危害公共安全犯罪 732 人，惩治网络犯罪 386 人，不断提升群众幸福感和安全感。办理涉外案件 71 人，占全市涉外案件的 50%，以中英双语方式，制作涉外检察白皮书，提升涉外检察专业化水平。

着力办好民生案件。打击生产销售有毒、有害食品等犯罪 30 人，办理食药安全领域公益诉讼案件 13 件，保障群众"舌尖安全"。严厉打击"套路贷"等新型诈骗犯罪，护好群众"钱袋子"。打击虐待、诈骗等损害老年人权益犯罪 219 人，用法治保障老有所养（安）。严惩性侵、虐待未成年人犯罪 86 人，为 35 名未成年人提供法律援助、开展心理疏导，进校园开展法治教育 27 次；针对校园周边未加装交通安全装置、娱乐场所违规接纳未成年人等问题制发检察建议，加强和创新未成年人保护体系建设，荣获全国未成年人思想道德建设工作先进单位。办理职务犯罪案件 31 人，向区委报送职务犯罪检察工作报告，持续发挥反腐败作用，释放更多民生红利。

深入推进检察公益诉讼。办理行政公益诉讼 56 件，民事公益诉讼 18 件，立案 27 件，发出诉前检察建议 20 件，推动行政机关作出处罚决定 25 件，保护土地资源 7.3 万余平方米。召开公益保护圆桌会，规范外卖领域一次性餐具使用问题，推动垃圾源头减量。加强野生动物公益保护，联合北京军事检察院办理英烈保护领域案件，与执法部门合力消除消防安全隐患，相关办案经验在全市推广。

（二）突出检察监督工作

加强刑事立案与侦查活动监督。监督立案 42 件、撤案 53 件，制发书面纠正意见及建议 34 份，实现监督端口前移、监督质效提升。建议执法部门移送涉嫌犯罪案件 18 件，就制售假冒桶装水等问题，与朝阳公安分局、区市场监督管理局等召开座谈 12 次，形成打击违法犯罪的执法合力。

加强刑事审判与执行活动监督。加强刑事裁判文书审查，提出抗诉 21 件。

对 121 人提出释放或变更强制措施建议。针对社区矫正、财产刑执行活动中的不当情形，提出书面纠正意见 16 份。对 56 名服刑人员违规领取养老金的行为，开展跟进监督，保护国有财产。

加强民事诉讼监督。受理案件 119 件，办结 125 件，提请抗诉与发出检察建议 17 件；对于不支持监督申请的案件，加大释法说理力度，促进案结事了人和。区检察长列席区法院审判委员会，通报民事诉讼监督情况，共同维护司法公正。加大虚假诉讼惩治力度，与公安、法院建立防范查处联动机制，全流程打击"打假官司"的行为。

加强行政诉讼监督。以检察建议及圆桌会议方式开展行政非诉执行监督，凝聚执法合力，推动拆除违法建设 5.4 万余平方米。

五、公安工作

2020 年，北京市公安局朝阳分局以"继承发展、巩固提升"为基点，坚持政治建警、改革强警、科技兴警、从严治警，聚焦常态化疫情防控、打击防范违法犯罪和社会治理现代化，补短板、强弱项，建体系、固基础，增后劲、促升级，全面提升打防管控、服务发展、保障民生能力水平，有力维护了全区社会大局持续稳定。

（一）服务保障疫情防控工作

坚持人民至上、生命至上，协助区相关部门做好新冠肺炎疫情防控工作，深入排查密接人员，全力阻断传播蔓延。围绕重点农贸市场，最大化投入警力，做好现场封控、秩序维护工作；围绕全区各处核酸检测采集点，强化警力部署，指导科学划定等候区、检测区，确保了核酸检测井然有序；围绕各处集中隔离观察点，加强秩序维护，确保了隔离观察点秩序良好。针对第三产业全面复工复产、人财物加速流动涉疫风险增加的情况，指导 140 家大型商市场，做好人员限流、消毒杀菌等措施。对工地、重点企事业单位、重点建设项目逐一对接，指导配备专职卫生员，做好内部防疫工作，落实告知、提示、登记"三个 100%"措施，最大限度消除聚集性传播风险。

（二）切实维护区域安全稳定

坚持以人民为中心，着力提升打击防范对称性、实效性。系统开展专项攻坚，对高发警情和突出违法犯罪，保持主动进攻和严密防范态势，严厉打击侵害群众利益的各类犯罪，强力整治群众反映强烈的治安顽疾，深入消除危害群众安全的隐患问题。严厉打击电信诈骗，部署开展全面防范电信网络诈骗犯罪活动，重点围绕高发社区、重点场所、高发案件及易受骗群体，细化宣传措施，综合运用科技信息化手段，拦截劝阻疑似被电信诈骗群众，提高防范精度。深入推进综合治理，强化联合执法，确保警情案件明显下降，安全隐患明显减少，治安秩序明显改观。

（三）扎实履行"护发展"职能

强力推进"智慧小区"建设，坚持利旧与新建相结合，推动信息技术与社区治理深度融合，试点先行，打造一批设施智能、服务便捷、管理精细、环境宜居的"智慧小区样板间"。强力推进"放管服"改革，践行"以人民为中心"发展思想，聚焦群众关注的户政、出入境、交通等领域，持续简环节、优流程、压时限、提效率，加快"电子证照"应用步伐，推动电子居住证"全程网办、一网通办、微信签注"，实现效率更高、效果更好。启动 CBD 国际人才一站式服务中心，整合 120 项服务项目，涵盖外国人工作许可、居留许可、引进落户等 42 项受理事项，为国际人才打造高效便捷的综合服务平台。

六、司法行政工作

2020 年，区司法局按照区委、区政府以及市司法局各项工作部署要求，以争创全国法治政府建设示范区为契机，以服务促发展、以保障促稳定、以建设促提升，全力做好司法行政四项工作，全力推动司法行政工作再上新台阶。

（一）为疫情防控工作提供法治保障

编制 6 个法律文件汇编下发全区各单位，提供法律指导；针对疫情防控多方面问题的法律适用和标准，提供全面充分的法律意见。充分发挥律师资源优势，指导区律师协会安排律师值班 1139 人次，提供有效服务时长 1120 小时，服务企业 43 家。在北京市抗击新冠肺炎疫情表彰大会上，朝阳区律师行业党委荣获"先进集体"称号。

（二）做好区域法律服务工作

从"覆盖面、体验感、精准度"三个维度，不断优化平台，丰富载体，提高服务与需求的匹配度，打造高品质公共法律服务体系。2020 年获得了司法部授予的"全国公共法律服务工作先进集体"荣誉称号。完善服务网络。公共法律服务中心提供全业务"一站式"法律服务，各项职能做到了"应驻尽驻"。43 个街（乡）工作站、544 个社区（村）工作室服务品质得到有效提升。三级实体平台受理各类法律援助案件 4058 件；提供智能化服务。会同区人民法院依托"无讼朝阳"平台，受理申请 256 件，办结 164 件，实现了"掌上办""随时办"。"无讼朝阳"入选 2020 全国政法"智慧治理"十大创新案例；借助信息化手段，推进行政复议规范化建设，不断创新为民举措，推行行政复议法律文书电子送达工作，并制定实施细则；多元服务供给。继续做好公、检、法、劳动争议仲裁院等 6 个法律援助工作站工作，定期优化法律援助律师库名录，点对点对接群众多层次、多领域和个性化的服务需求。受理劳动争议案件 1876 件。

（三）做好区域司法行政工作

狠抓行政执法"三项制度"的落实工作，督促各执法部门全面落实，对各类违法行为检查实现全覆盖；走访检查辖区 24 家鉴定机构，开展专家论证活动 55 次。做好普法宣传工作。全面开展《社区矫正法》宣传活动，将社区矫正法宣传列入 2020 年全区普法依法治理工作要点，营造良好氛围。组织垃圾分类和先发法律知识线上法律知识竞答活动以及《民法典》专题讲座直播。利用 300 余块户外显示屏及人流密集区域的 50 个公交站亭灯箱开展宣传，在主干路沿线、交通枢纽等重点区域，张贴宣传海报和挂图 2500 余张，悬挂宣传条幅 700 余条，累计发放宣传材料 21 万余册。通过普法话剧，举办宪法书法展以及知识讲座等形式掀起"12·4"宪法学习宣传高潮。同时，搭建与"朝阳普法"抖音号的共享模式，通过不同主题的普法短视频加强宪法等相关法律知识的学习宣传。

七、改革创新工作

2020 年，全区政法系统围绕服务区域中心工作，在为疫情防控工作提供法治保障的同时，进一步深化改革创新工作，依法有序推进各项改革任务，全面释放改革红利，取得突出成效。

（一）全面依法治区工作形成"一核两点四支撑"的工作新模式

全面依法治区委员会充分发挥法治建设统筹协调作用，大力推动法治建设工作形成新格局。搭建以持续强化党对法治政府建设的领导为核心，着力突出以优化营商环境和创新社会治理为重点，不断推进以完善依法行政制度体系、严格规范公正文明执法、强化对行政权力的制约监督、依法化解社会矛盾四个领域为支撑的工作模式，全力推进法治政府建设示范创建工作。2020 年 8 月，获评全国首批法治政府建设示范地区。

（二）审判监督工作突出以优化审判权力运行机制为重点的新做法

区人民法院进一步完善权力制约监督体系，制定审判权力清单，出台规范审判监督管理职责的规定（试行），明确院庭长、职能部门、审判团队的权力和责任界限，确保各类主体行权有据、履职尽责、失职追责，推动司法责任制落地，全面加强对审判权力运行的制约监督；严把案件质量关口，完善案件评查工作办法，选聘优秀业务骨干担任院级评查法官，努力确保办理的每一起案件都经得起法律和历史的检验。

（三）检察工作实行以智能化全覆盖为抓手的检察效能提升新导向

上线最高人民检察院办案系统 2.0 版，实现对案件办理的全程留痕，同步监控。积极参与北京市政法办案智能管理系统（BJCM）建设，推动政法系统的互联互通、业务协同。深化"e 管家"系统建设，打造检察数据中心，实现对办案数据的动态分析，运用大数据提升检察工作现代化水平。建设律师自助智能服务区，依托阅卷一体机、"云柜"打造"无接触式"办事环境，律师执业权利保障的智能化水平不断提升，各项数据均居全市首位；优化便民利民措施。

（四）公安工作探索以深化智慧警务应用能力为核心的实战新动作

推动现代科技与公安工作深度融合、科技成果向实战应用全面转化，实现从粗放、传统的"量的增加"向精准、智能的"质的提升"转变。深化大数据赋能增效，最大化整合数据，扩充数据资源池，提升分析处理能力，增强工作的精确性和时效性。围绕出警执法、案件侦办、为民服务等方面，大力推进硬件升级，改造建设基层所队智能办案区，综合运用大数据等技术，支撑打击破案，助推朝阳公安执法规范化建设。

八、法治建设特色和亮点

2020年，全区政法系统及相关部门发扬敢为人先的探索精神，持续围绕法治建设工作不断探索创新，推出了一批具有朝阳特色和亮点的工作模式，为全区的法治建设工作提供了有效助力。

（一）打造法治先锋人物，开展政法系统荣誉称号授予工作

区人大认真落实市委、区委人大工作会议精神，积极探索创新，完善方式方法，落实法定职责，深化履职内容，提升新时代人大工作质量。开展授予地方荣誉称号工作，历时7个多月，经过单位推荐、初步审查、社会公示、依法决定等程序，常委会授予40名同志"朝阳区优秀法官""朝阳区优秀检察官""朝阳区优秀人民警察"荣誉称号，充分发挥鼓励先进、树立典型、提升正气的重要作用。

（二）持续推出朝阳检察品牌，深化认罪认罚从宽制度落地生根

区检察院持续推出改革落地的朝阳品牌，形成认罪认罚从宽、科技强检等亮点品牌，得到最高人民检察院、市检察院及区委区人大领导充分肯定。主动适应刑事犯罪结构重大变化，规范适用认罪认罚从宽制度，充分发挥该制度在改造罪犯、化解矛盾、减少对抗、促进治理方面的积极作用。共适用认罪认罚4016人，适用率81.6%，同比上升14.3%。重点考虑犯罪嫌疑人的人身危险性和再犯可能性，对于社会危险性较小的，依法作出不捕或者不起诉的决定，适用认罪认罚后不批准逮捕570人，不起诉906人，引导犯罪嫌疑人更好回归社会。

（三）树立"四个坚持"理念，持续完善执法办案管理中心建设

朝阳分局将执法办案管理中心建设作为建设法治公安、提升执法能力的重要实践。坚持安全第一理念，在执法办案管理中心实行智能管理、警医联动等机制，确保执法办案绝对安全。坚持常态监管理念，持续深化执法办案管理中心工作机制及案管组建设，强化受案立案源头管控，推动规范执法水平整体提升。坚持集约管理理念，邀请伤情鉴定等机构、部门进驻，实现一站式办案，大幅提高办案效率。坚持保障人权理念，给予未成年违法犯罪嫌疑人重点关怀，形成了未成年人案件办理和帮教管理新模式。设立刑事速裁法庭，会同区人民检察院、区

人民法院、区司法局对符合法定条件的轻微刑事犯罪启动速裁程序，最大限度节约司法资源，提高诉讼效率。2020 年朝阳分局法制支队执法办案场所管理大队被公安部评为"全国执法示范单位"。

（四）完善"一统双网三支点"诉源治理体系，促进矛盾纠纷源头预防和前端化解取得新成效

区人民法院依托全国市域社会治理现代化首批试点区契机，在全市率先出台指导意见和工作方案。凝聚诉源治理工作合力，成立"无讼朝阳"矛盾纠纷预防化解工作组，形成党政领导、政法主导、社会协同、多方参与、齐抓共管的联动融合诉源治理工作格局。全面实施"一法庭一街乡"工作规划，在 8 个人民法庭辖区均建立"无讼社区""无讼乡村""无讼商务区"等"无讼"示范样本，由点及面辐射带动基层治理水平的提升。拓宽"双网覆盖"内涵，深化平台建设，以北京法院统一的"12368"诉讼服务热线为牵引，深度对接北京市党建引领"街乡吹哨、部门报到"基层治理工作机制，对来自全区各基层党委政府、相关政府部门、基层自治组织、行业机构、调解组织等单位社会治理过程中的各类司法需求，实行"一号受理""接诉即办"。以批量案件化解为重点，建立健全类型化、多发性诉求的快速办理机制，聚焦物业供暖、劳动争议、道路交通等纠纷的源头治理和预防化解，培育"物业纠纷源头治理示范小区"共建项目，积极探索区块链技术在物业、金融纠纷诉源治理中的应用，促成批量纠纷以非诉方式及时就地化解，成讼数量显著下降。2020 年，全年收案数同比下降 13.5%。

海淀区法治建设报告

2020年是"十三五"收官之年、脱贫攻坚决战决胜之年，也是经受新冠肺炎疫情严重考验的一年。全面建成小康社会取得伟大历史性成就，决战脱贫攻坚取得决定性胜利。海淀区以习近平新时代中国特色社会主义思想为指导，贯彻落实党的十九大和十九届二中、三中、四中、五中全会精神，结合自身的工作特点，充分发挥职能作用，较好完成年度和"十三五"法治建设目标任务。

一、人大法治保障和监督工作

2020年，区人大常委会全面贯彻落实党的十九大和十九届二中、三中、四中、五中全会精神，结合人大工作特点，依法行使法律赋予的各项职权，充分发挥职能作用，紧紧围绕促进依法行政、严格执法和公正司法，深入推进海淀区法治建设，为海淀区加快建设具有全球影响力的全国科技创新中心核心区提供法治保障。

（一）全面推进法治政府建设

组织视察海淀区劳动人事争议仲裁院和区政务服务中心联想桥分中心，并听取了区政府关于法治政府建设工作情况的汇报，督促行政机关依法全面履行政府职能，扎实推进依法行政，持续优化营商环境，为加快建设具有全球影响力的全国科技创新中心区提供坚实法治保障。

（二）监督推进区人民法院"诉源治理"工作，努力实现矛盾纠纷源头化解

认真贯彻落实党的十九届四中全会精神，组织视察区法院诉源治理工作，调研了区人民法院西北旺镇法官工作站，观看了《诉源治理工作汇报》等视频汇报片，并听取了区法院有关工作情况汇报，围绕实现区域社会治理能力现代化目标，主动了解辖区群众司法需求，提升源头化解矛盾成效，坚持创新发展新时代"枫桥经验"，切实推进非诉解纷机制，努力实现从源头上减少诉讼增量。

（三）深化监督职能，充分发挥检察机关在打击科技犯罪方面的作用

组织视察区人民检察院科技犯罪检察工作，观看了《保护网络安全，守护科

技创新》视频汇报片，并听取了区检察院有关工作情况汇报，针对现阶段互联网、高科技犯罪数量高发、犯罪手段专业等特点，监督区检察部门整合区域资源，发挥专业优势，形成专门的工作规范，建立保护人民合法权益、保障和促进互联网生态和科技创新的体制机制。

（四）督促落实"七五"普法规划，全面推进法治宣传教育

贯彻落实《海淀区第十五届人民代表大会常务委员会关于开展第七个五年法治宣传教育的决议》中关于"区政府要做好终期评估验收并向区人大常委会报告工作"的要求，组织视察活动并召开调研座谈会，现场查看了海淀寄读学校青少年法治教育基地，观看了相关展览，听取了区司法局有关工作情况汇报，对区政府"七五"法治宣传教育终期工作情况进行监督。

（五）督促推进警务运行模式改革，提升公安基层基础工作水平

组织视察活动并召开工作调研座谈会，现场查看了香山派出所综合指挥室、曙光街道社会融治理·暖服务中心及曙光派出所第二社区警务工作站，观看了《枫桥经验，海淀实践——"两站"建设厚植海淀社会治理良田沃土》视频汇报片，并听取了区公安分局有关工作情况汇报，重点关注海淀公安分局全面推动警务工作全面融入基层社会治理，党建引领对接"吹哨报到"机制全面提升平安社区共建共治共享的社会治理工作。

（六）重点关注法律服务产业对优化营商环境的重要作用

组织召开律师行业管理工作专题座谈会，听取区司法局关于海淀区律师行业管理工作情况汇报，听取海淀律师行业代表的意见建议，加大对海淀法律服务产业发展情况的调研力度，积极促进律师行业投身服务海淀经济社会发展，用法律手段有效排除经济发展过程中的法律风险，保障经济发展在良好的法制环境中运行。

（七）加强规范性文件备案审查工作

按照《海淀区人大常委会规范性文件备案审查工作规程（试行）》的具体要求，协调各专门委员会对政府发布的规范性文件进行主动审查，2020年主动审查规范性文件9件，审查结果均合法合规；对"一府一委两院"发布的规范性文件目录进行备案，区人大常委会规范性文件备案审查工作更加制度化、规范化。

（八）以重点建议督办为契机，推进海淀区"法律服务村居行"工作

在开展的法治政府建设工作情况视察活动中，专题听取了区司法局关于"法律服务村居行"工作情况的汇报，督促提高法律服务村居行律师和律所服务的质量，将基层社区的普法工作要列入"八五"普法的重点内容。

二、法治政府建设

2020年，海淀区依法全面履行政府职能，推进科学民主依法决策，坚持严格规范公正文明执法，大力营造法治化营商环境，有效化解各类社会矛盾纠纷，较好完成年度和"十三五"法治政府建设目标任务。8月，荣膺全国首批"法治政府建设示范区"称号。

（一）依法全面履行政府职能

完善体制机制建设，进一步增强应对突发事件能力；深化重点领域改革，进一步强化依法行政效能；实施政务服务创新举措，进一步优化全域营商环境；推进公共资源交易电子化，进一步提升交易平台运行效率；创新社会治理模式，进一步推进基层社会治理；完善"大城管"体系，进一步提高区域精细化管理水平；高标准推进信息公开，进一步实现政务公开标准化、规范化。

（二）推进科学民主依法决策

发布重大行政决策目录，各决策承办部门严格按照法定程序开展工作；加强行政规范性文件合法性审查及备案工作，实施"凡会必审"制度，全区各单位报请区政府会议研究议题均需要进行合法性审核；充分发挥法律顾问作用，各部门各街镇实现"应聘尽聘"。

（三）坚持严格规范公正文明执法

如期完成向街镇下放431项执法权改革，较好实现了"接得住、管得好"的工作目标；全面落实行政执法"三项制度"和包容审慎执法制度；2020年，区属行政执法部门实施行政执法检查611 343件、行政处罚29 764件。

（四）强化对行政权力的监督

主动向区人大和区政协报告年度法治政府建设情况，全年办理全国、市、区人大建议和政协提案594件，建议提案解决率连年提升。

（五）依法有效化解矛盾纠纷

充分发挥行政复议化解行政争议主渠道作用。2020年，新收行政复议申请558件，审结548件，纠错率5.5%，同比下降3.2个百分点；以区政府为被告的行政诉讼案件288件，审结195件，一审败诉9件，败诉率为4.6%；落实行政机关负责人出庭应诉制度，区委副书记、区长和区委常委、副区长带头出庭应诉；积极开展行政调解和人民调解；持续深化公共法律服务；圆满完成"七五"普法检查验收工作。

（六）全面提升政府工作人员依法行政能力

认真落实领导干部学法制度，全年共开展区政府常务会议会前学法4次，涉及《北京市生活垃圾管理条例》《北京市物业管理条例》等。组织各行政执法单位法制工作主管领导和法制科室负责人法治思维养成与法治政府建设专题培训班

2 期，法治讲座 2 期。将《宪法》《中华人民共和国公务员法》及依法行政理论等内容作为公务员初任培训和军转干部培训的基础课程，全年共举办 9 期主体班，共培训 461 人次。

三、审判工作

2020 年，在区委的领导，区人大及其常委会的监督，区政府、政协的支持、指导下，区法院坚持以习近平新时代中国特色社会主义思想为指导，深入贯彻党的十九大和十九届二中、三中、四中、五中全会精神，坚持服务大局、司法为民、公正司法，持续深化司法体制综合配套改革，持续提升审判质效和审判监督管理水平，持续推进司法队伍革命化、正规化、专业化、职业化，为做好疫情防控、落实区委"两新两高"战略、推动区域经济高质量发展提供了有力的服务和司法保障。全年新收案件 90 537 件，审结案件 89 856 件。全院 17 个集体、30 人次获得国家级、省部级荣誉 4 项，市级荣誉 21 项，区级荣誉 22 项。区法院发挥审判职能作用，主动服务区域经济社会新发展。

（一）全力打好疫情防控阻击战

坚持党建引领，组织安排 27 个党支部 4900 余人次下沉 32 个社区值守，展现了良好风貌。坚持靠前研判，向区委、区政府报送信息专报《关于新冠肺炎疫情可能引发法律纠纷的预判及建议》，受到区委书记、区委政法委书记高度认可和批示。坚持护航复工复产，快审快判制售假劣医疗用品等妨害疫情防控犯罪案件 21 件，妥善审理涉疫情房屋租赁、教育培训、商品买卖等民商事纠纷 909 件，疫情期间六地"云联调"一次性化解十七华公司与 19 名劳动者欠薪纠纷，一揽子调解涉艾普英捷公司合同纠纷 151 件。坚持司法服务不中断。疫情期间在全市率先开通九路专线电话，接听 3.7 万余次，确保诉讼服务不停滞。全面推进"互联网+"审判，全年网上立案 36 372 件，线上开庭、谈话、调解 41 272 件，电子送达 50 616 次。

（二）全力发挥司法服务保障作用

1. 坚定维护区域安全稳定。审结刑事案件 2186 件。坚决贯彻总体国家安全观，审结利用邪教组织破坏法律实施案件 11 件。助力维护金融秩序，审结北京聚智堂文化发展有限公司非法吸收公众存款案等破坏金融秩序案件 43 件。合力严打"涉毒"犯罪，向区政府通报禁毒案件审理情况 12 次。聚焦数据安全，关于科技犯罪案件的大数据统计分析获最高人民法院院长周强批示肯定。因表现突出，刑事审判庭获评"全国法院先进集体"。

2. 服务保障"六稳""六保"。审结商事案件 22 833 件。提升商事审判速度，全面推进在线诉讼，在线审理、调解 23 986 次，电子送达 26 723 件，案件平均审理时长同比缩短 15.86%。提升稳企暖企力度，首创"预处罚通知书"，与市工商联成立全市首家"优化营商环境工作室"，以督促履行、协调投融资、暂缓执行等措施，助力企业回血造血。

3. 保护创新生态雨林。审结知识产权案件2137件。持续加强专业性示范，审理全国首例提供在线文库文档下载服务不正当竞争纠纷案，两案入选2019年度北京法院知识产权司法保护十大案例，一篇裁判文书获评全国知识产权优秀裁判文书一等奖。持续深化协同保障，推进全周期调解，诉前化解知识产权纠纷870件，诉中化解大型互联网企业互诉纠纷10余件、涉诉标的额超4亿元，促成涉KTV著作权侵权纠纷121案和解；加大联治力度，在全市率先与北京市及中关村知识产权保护中心签订协同保护合作框架协议，"源头回溯"等诉源治理工作机制受到市高级人民法院院长寇昉批示肯定。

4. 支持高品质城市建设。构建"N+1"服务区域发展工作机制，完成爱家收藏品国际市场、区环卫中心回收保洁用楼等腾退工作，获评北京法院"为'疏整促'提供司法保障"优秀案例。助推依法行政，连续15年发布行政审判白皮书，与区司法局共同筹建"行政争议调处中心"。支持依法打击各类违法占用耕地行为，与各街镇、区规自委加强联动，实现违法占用耕地类行政非诉执行案件全年结案率92.85%，涉案土地面积67 000余平方米。

（三）全力提升人民群众获得感、幸福感、安全感

1. 提升民生保障温度。审结民事案件25 274件。助力"稳就业""保就业"，与中关村民营科技企业家协会、区劳动仲裁院召开复工复产交流会、劳动争议热点问题解读会。与团区委、区公安分局、区检察院等单位强化联动，完善民事案件未成年人社会观护工作机制；与区人民卫生健康委研讨精神障碍未成年人关怀问题。服务老年人、残障群体，为永定路街道残疾人工作者进行成年人监护及遗嘱设立法律培训。加强司法救助，办结案件36件，发放救助金2 206 380元。

2. 优化一站式司法服务。畅通立案渠道，推行网上立案、微信立案、跨域立案，在线立案即时生成电子卷宗，大幅节省诉讼成本。完善诉讼服务渠道，全年线下引导诉讼群众33 639人次，接听"12368"诉讼平台来电33 981个，回复当事人网络留言7763件；引进北京大学等6所高校270余名大学生参与法律援助值班工作。拓宽多元解纠渠道，邀请人大代表19人、政协委员13人担任调解员，代表委员调解成功率达56.82%。

3. 夯实司法正义"最后一公里"。执结案件34 540件，全部执行到位金额297.31亿元。强化执行联动，与区城管委协作，运用"海淀智慧停车管理系统"有效破解执行"找车难"，两个月成功布控机动车203辆；与区税务局、"天眼查"平台合作，推动建立信息共享、信用修复等守信激励机制。强化科技应用，

在全市率先启用"司法区块链电子封条";依托大数据处理与银行信用评估模型,设立"执行和解监管平台",推动企业信用修复。

四、检察工作

2020年,区人民检察院党组认真贯彻区委各项决策部署,紧紧围绕海淀"两新两高"战略,认真履行检察职能,各项工作取得了新的进展,全年共受理审查逮捕案件2810件4985人,依法批准逮捕2690人,不批准逮捕2278人;受理审查起诉案件2665件3746人,提起公诉2783人,不起诉782人,为区域稳定发展提供有力的司法保障。

(一)以政治建设为统领,锻造检察铁军

把牢政治建设的"方向盘",始终把政治建设摆在首位。党组理论中心组带头深入开展习近平法治思想等专题学习,组织新任支部书记参加海淀区基层党支部书记轮训班,提升政治素养。在区委和市检察院的领导和支持下,进一步配齐配强党组班子,根据机构改革情况新设12个党支部,着力强化党的基层组织建设。深入开展"以案为鉴、以案促改"专项警示教育,对标对表查摆问题,加强督促落实整改。认真梳理审计、巡视、督察对我院提出的意见,深挖问题原因、列出整改清单、着力推动落实。抓好"三个规定",落实从严治检,确保全体人员严守党纪检纪,绝不触碰底线。

(二)立足检察职能,保障海淀法治社会发展

严惩网络电信犯罪,开展针对电信网络诈骗源头犯罪的"断卡"行动,加强公民个人信息保护。严守食药安全,参与"昆仑2020"专项行动,依法办理非法制售桶装水等专项案件。落实认罪认罚从宽制度,共计适用2881人,并对其中的628人做出不起诉处理。4件案件获评北京市检察机关认罪认罚从宽优秀典型案件。守护知识产权,依法办理假冒联想公司注册商标案等25件知识产权案件。治理商业贿赂,办理商业贿赂案件38件52人,量身定制法治课,在多家互联网企业巡回讲授。审慎处理涉企案件,落实"六稳""六保"要求,对涉企案件分类处理,对90人采取非羁押强制措施。发挥检察专业优势,依法办理拆迁腾退、工程招投标等领域职务犯罪案件23件。深化监检衔接机制,成功受理全市基层院首例由派驻纪检监察组调查终结的案件。办理"网络清毒"公益诉讼案,督促清理网络平台涉毒品音视频。办理一批未成年人救助、撤销监护权案件,帮助家庭修复亲子关系、失学儿童重返校园。助力未成年人教育保护,拓展与专门学校共建机制,提升教育预防效果。

(三)深耕检察监督,推进海淀法治环境建设

刑事侦查监督立案73件90人,监督撤案75件89人,发出纠正违法通知书11份、侦查活动监督通知书43份、检察建议书4份。对16份刑事审判文书提出

纠正意见均已裁定更正，提出二审抗诉 10 件，提请审判监督程序抗诉 1 件，检察长列席法院审委会 12 次。开展暂予监外执行专项检察，提出口头纠正 11 次，发出检察建议书 3 份。监督收监执行罪犯 23 人、暂予监外执行罪犯 6 人。全年办理民事诉讼监督案件 196 件，提请抗诉 6 件，发出各类监督检察建议 25 份。聚焦民事非诉执行、网络拍卖执行专项领域，办理案件 87 件。强化规模监督，针对超期仲裁等 26 个问题，向有关单位发出类案检察建议 10 份，批量纠正 71 件案件。对审判、执行轻微违法，简化调查程序，扩大适用口头检察建议。联合审判、仲裁机构，明确移送标准，主动筛查线索 129 条，提请抗诉 3 件，发出再审检察建议 1 件，更加精准打击虚假诉讼。全年办结行政诉讼监督案件 19 件，办结数居全市基层院之首。加强行政非诉执行监督，精细化审查 600 余份裁定，切实强化对行政行为合法性的审查。全年办理公益诉讼案件 37 件，发出诉前检察建议 11 份。

（四）竭力服务保障，提升海淀综合治理水平

结合办案中发现的企业治理问题制发检察建议 13 份，促进企业健康运营。加强同海淀工商联的对接，帮助中小微企业提升风险防控意识，努力保企业稳就业。打造便民接待大厅，接待来访 5281 批次 10 310 人次。深挖检察工作"富矿"，全年共编发原创稿件 459 篇，被各大媒体转发 266 篇，以"云普法"、检察官"直播带法"等方式创新普法模式。开展"12·4"宪法宣传周等主题校园宣讲活动 78 人次，推出青少年安全上网法治课，中小学生受众达 1.4 万余人。推送《四叶草微课堂》，观看量达 200 余万。在全市检察机关"十进百家、千人普法"活动收官评比中，获得了主题活动先进院等四个奖项"大满贯"。

五、司法行政工作

2020 年，区司法局形成"1+4+10"新工作格局，即以区委全面依法治区委员会办公室统筹全区法治建设，履行依法行政、法律事务管理、公共法律服务和普法教育四项基本职能，包括行政复议应诉、规范性文件审查、行政执法监督、法治宣传、社区矫正、律师、公证、司法鉴定、人民调解、法律援助 10 项主要业务。区司法局下属海诚、求是、国信 3 家公证处，为自收自支事业单位。有律师事务所 465 家，律师 5550 人。人民调解组织 773 个，人民调解员 6608 人，其中区公共法律服务中心人民调解专家团 1 个，街镇、社区（村）调委会 682 个，行业性、专业性调委会 90 个；调解排查矛盾纠纷 38 564 次，调解案件 12 113 件，调解成功 11 196 件，成功率 92.4%。司法鉴定机构 38 家，执业司法鉴定人 729 人。在管社区服刑人员 286 人，在管安置帮教人员 2108 人。海淀区荣膺第一批"全国法治政府建设示范区""全国公共法律服务工作先进集体"和第六届"全国文明单位"等称号。

（一）行政执法

严格规范行政执法，全面推行行政执法公示、执法全过程记录、重大执法决定法制审核"三项制度"落实，指导街镇综合执法改革顺利完成。2020 年，全区开展行政检查 611 343 件，作出行政处罚 29 764 件。高质高效办理行政复议案件，全年办理行政复议申请 558 件，同比增长 12%，受理 517 件，审结 482 件，纠错 27 件，纠错率 5.6%；办理以区政府为被告和被申请人的行政案件 288 件，同比减少 14.8%，审结 195 件，一审败诉 9 件，败诉率为 4.6%。全面落实合法性审查制度，全年开展行政规范性文件审查 22 件，各类文件合法性审查 450 余件次，提出法律建议 740 余条；办理以区政府为被申请人的履职申请案件 24 件，审核以区政府名义责成违法建设强拆案件 27 件，清理以区政府、区政府办名义制发的行政规范性文件 106 件，保留 89 件，废止 17 件。

（二）法律事务管理

办理律师类办理许可、备案服务等业务 2239 件，实现"律师执业申请"和"律师重新执业申请"两审批事项的区块链应用场景落地，打通审批事项"全程网办"的最后一公里，律师类行政审批窗口被评为 2020 年度区"十佳群众满意窗口服务团队"。处理律师类投诉 147 件，作出行政处罚 4 件、行业处分 16 件。开展"金线奖"评选，打造法律服务评选金字招牌。推进民营企业公司律师试点工作，民营企业公司律师试点单位备案数量及民企公司律师数均居全市第一。不断提升律师行业党的建设和律师协会建设水平，打造海淀律师良好形象。推动"智慧党建"建设，与中国银行北京海淀区支行合作开发的"复兴壹号"党建平台正式上线，实现网上缴纳党费新功能。区律师行业党委荣获"市律师行业先进党组织"，7 个党组织获"市先进律师事务所党组织"。始终将公证处规范化建设摆在公证管理首位，出台《海淀区公证机构财务管理办法（试行）》，建全公证机构财务预决算制度和财务监管机制。加强公证队伍建设，完成公证机构工会组织建设。区属 3 家公证处全年办理公证事项 11.7 万件，其中，国内 4.8 万件，涉外 6.8 万件，涉港澳 551 件。坚持司法鉴定行业管理"规范、创新、提升"工作总基调，全年完成司法鉴定行政许可类事项初审 75 件，办理投诉案件 50 件，受理 28 件，作出处理答复 28 件，全区司法鉴定业务总量达 12 160 件。

（三）公共法律服务

公共法律服务中心窗口接待来访 7920 人次，电话咨询 57 035 人次，办理事项 4482 件。开展"法援关爱在行动"活动，持续扩大法律援助覆盖面，实现"应援尽援""应援优援"；推进"云通道"，刑事审判法律援助全覆盖；办理法律援助案件 7055 件。村居法律顾问深入一线为村居百姓提供法律服务。117 家律师事务所的 319 名律师参与村居法律服务，举办法制讲座 1027 次、开展法律咨询 10 434 次、参与矛盾纠纷调解 841 次、举办培训 522 次，受众达 15 余万人次。为 70 岁以上老人免费办理遗嘱公证 151 件，免收费用 10.4 万元。推进司法鉴定机构进驻区公共法律服务中心窗口，开展公益咨询服务和社会公益服务。1 家司法鉴定机构及 1 家律师事务所被评为"全国公共法律服务工作先进集体"，2 名司法鉴定人员、1 名律师被评为"全国公共法律服务工作先进个人"。

（四）法治宣传教育

开展法治宣传教育活动 8600 余场次，发放宣传资料和宣传品 310 万余份，惠及群众 340 万余人次。开展"法律进机关""法律进单位"活动，通过会前学法、法治讲座、普法宣讲、集中培训、旁听庭审、竞赛答题、公务员培训超市、处级领导干部"法治思维养成与法治政府建设"专题培训班等形式，对国家工作人员开展法治宣传教育。运用新媒体手段扩大普法宣传社会影响，"海淀微说法"普法微信平台推送普法信息 506 条，总阅读量达 10.73 万人次；开通海淀区官方普法抖音账号。编辑制作的《达拉崩吧之国际禁毒日版》动漫 MV 获超百万全网总播放量；与海淀镇联合制作的《防拐骗儿歌》荣获"第十六届全国法治动漫微视频征集展示活动"一等奖。联合区应急管理局、区教委、区消防救援支队打造"云上话安全 普法进校园"网络课堂，受众 34.7 万人次；在"2020 年北京市法治动漫微视频作品征集活动"中，海淀区选送的视频作品荣获 2 个一等奖、4 个二等奖、4 个三等奖，区司法局获优秀组织奖。

（五）"七五"普法工作

海淀区法治宣传教育工作聚焦中关村科学城建设，立足全国科技创新中心核心区定位，围绕全区"十三五"时期经济社会发展目标，回应人民群众对法律需求的新期待，大力弘扬社会主义法治精神，不断优化重点对象普法模式，积极培育社会主义法治文化，广泛发动社会力量积极参与，扎实推进依法治理和法治创建，充分发挥法治宣传教育在全面依法治国中的基础作用，推动全社会树立筑牢法治意识，为促进全区经济社会发展营造了良好法治氛围。2020 年 11 月 14 日，代区长主持召开区政府常务会第 148 次会议，审议并通过《海淀区"七五"普法工作情况报告》。区教委、区发展改革委等 22 个成员单位主要领导在主会场参加会议，区守法普法协调小组其他成员单位和 29 个街镇主要领导在视频分会场参加会议。

（六）疫情防控法律服务

组织政府法律顾问编发《区县人民政府新型冠状病毒疫情防控期间重点领域工作指引》等法律指引性文件 30 余份。审核《海淀区关于落实北京市促防疫稳增长政策加大力度支持企业稳定发展的若干措施》等规范性文件 21 件。成立"海淀区中小微企业律师服务团"及"海淀区疫情防控工作涉外律师服务团"。

开展复工复产公共法律服务"百千万"走访调查活动，询问企业法律服务困难和问题，听取意见建议。建立一线防疫工作公证事项办理专门绿色通道，简化手续，优先服务，保障疫情防控工作医护人员、军人等人员的公证需求。公共法律服务中心设立"疫情防控法律服务"专线和"疫情防控企业法律服务"一站式窗口，实现防控疫情期间法律服务不停歇。优先受理、优先办理涉企涉疫、特殊群体和优抚对象的法律援助工作，为复工复产企业农民工、因受疫情影响导致经济困难企业员工等开辟绿色通道。

六、公安工作

2020 年，在疫情防控大背景下，按照区委、区政府和市公安局统一部署，深入贯彻落实中央关于依法治国、依法行政的相关要求，持续推动法治公安建设融入基层社会治理，优化法治力量建设格局、完善执法监督管理体系、提升执法办案工作效能，全力推动法治公安建设提质增效。2020 年，海淀分局执法质量考评位居 16 分局第一位，群众安全感连续三个季度排在全市第一，第四季度位居城六区第一、全市第二。现将具体情况报告如下：

（一）坚持党委主抓，统筹谋划组织

充分发挥党委把方向、管大局、保落实的重要作用，把法治理念融入党委议事决策全过程，严格落实党委重大事项议事决策制度，严格执行各项党内法规，健全党委督查室、警务督察大队、巡察办"1+1+1"体系化督促检查、问效追责机制，着力塑造制度管警的法治建设氛围。立足基层警务工作实际，主动适应以审判为中心的刑事诉讼制度改革和司法体制改革对公安工作提出的新要求、新挑战，加强以法制部门为重点的专业人才配备，学历本科以上民警占 30.35%，硕士研究生以上占 13.21%，获得高级执法资格或法律职业资格人数逐年提升，切实筑牢了法治公安建设的人力资源基础。同时提出对基层执法办案进行"监督管理"和"质量保障"的总体思路，结合全面深化公安改革，从法制专业部门、派出所力量融合以及软硬件配套等方面做出一系列制度设计，逐步推动分局执法规范化建设迈上平稳健康的发展轨道，严格规范公正文明执法逐步成为全警共识和自觉行动。

（二）完善专班建设，提升整体质效

坚持把创新作为推动法治公安建设高质量发展的必然路径，在警务改革中成立执法规范工作专班，由分管法制工作的局领导总负责，法制支队牵头组织，成员包括刑侦支队、治安支队、经侦支队、警务支援大队、看守所、拘留所及各派出所。按照"项目化管理、账单式推进"的原则，牵动全局健全完善执法办案监督管理和质量保障工作规范，以法制支队专业力量配备、执法办案管理中心支撑作用发挥、三级案管监督机制建设等为重点，有计划、有步骤对全局执法办案流程进行优化和重塑，使分局执法办案管理模式更加适应刑事诉讼制度改革和司法体制改革要求，更加契合基层所队执法办案需求，更加有利于执法规范化水平提升。分局还组建了由主要领导牵头负责的执法监督委员会，推出每日巡检通报、定期执法检查、每月专题讲评、执法红线监测、执法质量考评等管理手段，切实推动全局执法规范化水平不断提升。

（三）强化两级联管，做实执法监督

分局明确刑侦、经侦、治安等办案部门、派出所依托综合队、综合指挥室成立案管组，组长从通过法律职业资格考试、高级执法资格考试，或具有法制预审工作经历，或曾担任执法办案警探长的业务骨干中选任，并严格实行考试考核后持证上岗制度；组员要求具备一定的执法办案经验，能够承担执法办案监督管理、质量保障任务。各单位共配备案管组组长 35 人，案管组民警 120 余人。各办案单位案管组负责本单位执法办案规范化管理工作，按照"日清、周结、月考"的要求，紧盯警情、案件、场所、财物、卷宗等核心要素，从 110 接处警、12345"接诉即办"等初始环节入手，全方位开展监督管理和质量保障，重点解决接处警、受案立案、案件办理、场所安全、卷宗管理等关键环节问题。案管组按照"民警+警辅人员"模式进行力量配备，按照"管办分离"原则开展办案管理，专职履行执法监督管理职责，确保监督管理不缺位、不失效。从 2020 年工作情况看，分局警情受理率同比上升 16%，关键字警情受理率同比上升 8.9%，受立案效能明显提升。

（四）扎牢防控体系，积极创建"平安海淀"

坚持多警联动、警民联防、法治主导，积极推动社会治安防控与地区经济社会发展有机融合。在层圈卡点、社会单元、治安要素三个方面持续推进"雪亮工程"、人车卡口、智慧平安小区等前端建设，打造了"点上覆盖、面上成网、外围成圈"的泛感知体系；固化完善"7+2+1"〔1〕大巡逻模式，扎实推进融合执法，织严织密立体化社会治安防控体系；强化刑侦支队、治安支队、经侦支队等专业打击队和派出所打击办案队两级打击力量建设，纵深推进扫黑除恶专项斗争和"平安行动"，始终保持对违法犯罪的严打高压态势。2020 年，全区刑事立案下降近四成，破案率及现案破案率始终排在全市前列，命案连续 10 年保持 100%侦破，抢劫案件连续 5 年实现 100%侦破，经济案件破案率从 2016 年的 51.9%上升到 2020 年的 83.1%，毒品犯罪规模化打击效能显著提升，群众安全感连续三个季度排在全市第一，第四季度位居城六区第一、全市第二。

---

〔1〕"7"即巡逻警务站、武装处突车组、巡逻车组、视频巡控力量、社区巡逻力量、特警巡逻力量、携犬巡逻力量；"2"即武警、交警巡逻力量；"1"即群防群治力量。

（五）强化司法联动，抓好涉疫案件办理

自新冠疫情暴发以来，分局持续强化与区人民检察院、人民法院协同配合，始终坚持"依法打击处理""助力疫情防控"工作思路，重点针对涉疫案件多发，若干冷门刑事罪名被激活的情况，迅速组织专业力量会同检法机关共同梳理、汇总、研判高发涉疫案件和系列敏感案件，第一时间制定起草了分局《关于办理涉疫类案件法律适用工作意见》，并依托全警实战大练兵，以电视电话会形式对全警开展培训，进一步规范类案侦办流程，大幅提升了执法办案效能。其中，分局办理的郑某某贩卖假口罩案入选最高人民法院发布第二批 8 个依法惩处妨害疫情防控犯罪典型案例，实现了法治效果和社会效果的有机统一。

（六）坚持民生导向，全力解决群众诉求

始终坚持以人民为中心的发展思想，积极推动"接诉即办"工作融入基层社会治理和警务改革。主动依托区域化党建"三联一统""四级对接"机制，纵向抓实党建引领，横向畅通属地对接，自下而上构建了"金字塔"形的工作格局，推动为民办事常态化、制度化落实，有效增强群众安全感、获得感、满意度。从社区民警到派出所所长，从小巷管家到总街巷长，逐级协调联动、逐级过滤矛盾、逐级化解纠纷，最大限度解决民众诉求。全年派单响应率始终保持100%，办结率达 93%，"接诉即办"工作综合成绩排名 16 分局第一。

（七）顺应改革要求，打造执法品牌

主动适应以审判为中心的诉讼制度改革要求，不断完善刑事案件认罪认罚工作机制，全面做好刑事速裁法庭建设和相关配套设施保障，积极适用"48 小时速裁机制"，分局刑事执法工作实现提档升级。坚持共建共治共享理念，进一步拓展执法办案管理中心功能应用，持续加强与派驻未成年社工事务所之间的协作配合，创新完善"刑事帮教转化""受害人员救助""犯罪临界预防""法制宣传进校园""关护基地历练"等五大未成年人司法工作机制，打造未成年人警务工作海淀品牌。分局未成年人案件审查中队获评"全国青少年维权岗"，相关民警被中央文明办授予"全国未成年人思想建设先进个人"。

七、2020 年法治建设特色和亮点工作

2020 年，深化司法体制改革，推动特色和亮点工作。

（一）构建"双点位"审判监督管理机制，全面落实司法责任制

以时间定位和主体定位为支撑，构建覆盖全主体、全事项的审判监督管理机制。以"日周月季年"细划管理周期，全年召开审判管理联席会 11 次，讨论议题 107 个，召开审判委员会 32 次，督办长期未结案 419 件。以"四级主体"细化管理权责，制定"院、庭、团队、个人"审判权责清单七大类 60 余项。以链式举措压实管理责任，构建"建议-约谈-入档-追责"机制，确保管理责任落

地。该经验入选最高人民法院第十批司法改革典型案例，向全国法院推广。

（二）构建"一型三式"民事诉讼程序繁简分流改革试点模式，全面提升司法效能

组建专业型审判团队，集中审理类型化和小额速裁案件，全年适用小额诉讼程序受理案件10 361件，审结6844件。推广"云模式"办理方式，在"北京云法庭"等在线平台审理案件41 272件，开庭时长近两万小时。创新"要素式"裁判方式，推广要素式裁判和文书，有效提升审判效率。坚持"跟单式"管理方式，加强流程节点管控。

（三）建立双主动、多联动"2+N"联动联治诉源治理机制，全面强化纠纷就地化解

深化"府院联动"、代表监督，与党建引领"吹哨报到""接诉即办"深度融合，上线"人和海淀"诉源治理需求响应平台；全院27个党支部与疫情期间值守社区对接，开展"一支部一社区"诉源治理共建；向区人大常委会作诉源治理专题汇报；在全市率先发布《诉源治理倡议书》3000余份。精治区域特色类案，与区教委召开"互联网+教育"案件新闻发布会；在全市率先建立劳动仲裁期间移送保全案件机制；与北京卫生法学会医疗纠纷调解中心建立涉鉴定、保险医疗纠纷"一揽子"调处机制。打造纠纷属地化解"无讼四区"，在上地街道、西北旺镇设立"法官工作站"，在白家疃村设立"法官联系点"，"庭、站、点"三级网络全覆盖格局逐步形成。

（四）拓展"全流程全场景"在线应用，全面升级智慧法院建设

推广在线诉讼，全年在线审理案件占同期结案的45.9%，裁判文书电子送达率达54.97%。深化电子卷宗全流程应用，在全市传统基层法院中率先实现知识产权案件"一键上诉"，该项目入选2020年北京法院司法改革"微创新"最佳示范案例。

丰台区法治建设报告

2020 年，丰台区坚持以习近平新时代中国特色社会主义思想为指导，深入贯彻习近平法治思想，深入贯彻党的十九大和十九届二中、三中、四中、五中全会精神，围绕"妙笔生花看丰台"的美好愿景，统筹推进疫情防控和法治丰台建设。

一、人大法治保障和监督工作

弘扬宪法精神，推动开展国家宪法日活动。落实宪法宣誓制度，依法组织新任命人员进行法律知识考试和宪法宣誓。深入推进"七五"法治宣传教育，听取区政府关于"七五"普法工作情况的报告，促进法治国家、法治政府、法治社会一体建设。协助做好法律法规立项论证、调研、征求意见等基础性工作，完成了中华人民共和国退役军人保障法、生物安全法、动物防疫法以及北京市突发公共卫生事件应急条例、医院安全秩序管理规定、住房租赁条例、历史文化名城保护条例等法律法规的征求意见工作。就《中华人民共和国环境保护法》《北京市街道办事处条例》《北京市促进科技成果转化条例》开展执法检查；落实《北京市文明行为促进条例》，就"光盘行动"开展视察检查。区人大常委会听取和审议区法院关于深入参与基层社会治理、推进社会治理体系治理能力现代化工作的报告，支持法院主动服务基层社会治理，延伸审判职能，维护社会和谐稳定。听取区检察院关于打击金融犯罪、防范金融风险工作情况的报告，促进检察机关发挥职能作用，保障人民群众的合法权益。落实"有件必备、有备必审、有错必纠"的工作要求，对《丰台区关于应对新冠肺炎疫情支持企业发展的若干措施（暂行）》等规范性文件进行了及时审查。

二、法治政府建设

坚决打好疫情防控阻击战。编撰《丰台区依法防控疫情工具书》，创建隔离点规范操作指南并在全区推广应用。成立战"疫"云诊室，开设"疫路寻声、空中送法"在线工作室，开通"疫期学法"直播，开辟"广播抗疫"法治广播栏目，多角度全方位提供法治保障。

严格规范依法决策程序。认真履行重大行政决策合法性审查程序，强化区政府会前议题合法性审查，全年共审核议题 20 余件次，提出意见 50 余条。充分发挥政府法律顾问作用，为丰台区重大决策、重要文件和重点工作提供法律咨询和支撑。2020 年法律顾问共为全区各单位提供法律服务 1000 余件，满意率达 100%。

加强行政规范性文件审查及备案工作。2020 年，共审核区重大行政决策、行政规范性文件、合同及协议等 97 件，提出有法律意见和建议 100 余项。2020 年区政府正式印发行政规范性文件 7 件，均按要求向市政府备案。区级部门制发规范性文件备案率、审核率均达 100%。办理市政府法规规章征求意见 15 件，提出意见建议 20 余条。开展关于《民法典》涉及的规范性文件清理工作，共清理行政规范性文件 143 件。

夯实行政复议和行政应诉工作。坚持复议为民理念，切实发挥行政复议定纷止争作用。2020 年办理行政复议申请 222 件，法定期限内案件办结率 100%。其中，维持原具体行政行为 85 件、驳回 37 件、撤销和确认违法及责令履责 12 件。坚持公正、公平、公开原则，积极应对行政诉讼案件。2020 年，以区政府为被告的行政诉讼案件 289 件，同比增长 43.1%，共审结 221 件，败诉率 3%。

认真落实区政府常务会会前学法制度。全年组织区政府常务会会前学法 4 次，涉及《北京市贯彻〈中央生态环境保护督察工作规定〉实施办法解读报告》《中华人民共和国食品安全法实施条例》等内容，采取与各部门联动模式，组织教授讲法、法官讲法、"一把手"讲法，构建"有解读、有实际、有问题、有建议"的深层讲法框架，提升学法效果。

三、审判工作

坚持严格公正司法，切实保障人民群众合法权益。全年新收案件 54 680 件，结案 54 712 件，结收比 100.06%。依法保护劳动者合法权益，审结网约车司机薪酬、互联网平台农民工维权等劳动争议纠纷 1620 件。强化当事人权利救济和保障，审结国家赔偿案件 2 件，向确有生活困难的涉诉群众提供救助金 150 万元 31 人次。严惩妨害疫情防控犯罪，研究制定《依法严惩涉疫情防控刑事犯罪的工作意见》，妥善审理销售"假口罩"诈骗罪等案件。制定依法处置涉疫纠纷指导意见，对接新发地市场，形成 7 类涉疫纠纷调处方案，推动纠纷就地化解。

坚持服务大局发展，推动经济社会高质量发展。搭建"吹哨报到"诉源治理平台，以"12368"诉服热线对接"12345"市民热线，对全区党政机关、行业协会等司法需求"接诉即答、接单即办"，全年响应时代风帆楼宇党委"吹哨"30 余次。保障"疏整促"专项行动，审结涉"疏整促"案件 455 件，有序审理涉"非宅"拆违、换签案件 54 件，拆除违法建设 4245 平方米，腾退近 6000 平方米疏解市场。优化法治化营商环境，高效审结商事纠纷 6969 件，审理周期平均缩短 29.3 天，开展"走企业、提建议、促发展"活动，调研中小企业复工复产需求 10 余次，指导企业防范化解风险。加强知识产权保护，审结知识产权案件 610 件，妥善处理真假"鲍师傅"商标侵权、涉新发地商户商标侵权等一批新型知识产权案件。

坚持深化司法改革，不断提高司法质量、效率和公信力。坚持和发展新时代"枫桥经验"，吸纳 14 家调解机构、44 名专职调解员充实特邀调解力量，通过"多元调解+速裁"化解 60% 以上的民商事案件。建立小额诉讼"七快"通道，9 个速裁团队专门办理小额金钱给付类案件，平均审理周期缩短 13.7%。建成 42 个"云"法庭，实现诉前调解、证据交换、在线开庭等"一网通办"。持续深化司法公开。公开裁判文书 28 508 份，庭审直播 18 770 次，文书上网率 100%，审判流程有效公开率达 99.83%。弘扬社会主义核心价值观，审理的"永定河冰面遛狗溺亡责任自担案"，写入最高人民法院工作报告，并被确定为全国指导性案例。发布第二批社会主义核心价值观典型案例，建立"月说新案"新闻通报会机制，不断探索弘扬社会主义核心价值观新路径。

四、检察工作

积极服务"六稳""六保"，为社会大局保驾护航。筑牢疫情防控的坚固防线，依法从严从快办理涉疫情案件 36 件 39 人。平等保护民营经济健康稳定发展，落实服务民营经济 11 项检察政策，坚持慎捕、慎诉，保护民营企业产权，主动走进丽泽商务区、中关村丰台园等重点园区，为企业"问诊把脉"，与区市场监管局联合签署"民营企业产权保护社会化服务体系战略合作协议"，优化区域营商环境、护航民营企业发展。纵深推进重点领域公益诉讼，聚焦人民群众关切的河流域环境污染、垃圾非法倾倒、冷库管理漏洞、餐馆无证照经营等问题，开展"公益诉讼守护美好生活"专项监督。立足办案积极参与社会治理，针对办案中发现的非法行医乱象、金融机构安全隐患等社会治理问题，及时提出检察建议，帮助堵塞漏洞、强化管理，做到"办理一案、治理一片"。

严格履行司法办案职能，维护区域和谐稳定。依法履行经济犯罪检察职能，服务防范化解金融风险。起诉涉众型经济犯罪案件 42 件 110 人。强化追赃挽损力度，在审查逮捕和审查起诉期间挽回损失 7600 余万元，保障人民群众财产安全。履行职务犯罪检察职能，扎实推进反腐肃贪工作。加强对已办职务犯罪案件的分析研判，系统总结近年来丰台区村干部职务犯罪特点，及时呈报区委等机关单位辅助决策。加强未成年人检察工作，构筑健康"成长圈"。依法保护涉案未成年人合法权益，作出不起诉决定 21 人，开展法律援助 17 人。牵头搭建未成年人社会支持体系，成功开展全市首例困境儿童异地救助工作。在专门学校建立犯罪预防和教育矫治工作机制，与区教委联合推出《我为抗疫做贡献》"云课堂"，取得良好社会效果。

积极发挥检察监督职能，维护社会公平正义。围绕"有案不立""有罪不究"，加强检警良性互动，监督立案27件49人，围绕侦查违法违规行为，发出纠正违法通知书9份，提升执法司法效果。排查食药、烟草、市场监管等领域"两法衔接"线索，督促移送涉嫌犯罪的行政违法行为。树立办案与监督并重的理念，严格履行对法院裁判的监督，提起抗诉8件，持续提升审判监督质效。履行司法救助职能，向一起故意伤害案中未成年被害人发放救助金，避免被害人家庭因案致贫、因案返贫，传递司法温度。办理社区矫正违法违规案件8件8人。受理羁押必要性审查案件103件103人，变更强制措施47件47人，严防不当逮捕、不当羁押。开展民事虚假诉讼专项监督活动，向法院发出再审检察建议4件。开展行政非诉执行案件专项监督，立案监督案件6件。

积极深化检察改革，不断提升检察公信力。认真贯彻宽严相济的刑事政策，将认罪认罚从宽制度适用到全部刑事案件，确保制度有效发挥，对1662人适用认罪认罚制度，适用率达到83.8%。提高量刑建议精准化率，对认罪认罚案件提出量刑建议1121人，采纳率达到90.5%。落实"捕诉一体"工作机制，整合两项审查、突出实质审查、审查引导侦查，保证办案质效，不捕案件复议率为1.2%，较去年同期大幅下降。

五、司法行政工作

完善多元纠纷调解格局。推行"案前了解、案中调解、力求和解"模式，促使申请人撤回行政复议33件。各人民调解组织全年共调解纠纷14 436件，基层人民调解组织共达成口头协议627件，成卷协议书1429件，司法确认87件。加强"智慧调解"建设，运用线上调解、微信调解等方式提供高效便捷的纠纷调解服务。建立街乡镇调委会与派出法庭、法官分片对接机制。

持续深化公共法律服务供给。落实公证服务"最多跑一次"，严格执行窗口接待首问负责制和一次性告知制度。疫情防控期间建立一线防疫工作公证事项绿色通道，完善公证预约制度。2020年，共计办理公证业务7882件，接待群众咨询20 000余人次。强化司法鉴定行业清理整顿，自查与抽查并举，约谈机构负责人7人次，下发限期整改通知书4件，提出整改意见7条。

营造全区守法普法浓厚氛围。落实"谁执法谁普法"普法责任制，锁定84家行政执法部门的普法责任。广泛学习宣传《宪法》《民法典》等法律法规，全年共开展各类法治宣传教育活动5096场，发放宣传资料和宣传品18.5万余份。全面做好"七五"普法收官工作，建立全区普法工作电子档案库，制作"法沐丰华"汇报片和普法成果电子画册。编撰《疫情防控法律工具书》《"扫黑除恶"知识手册》等书籍,为区执法实践提供重要法律参考。

六、公安工作

严打突出违法犯罪。针对季节性治安规律特点,结合疫情防控形势,以"平安行动"为抓手,全方位"打源头、端窝点、摧网络、断链条、追流向",全面梳理分析警情、舆情、网情数据,加大研判力度、找准打击重点、强化法律支撑、严格高限处罚,落实闭环运行,强势打掉一批团伙窝点、破获一批典型案件。

严整治安乱点乱象。结合辖区社会面治安形势规律特点,深化"并肩治乱"机制,对社会面各类乱象开展全领域、全流程、全环节打整。紧盯全区 57 处"6+N"、3 处城乡接合部市级挂账重点地区,10 处城乡接合部挂账地区(村)等点位,加强与区卫生教育、生态环境、住建等部门捆绑合成力度,对黑车黑摩的、流浪乞讨、号贩子、"分虫""车虫"等治安顽症,开展清理整治,有效净化了全区社会治安、交通环境秩序。

提升服务保障民生水平。丰台出入境接待大厅持续深化"只跑一次"改革,为群众办事的前置条件提供便利,取证时限为 5 个至 7 个工作日。从切实解决人民群众最迫切需要解决的民生问题、焦点问题入手,及时制定了噪声扰民类办案指引、打击处理利用信息网络"裸聊"实施违法犯罪案件的执法指引、打击处理网络赌博案件的执法指引等办案实操手册,为有效打击各类违法犯罪,提供了坚强的法律支撑和保障。

七、特色亮点工作

营商环境持续优化。出台促进高精尖产业发展的"丰九条",对金融、科技等重点产业给予支持。全年新增注册资本 5000 万元以上企业 458 家,同比增长 27.6%。出台街乡镇财源建设奖励实施办法,积极构建全员招商、全员服务的工作格局,进一步夯实了财源基础。推行 1000 余个"零见面"办理事项,实现 1500 余个区级事项一门办。代表北京市完成国家政务服务好差评制度试点,率先推出"问题不出厅"差评处置机制。完成"丰政通"掌上办事大厅和电子证照分发中心建设。惠企纾困政策全面落地见效,疫情期间为企业减租 1.7 亿元,全年减免社保费 55.9 亿元、税费 31 亿元。

"疏整促"专项行动任务圆满完成。拆除违法建设 154.4 万平方米,腾退土地 156.9 公顷,超额完成年度任务。整治群租房 1536 处,违规户外广告设施、"散乱污"、"开墙打洞"和地下空间违规住人实现动态清零。做好腾退空间利用,启动南中轴大红门地区城市更新和优质产业资源导入。完成南苑森林湿地公园先行启动区 500 余亩绿化建设。建设提升便民商业网点 88 个,社区便利化程度持续提升。高标准完成第七次全国人口普查入户工作。

基层治理能力进一步提高。《丰台区行政区划调整方案》获市级批准，为整合优化资源、完善区域功能、统筹推进地区发展，奠定了坚实基础。深入开展"接诉即办"，全年受理群众诉求 36.2 万件，快速解决了一批包括涉疫、复工复产在内的民生诉求。严格落实物业管理条例，在全市率先出台《业委会（物管会）组建参考手册》，新增业委会（物管会）724 个，"三率"水平大幅提升。落实街道办事处工作条例，推进 35 项重点任务落地。完成 35 个楼门院示范点和 11 个社区议事厅试点建设，实现城市社区议事厅全覆盖。新成立 17 个、调整 7 个社区居委会，进一步消除了社会管理空白点。

城市精细化管理水平稳步提升。全力推进垃圾分类，规范提升分类桶站、驿站，累计处理生活垃圾 73.2 万吨，垃圾无害化处理率达到 100%。完成 75 条背街小巷环境提升，改造 5 条精品大街。深入推进路侧停车系统建设，改造提升 6083 个停车位。全面推进国家卫生区创建，深入开展新时代爱国卫生运动，实现爱国卫生组织机构街乡镇、社区（村）全覆盖，累计 26 万余人次参与"周末卫生日"活动。深入开展农村人居环境整治，8 个村通过全市第一批美丽乡村考核验收，超额完成创建任务。

石景山区法治建设报告

2020年，石景山区以习近平新时代中国特色社会主义思想为指导，深入贯彻党的十九大和十九届二中、三中、四中、五中全会精神，深入贯彻习近平总书记对北京重要讲话精神，紧紧围绕首都中心工作和本区发展大局，加强对全区法治建设工作的统筹谋划、重点攻坚、整体推进、督促落实，为建设更高水平的平安石景山作出积极贡献。

一、人大法治保障和监督工作

2020年，石景山区人大召开常委会会议7次，审议议题54项，听取审议专项工作报告17项，开展执法检查4项、专题询问3项、视察3项，作出决议决定14项、审议意见书6件，任免国家机关工作人员84人次、人民陪审员105名，督办议案2项，督办建议、批评和意见122件。

（一）组织机构建设工作

第一，坚持不懈强化思想理论武装。在学懂弄通做实上下功夫，把学习贯彻习近平新时代中国特色社会主义思想，学习贯彻党的十九届四中、五中全会精神，与习近平总书记关于坚持和完善人民代表大会制度的重要思想、对地方人大及其常委会工作的重要指示和对北京重要讲话精神一体学习、融会贯通，作为常委会党组会议、常委会会议的首要议程，理论学习中心组的首要任务，代表进"家"进"站"学习宣讲的重要内容，深入学、系统学、联动学，贯穿于常委会依法履职的全过程，推动学习贯彻习近平新时代中国特色社会主义思想走深、走实，持续强化做好新时代人大工作的政治自觉、思想自觉、行动自觉。

第二，全力以赴做好疫情防控。坚决贯彻习近平总书记关于疫情防控的重要指示精神和党中央的战略部署，坚决服从区委统一指挥，坚决扛起专项工作职责，包干负责5个街道103个社区，检查指导社区疫情防控工作，筑牢基层防疫战线。推进依法科学防控，贯彻市人大常委会关于依法防控的决定，检查督促有关部门落实决定要求，视察企业、园区、学校复工复产复学情况，听取审议政府关于新冠肺炎疫情防控工作情况的报告，推动解决公共卫生应急管理体系中的突出问题，提升依法处置重大突发事件的能力水平。区人大代表在各条战线、各自岗位上发挥积极作用，坚守抗疫一线，保障物资供应，踊跃捐款捐物，主动建言献策，人大机关党员干部下沉社区防控值守，以实际行动践行职责使命，实现疫情防控与人大工作两手抓、两不误、两促进。

第三，坚持重大事项、重要工作向区委请示报告。推进民主政治领域重点改革任务，把区委关于新时代加强和改进人大工作的要求，落实到人大监督、代表工作和自身建设的各方面。推进全国文明城区创建，落实督导检查、包片包点工作职责，结合监督议题建言献策，促进常态治理有效提升。坚持党管干部原则，依法组织国家机关工作人员任免、向宪法宣誓等工作。依法补选 7 名区第十六届人大代表。

（二）人大代表工作

第一，区十六届人大六次会议期间，区人大代表共提出建议 122 件（含议案转建议 9 件），全部交政府办理。疫情防控常态化下，为确保建议办理工作力度不减、质量不降，区人大常委会及时调整办复期限，坚持重点督办、分类督办、跟踪督办，注重整体性、系统性、协同性，完善满意度"二次评价"机制，在推动难点问题解决上提高了质量，在推动同类同质问题解决上取得了实效，在推动跨年度问题解决上加快了步伐。

第二，克服疫情带来的不利影响，采取线上线下相结合方式服务代表履职。组织开展党的十九届五中全会精神、《民法典》、公益诉讼检察工作学习培训，以远程视频方式组织旁听法院公开审理案件。组织市、区两级人大代表参加全市"两条例"三边检查、制止餐饮浪费专题调研，参与率达 99%。服务代表进"站"联系选民、听取意见、报告履职情况，参与率达 90%，密切了市区两级代表之间、代表与人民群众的联系。组织市人大（石景山团）代表参加会前视察调研等活动，组织区人大代表 137 人次列席人大常委会会议、参与预算审查监督、参加"一府一委两院"联系活动，较好发挥了代表主力军作用。

（三）法治保障工作

聚焦完善人权司法保障，深化刑事审判工作监督，疫情期间坚持人员零接触、监督刚性不减的工作原则，创新方式方法，通过网络视频开展专题询问，邀请法学专家参与线上调研，听取审议区法院以审判为中心的刑事诉讼制度改革工作情况的报告，推动审判机关切实担负好改革职责，推进庭审实质化建设，提高刑事案件办案质量，不断满足人民群众对司法公正的最大期待。聚焦维护国家利益和社会公共利益，跟踪监督公益诉讼检察工作，探索人大专委会与检察公益诉讼部门联动监督向执法检查工作延伸，深度融入社会治理，推动检察机关履行好检察公益诉讼职能。

（四）监督工作

第一，加强经济工作监督。落实疫情防控常态化要求，着力推进经济平稳运行，聚焦经济社会发展重点，跟进"十三五"规划指标任务落实、"十四五"规划纲要编制工作，专题调研支持企业稳定发展的"石惠16条"政策落实情况。听取审议上半年国民经济和社会发展计划执行情况的报告，围绕落实主要指标、复工复产、重点项目进展等提出意见，助力做好"六稳""六保"工作。持续关注北京银行保险产业园发展，重点调研银保园招商运营情况，就加强招商引资、解决资金难题、优化发展环境等提出建议，推进重点功能区高质量发展。

第二，加强预决算审查监督。聚焦区应对疫情、支持中小微企业发展的政策措施，督促政府提高财政政策的导向性和精准性。持续监督国有资产管理情况，跟踪行政事业性国有资产管理整改，听取审议企业国有资产管理情况的报告及其审计报告，围绕完善发展规划、深化国企改革、加大监管力度等方面提出意见，促进政府摸清企业国有资产家底，实现经营性国有资产集中统一监管。运用人大预算联网监督系统，增强预算审查监督时效性和透明度。

第三，推动西山永定河文化带建设，深化持续监督。重点围绕贯彻北京市实施文物保护法办法和非物质文化遗产条例，专题调研文物修缮保护和非遗传承保护工作，集中视察文化中心、非遗中心、博物馆运营建设情况，实地考察田义墓、老古城民俗博物馆，听取政府关于历史文化遗产保护传承利用情况的汇报，聚焦引进专业人才、挖掘文化资源内涵、探索创新文化遗产活化路径等提出意见和建议，持续推动抓紧抓牢西山永定河文化带建设，带动区域转型和高质量发展。

第四，加强城市治理和环境保护工作监督。区人大常委会成立执法检查组，对生活垃圾管理条例、物业管理条例的实施情况展开执法检查，与专题询问相结合、与建议督办相结合、与检察公益诉讼部门联动监督，创新检查方式打出了"组合拳"。与市人大常委会上下联动，组织市区两级人大代表开展"身边、路边、周边"检查，深入查找影响条例实施、制约工作发展、损害群众利益的问题，拓展了执法检查的广度深度。

第五，加强民生和社会工作监督。重点督办"关于引进优质教育资源、提升区域教育质量的议案"，深化与业内专家、人大代表的联系沟通，召开多场督办工作座谈会，征询意见和建议，听取审议议案办理情况的报告，开展专题询问，推动政府持续加大优质教育资源供给，落实教育优先发展理念，不断满足人民群众对优质教育的需求。推动街道办事处条例的贯彻实施，坚持问题导向，围绕综合执法、社区治理等重点方面开展执法检查，邀请属地高校法学专家全程参与，积极探索评价法律实施效果的新形式，提高了监督工作质量。

第六，依法开展规范性文件备案审查。依照宪法和法律法规，密切关注政府印发的规范性文件，充分运用人大常委会工作机构联合审查机制，统一受理、分工负责、相互配合，依法对政府报备的 10 份文件进行审查，积极发挥了法治在提升治理能力和治理水平中的重要作用。

二、法治政府建设

（一）提高领导干部依法行政意识和能力

采取区政府常务会、办公会与会前学法相结合的模式，重点突出《北京市物业管理条例》《北京市生活垃圾管理条例》等新法学习。联合区委组织部举办 2020 年处级干部依法行政专题研讨班，全区近 100 名处级以上领导干部参加培训。

（二）强化行政执法监督规范行政执法行为

依托北京市行政执法信息服务平台强化对区属行政执法部门执法绩效任务指标完成情况的监测评价。起草了《2020 年石景山区推进法治政府建设工作要点》《持续深化法治政府建设示范项目创建评审活动的通知》，着力构建内外监督、统筹协调的制度体系。全力做好向街道办事处下放部分行政执法职权并实行综合执法改革相关工作，深入推进行政执法公示制度。

（三）加大文件备案审查力度，健全依法科学民主决策机制

对全区重大行政决策程序执行情况进行清单管理、跟踪指导，组织参加重大行政决策案例评审。充分发挥政府法律顾问的"智库"作用，完成新一届政府法律顾问换届。修订《北京市石景山区行政规范性文件管理办法》，确保规范性文件制发管理工作规范有序。全年完成规范性文件审查 28 件，文件合法性审查 119 件，完成市级有关法律法规及区内单位发文征求意见 54 件。

（四）依法高效办理行政复议、行政诉讼案件

全年共接待行政复议申请 189 人次，收案审查 113 件，受理 88 件。组织召开区政府与区法院联席会议，通报《2019 年行政案件司法审判年度报告》《2019 年全年行政审判与行政复议、应诉工作情况》，围绕推进依法行政、建设法治政府等议题共同会商，形成共识，建立了行政执法与司法审判的良性互动机制。

三、审判工作

2020 年，石景山区人民法院新收各类案件 32 229 件，结案 27 209 件，结案率 78.72%，法官人均结案 453.48 件。

（一）刑事审判工作

审结刑事案件 315 件，判处刑罚 338 人。严厉打击暴力犯罪和危害公共安全犯罪，从严惩处涉毒涉赌犯罪，保持惩治腐败犯罪高压态势，依法审理涉意识形

态、涉网络谣言等重大敏感案件，妥善审理"五环路怒飙车"案等社会关注度较高案件，捍卫政治安全和社会稳定。高效审结 5 起抗拒疫情防控措施、制售假冒防疫物资等妨害疫情防控刑事案件，有力保障疫情防控法治秩序。依法惩治盗掘古文化遗产、古墓葬犯罪及侵犯知识产权犯罪，保护文化资源及智力成果。惩处新类型诈骗犯罪、涉众型经济犯罪共 23 件，涉案金额达 4.95 亿元，全方位开展防范非法集资法治宣传月活动，维护人民群众财产安全。探索建立类案证据指引，健全证人、鉴定人出庭作证保障机制，实现轻罪认罪认罚案件快速办理，不断深化刑事诉讼制度改革。

（二）深化未成年人特色审判

审结涉未成年人案件 89 件。坚持依法惩治和教育管束并重，严厉制裁未成年人恶性犯罪，发挥司法威慑作用。推动社工介入未成年人犯罪审前调查及判后帮教，坚持法庭教育、法官寄语等特色审判机制。加强与北方工业大学合作共建青少年犯罪预防与传统文化研究中心，培育青少年犯罪预防司法实务研究成果。依法从重打击性侵未成年人犯罪，定期向团区委、区妇联、区教委及区各中小学校通报涉未成年人案件审理情况，依托"相伴青春法官工作室"健全校园伤害防控机制，采取"云上看法"形式开展"法护童行"系列法治宣传教育。石景山区人民法院未成年人综合审判团队被评为北京市法院"模范审判团队"，"青春护航基地"获评 2020 年度首都未成年人思想道德建设创新案例提名奖。

（三）民商事案件

审结民商事案件 14 172 件。依法审理涉教育培训、家政服务等受疫情冲击较大领域的消费者权益纠纷 201 件，以调解和解方式高效化解因疫情引发的房屋租赁合同纠纷 86 件，切实保障民生。推进家事审判改革，出具离婚证明书 14 份，在裁判说理中注重弘扬传统美德，促进和谐家庭建设。为迁安矿区提供远程诉讼服务，开展巡回审判、调解指导及普法宣讲，实现季度巡回审判"不打烊"。深化劳动争议调解七方联动机制，加大人身安全保护令及未成年人观护制度适用力度，依法保障弱势人群合法权益。高效审结民间借贷、金融服务、融资租赁等商事纠纷 3323 件，助力稳妥处置网贷平台清退，服务防范化解金融风险。推进民事诉讼程序繁简分流改革试点，建立要素式审理机制，诉讼权利保障与程序实质简化一体推进，简易程序平均审理期限从去年的 44.5 天降至 27.7 天。

（四）知识产权审判工作

依法受理石景山区、昌平区、门头沟区及延庆区知识产权案件 848 件，审结 574 件。稳妥审理法国"香奈尔"、瑞士"雀巢"、"五粮液"等涉国内外知名品牌商标权侵权纠纷，制裁假冒商标、攀附商誉等行为。公正审理特许经营合同纠纷 37 件，规范早教培训、医疗投资、信息技术等新兴领域特许经营商业模式。

参与游戏版权行业标准制定，司法助力文化创意产业有序发展。举行知识产权案件审判情况线上通报会，为驻区高新技术企业提供针对性法律建议，建立法治共建与诉源治理合作机制，服务创新驱动发展。

（五）行政审判和监督依法行政工作

审结行政案件84件。向18家行政机关调研司法需求、提供司法建议，规范疫情防控依法行政措施，有效预防涉疫情防控行政诉讼产生。妥善审理野生动物保护非诉执行案件并发出司法建议，维护生态安全。依法审理并圆满化解《北京市生活垃圾管理条例》修改后涉垃圾分类行政处罚及行政复议纠纷。稳妥审理因西黄村棚改项目房屋征收补偿协议引发的涉众型行政纠纷，保障区域重点工程项目顺利推进。深化"法治1+N"党建共建机制，邀请"石景山区处级干部依法行政培训班"走进法院观摩庭审、座谈交流，积极推动行政机关负责人出庭应诉，规范行政与司法的良性互动，该项机制被评为北京法院党建工作优秀创新案例。

（六）案件执行工作

执结案件12 283件，执行到位金额9亿元。以"切实解决执行难"为主线，强化集约机制、信息化手段与执行工作深度融合，建立超期未结案件逐案督办、信访案件协助接待、案款发还每周通报工作机制，运用法官会议机制强化执行监督管理，保持"3+1"核心指标常态化高标准运行，有财产可供执行案件法定期限内执结率98.9%、无财产可供执行案件终本合格率100%、执行信访办结率100%、执行案件执结率94.5%，发还案款5.87亿元，案款发还平均周期13天。开展涉民生专项执行行动，高效执结婚姻家庭、劳动争议、交通事故等涉民生案件。加大对规避执行行为打击力度，对9973人次限制高消费、将1618人次纳入失信名单、限制出境34人次。开展司法拍卖直播，加强拍品信息披露，司法拍卖处置标的物717个，处置变现1.49亿元，充分保障胜诉当事人及买受人合法权益。

（七）接受人大、政协等各方面监督工作

主动接受人大监督，向区人大常委会专题报告以审判为中心的刑事诉讼制度改革工作，邀请区人大代表222人次通过在线旁听庭审、法治座谈、参加新闻通报会等方式监督法院工作，走访接待区人大代表40人次征求意见建议。认真接受民主监督，邀请区政协委员参加在社区举办的《民法典》热点问题讲座，广泛听取意见。依法接受法律监督，与区人民检察院联合召开民事、行政检察工作联席会，积极回应检察建议，规范诉讼活动。完善人民陪审员管理机制，人民陪审员随机参审案件319件。加强与新闻媒体互动，线上线下接待媒体记者采访报道213人次，及时回应群众诉求，办理群众来信232封，自觉接受舆论和群众监督。

四、检察工作

(一)法律监督工作

第一，刑事检察监督。一是受理立案监督 11 件，监督立案 3 件。受理撤案监督 29 件，撤案 25 件。受理侦查活动监督案件 38 件，同步审查提请逮捕案件 260 余件，发出侦查活动监督通知书 24 份、季度侦查活动质量通报 3 期，发出纠正违法通知书 6 份，均获回复。受理行刑衔接案件 6 件，建议移送 5 件，立案 5 件，已获有罪生效判决 1 件。二是立案复查不服法院生效刑事判决申诉案件 1 件 1 人；对法院作出的 252 份刑事判决、18 份刑事裁定、1 份强制医疗决定开展同步审查。受理司法救助案件 2 件 2 人，通过办理司法救助案件，初步探索出"调查核实+精准对接+请示指导+集体讨论+释法说理"五步司法救助案件工作法。三是规范逮捕案件备案审查，对批准逮捕和不批准逮捕案件备案审查 285 件 357 人。加强对监管秩序的监督，建立日通报机制，细化工作措施。办理在押人员控告申诉案件 3 件，办理社区矫正监督案件 31 件，发出纠正违法通知书 4 份、检察建议书 4 份，均已回函。

第二，民事诉讼监督。办理民事诉讼监督案件 20 件。找准监督着力点，实现裁判结果、审判程序、执行活动监督并重，突出程序监督的转变。制发审判程序监督、执行活动监督检察建议 4 份。主动依职权开展监督案件 11 件，占受案总数的 55%。针对审限扣除不规范问题开展专项监督，制发类案检察建议，督促整改。

(二)刑事检察及公益诉讼工作

第一，依法惩治各类刑事犯罪。受理审查逮捕案件 285 件 357 人，批准逮捕 213 件 267 人，受理审查起诉案件 368 件 429 人，提起公诉 301 件 346 人。一是依法严惩危害国家政治安全、公共安全和严重危害人民群众人身财产安全的暴力犯罪，提起公诉 66 件 68 人。二是办理监察机关移送的职务犯罪案件 5 件 5 人，与纪委监委等部门建立常态化沟通机制，起诉了北京市首例检察机关自行侦查的职务犯罪案件。三是牵头制定《石景山区办理非法集资刑事案件指引》，办理了非法集资以及其他经济类犯罪案件 76 件 90 人。四是依法办理了食药、环境污染类案件 7 件 8 人，维护人民群众"舌尖上的安全"。五是提升办理未成年人犯罪案件新理念，办理各类涉未刑事案件 19 件 23 人。以未成年人互动体验式法治教育中心为平台，首次举办线上亲子参观活动，多家新媒体平台全程直播，受众 277 万人。法治副校长开展网络安全普法，向全区中小学生在线推送。

第二，全面贯彻宽严相济刑事政策。一是大力推进认罪认罚从宽制度。公诉案件认罪认罚适用率 84.6%，较 2019 年提升 28.3 个百分点。量刑建议提出率

81.4%，其中确定刑量刑建议提出率 76.8%，法院采纳率 90.98%。适用简易程序审理占 61.4%，适用速裁程序审理占 30.5%，极大提升诉讼效率。二是依法履行指控证明犯罪主导责任，少捕慎诉。不批准逮捕 72 件 90 人，不起诉 58 件 73 人，其中对情节轻微不批捕 34 件 47 人，占比 47.2%；不起诉 51 件 64 人，占比 87.9%。三是羁押必要性审查适应案件结构性变化，对捕后案件羁押必要性全部进行初审，努力减少审前羁押。受理羁押必要性审查案件 22 件，变更强制措施 6 人，有力促进了矛盾化解，增进社会和谐。

第三，行政、公益诉讼检察。初查公益诉讼案件线索 8 件，立案 8 件，其中行政公益诉讼案件 6 件，刑事附带民事公益诉讼案件 1 件，支持行政机关开展生态环境损害赔偿案件 1 件。一是与区纪委监委建立公益诉讼协作机制，签订《关于加强公益诉讼工作协作配合的会议纪要》。二是加强军地检察机关配合协作。与北京军事检察院赴革命公墓开展英雄烈士纪念设施保护专项活动，针对隆恩寺塘坝北岸污水直流问题，共同立案共同调查。三是加强与行政机关配合协作。针对非法采矿案，支持相关部门开展生态环境损害赔偿，做好引导取证、法律支持工作。四是加强对国有财产保护领域公益诉讼检察工作研究，探索发挥法律监督职能，防止经营性国有财产流失。

五、司法行政工作

（一）人民调解工作

围绕疫情防控、全国"两会"等重要活动，组织各级人民调解组织开展矛盾纠纷排查 14 442 人次，调解纠纷 3587 件，成功 3187 件，涉及金额 24 609.67 万元。推进三级公共法律服务平台建设，完善街道社区公服站点一站式接待、服务项目公示、案件办理流转、业务能力提升等多项制度，顺利完成 2020 年石景山区人民陪审员选任现场报名登记阶段相关工作。

（二）普法依法治理工作

大力开展线上线下普法宣传，购买各类法律书籍 10 000 余册，制作宣传折页 10 万张，分送到机关单位、企业、社区等人员聚集的场所，使群众看得见、易感知。增加"石景山普法"微信公众号发布信息频次，不断满足新形势下普法宣传需求。全年，石景山普法微信公众号阅读量 110 317 余次，转发量 4748 余次；微博点击量 1 004 813 次，转发量 10 200 余次。及时普及"新法"内容，在全区范围开展《民法典》《北京市生活垃圾管理条例》等法律法规宣传，制作垃圾分类等主题公益宣传片，制作"文明迎冬奥"主题普法宣传动漫，营造全民迎冬奥的良好氛围。

（三）律师工作

召开民营企业复工复产公共法律服务调研座谈会，与区工商联、区律协签订

"建立石景山区产权保护社会化服务体系战略合作协议"和"组建律师团队服务石景山区民营企业战略合作协议"。搭建服务平台，做好"法治体检"，从各律师党支部中选拔有能力有经验的党员律师组建法律服务团队 46 个，为 88 家企业进行"法治体检"，开展法律咨询 368 次，开展业务培训 140 人次，减免律师服务费 56 万元。

（四）公证工作

开展公证惠企，实行"容缺受理"，全年办理公证 8817 件，为企业复产复工类事项出具公证书 500 余份。关注弱势群体，加强"法律帮扶"，其中一起涉及农民工劳资纠纷的法律援助案例被央广新闻、司法部、北京日报、腾讯新闻等媒体客户端相继报道。

（五）法律援助工作

以复工复产"助企惠民春季行动"为抓手，增设"12348"公共法律服务热线坐席，"线上+线下"相结合，当日受理、当日审批。全年，共受理援助案件 305 件，接待群众法律咨询 18 958 人次，其中来访 3871 人次，接听"12348"热线 15 087 人次，法律帮助 550 人次。

六、公安工作

坚持系统牵动、刑所联动、整体推动，全年共破案 1580 起；命案、涉枪涉爆、"两抢"等重大敏感案件破案率保持 100%；"云剑行动"成功破获 20 年以上命案积案 7 起、抓获逃犯 8 名，破案追逃完成率排名全市第二；八类严重暴力犯罪破案率达到 95%，创历史最高水平；全链条打击治理电信网络诈骗，反诈中心预警拦截 2.13 万人次，直接止损 1.14 亿元；缉毒会战抓获涉毒人员 219 名，收缴各类毒品 5.9 公斤，打击常量完成率保持市局前列。挂账治安重点地区按期摘牌；"环食药旅"打击有力，成功破获"8·25 特大假酒案"和"4·28 特大涉医涉旅诈骗案"。2020 年三季度石景山群众安全感达到 99.25%，保持历史高位。

围绕复工复产、复商复学，全力保障区内重大项目建设，持续发力创建全国文明城区；规范院警室、校警室建设，创新推出"交通副校长"机制，圆满完成高考、中考安保工作；规范落实便民惠企"放管服"新政 21 项，窗口全年接待群众 15 万人次，办理各类证件 7.1 万件，"网上办""自助办""就近办""一次办"成为常态；深化落实接诉即办"四个同等"标准，高效办理"12345"热线派单 2742 件，"三率"综合排名位居市局前列。

七、2020 年法治建设特色和亮点工作

（一）持续提升"家站"工作质量

人大代表之家、人大代表联络站运行十年来，为代表履职搭建起立足选区、贴近群众、覆盖街道的工作平台，架起联系人民群众的桥梁，"家站"的功能逐步完善，内涵不断丰富，工作细化深化，石景山区八角、八宝山、老山街道的代表"家站"相继成为市委党校现场教学点，成为讲好代表故事、宣传人大制度的载体平台。区人大常委会立足强化"家站"作用，围绕"家站"功能标准、机制运行、质效提升等方面，深入调研、探索创新，出台了《关于加强人大代表之家、人大代表联络站标准化建设和工作的意见》，进一步加强"家站"宣传，激发"家站"活力，石景山区"家站"工作大踏步走在全市前列。

（二）健全矛盾纠纷多元化解机制

区人民法院深化矛盾纠纷源头预防、前端化解，构建"诉源治理联动链"新模式，2020年新收案件量同比下降28.7%。不断充实多元调解力量，强化诉调对接统一管理，形成"调解员主导、法官审查、助理配合、书记员协助"分工模式，多元调解成功化解纠纷1061件。与特邀调解组织建立常态化案件摸排机制，推进调解及司法确认程序向线上移转，让群众纠纷化解更加便捷。强化小额诉讼程序、简易程序在速裁前端应用，完善"前端速裁、后端精审"审判格局，速裁结案量占民商事结案66.85%，审判效率实现有效提升。

（三）助推市域治理现代化

区人民检察院落实"谁执法谁普法"责任制要求，开展"十进百家、千人普法"活动36场次，受众7600余人（次），采取张贴海报、开设"掌上民法典"查询通道、"12·4"宪法宣传日多种方式，增强宣传效果。与区融媒体合作录制"检察官说民法典"访谈节目，邀请法官、律师和学者对《民法典》直播讲解，被人民网、正义网等多家媒体转发。石景山区人民检察院被最高人民检察院评为"2020年度全国检察宣传先进单位"，获评北京市"七五"普法先进单位、北京市人民检察机关法治宣传教育"十进百家、千人普法"主题活动先进院。

门头沟区法治建设报告

2020 年，门头沟区以习近平新时代中国特色社会主义思想为指导，深入贯彻党的十九大和十九届二中、三中、四中、五中全会精神，积极推进区法治建设工作和依法疫情防控，以"首善"标准推动本区高质量发展。

一、人大法治保障和监督

紧紧围绕统筹推进疫情防控和经济社会发展主线，创新工作方式、改进工作模式，多种方式开展视察检查和监督履职工作，积极推动"一府一委两院"依法行政、公正司法，为地区经济社会发展提供坚实法治保障。

一是依法审查批准"十四五"规划纲要。聚焦经济社会发展中具有全局性和长远性影响的重大问题、制约改革发展的难点问题、人民群众关心的热点问题，充分发挥人大密切联系群众的优势和特点，主动适应新发展格局，高起点编制"十四五"规划，在区十六届人大七次会议上正式审查批准规划纲要，为区"十四五"时期高标发展提供法治保障。

二是推动地区财政高质量发展。通过法定议题，加强对疫情形势下地区经济发展态势的分析把握，提出可行性建议，推动地区经济尽早企稳向好。审议批准区政府 2019 年财政决算；批准调整年度预算和 2020 年重点工程部分项目任务目标；审查 2021 年计划和预算（草案）；完善预算管理，提升财政资金使用绩效；审议批准 2020 年度新增地方政府债务限额。

三是为绿色协调发展提供法治保障。配合市人大常委会立法安排，对《北京市生态涵养区生态保护和绿色发展条例》的制定进行先期调研并对草案征求意见；成立执法检查组，依法促进《北京市大气污染防治条例》的贯彻实施；作出《关于全面加强生态环境保护 聚力打造"绿水青山门头沟"的决定》，依法促进区委《关于加快"绿水青山门头沟"建设的实施意见》和《门头沟区生态环境保护工作职责分工规定》落到实处。

四是推动依法行政、公正司法。深入贯彻落实习近平法治思想，努力推动

"一府一委两院"依法行政、依法监察、公正司法，促进全区法治环境持续优化。听取区法院服务保障乡村振兴、参与基层社会治理工作报告，建议牢固树立"三治"理念，传承"枫桥经验"，优化基层治理。听取区检察院刑事检察工作报告。建议持续推进执法司法制约监督体系改革，积极参与社会治理，保障疫情防控和经济社会发展大局。加大备审力度，备案审查政府规范性文件14件。

五是推动法律法规贯彻落实。积极开展市、区人大履职联动，对法律法规的贯彻落实情况进行执法检查；组织三级人大代表对法律法规实施情况开展执法检查。依法保障相关法律法规的贯彻执行，促进门头沟区不断加强和创新社会治理，实现基层治理能力现代化，提升城市治理水平。

二、法治政府建设情况

（一）深入推进政府职能转变

1. 推进政务服务体系建设。深入落实政务服务"一网、一门、一次"改革，推行服务承诺、首问负责、限时办结等制度，及时进行政务事项标准化梳理，努力营造便民服务环境。加强《优化营商环境条例》培训，完善《窗口工作人员行为规范》，不断提升政务服务水平。

2. 提供高效便民公共法律服务。全区三级公共法律服务实体平台全部完成建设。全年开展法律咨询9219件，其中"12348"咨询热线5748件，大厅接待来电来访3471件；值班律师配合公、检、法部门采用网上视频会见和现场会见方式开展法律帮助304次；开展法律援助专项维权季活动，优化"绿色通道"；办理公证案件1536件；推行"村居公益法律顾问"制度，提供法律服务1062次；开展《民法典》法律知识、"12·4"宪法宣传主题法律讲座100余场。

（二）推进行政决策科学化、民主化、法治化

1. 推进政府法律顾问和公职律师制度。实现区委、区政府法律顾问全覆盖，逐步推进公职公司律师制度，落实北京市民营企业开展公司律师试点工作要求，对各单位公职公司律师的培养使用、监督管理、作用发挥等情况进行摸查和调研。

2. 加强合法性审核工作。完善行政规范性文件审核、备案制度，全年审核区政府重大决策及规范性文件并出具法律意见24件，提出具体意见建议72条，审核区政府依申请公开答复82件，向市政府备案行政规范性文件7件；反馈各部门意见征求55件。组织各部门开展涉及《民法典》的规范性文件专项清理。

（三）坚持严格规范公正文明执法

1. 加强行政执法监督工作。深入贯彻落实行政执法"三项制度"，开展执法案卷评查、行政执法"三项制度"落实情况专项督查等工作；规范职权下放后镇街综合执法工作，组织行政执法制度、案卷评查等镇街法治培训讲座3次，开

展镇街法制人员法制审核轮训、举办镇街案卷评查工作会，制定相关配套制度。

2. 做好司法行政执法工作。重新梳理行政执法岗位，岗位人员关联率达到100%；扎实推进"双随机一公开"，开展行政执法检查513件，人均执法检查量128.25件；推行行政执法三项制度，严格规范行政执法过程记录；围绕律师队伍管理、互联网+监管等内容，组织开展各类专题培训；制定《门头沟区律师行业重点问题专项整治行动实施方案》，围绕律师行业四类重点违法违规行为开展专项整治。

（四）强化对行政权力的制约和监督

1. 加强政府信息公开工作。全年依法主动公开政府信息1513条，其中通过政府网站和政府信息公开472条。

2. 自觉接受人大政协和人民群众的监督。全年办理政协提案3件，答复得到区政协委员认同；由"接诉即办"向"未诉先办"进行转变，定期召开专题会分析研判，区城指中心工单办理中，群众满意率达100%。

（五）依法有效化解社会矛盾纠纷

1. 加强复议应诉调解工作。收到受理行政复议申请24件，受理率100%，已审结22件；承办区政府一审应诉案件43件，无逾期提交答辩、漏庭、迟到等情况；落实行政调解主体责任，健全完善行政调解工作运行机制和配套制度，指导各行政调解部门梳理制定行政调解职责清单，部门梳理率达到100%。

2. 统筹做好人民调解工作。开展区级骨干人民调解员培训等活动，坚持和发展"枫桥经验"，聚焦重点领域矛盾纠纷，全年共调解纠纷2660件，调解成功2654件。

（六）加强依法治区统筹协调和考核培训宣传

1. 统筹推进依法治区工作。组织召开区委全面依法治区委员会会议、依法治区办会议等会议，研究起草《门头沟区委全面依法治区委员会2020年工作要点》等文件，完善依法治区办相关工作制度，开展法治政府建设专项督查，加强依法治区工作统筹协调。

2. 加强全区法治政府建设统筹协调。筹备成立区依法行政领导小组，制定法治政府建设年度工作要点，牵头落实市级依法行政考核指标，开展全区依法行政考核，深入推进法治政府示范创建，协调区政府决策案例参评工作。

3. 加强依法行政培训工作。组织开展区政府常务会会前学法5次；举办处级领导干部依法行政网络专题研讨班两期；开展街乡综合执法改革法治讲座3次。

4. 深入开展法治宣传。制作"七五"普法电视专题片；开展疫情防控、扫黑除恶、创建全国文明城区、"12·4"国家宪法日及宪法宣传周系列主题宣传教育活动，累计开展活动500余场；开展法治文艺巡演13场；制作《"宪"在生活》公益宣传广告片，荣获北京市法治动漫微视频征集活动优秀组织奖；利用新媒体平台累计发布宣传消息1100余条，投放动漫宣传片、公益广告等29部，推送以案释法典型案例181个。

三、审判工作

紧密围绕党的建设、审判质效、党风廉政、人才培养"四个支点"和服务大局、服务群众、服务干警"三条主线"，全面落实司法体制综合配套改革要求，统筹推进疫情防控和执法办案任务，依法公正高效审理各类案件。

（一）聚焦执法办案，全面提升审判质效

1. 依法惩治刑事犯罪。审结刑事案件198件，判处罪犯243人；依法严惩暴力犯罪、侵犯财产犯罪73件；重点打击猥亵儿童等侵害未成年人犯罪6件，法治副校长进校园普法31次；快速审结虚构买卖防疫物资诈骗案件2起，平均审理周期5.5天，罚没违法所得30余万元；贯彻宽严相济的刑事政策，对46名被告人宣告缓刑，刑事案件律师辩护率达100%。

2. 妥善调处民商事纠纷。新收民商事案件5256件，审结4908件；审结婚姻家庭、赡养继承纠纷627件，为5名受家暴妇女出具人身安全保护令；落实《北京市物业管理条例》，物业服务合同纠纷调解率达75.27%；密切关注受疫情影响较大的企业、行业，稳妥处置因疫情引发的教育培训合同群体性纠纷142件；召开典型案例线上新闻发布会7场。

3. 监督支持依法行政。审结涉区行政机关案件106件；制作《行政机关负责人出庭应诉法律指南》，推动28名主要负责人出庭应诉，行政机关败诉率同比下降18.3%；深化府院联动，开展联合"京法巡回讲堂"进机关活动；制作《行政案件司法审查年度报告》，积极建言献策，以司法监督制约功能助推法治政府建设。

4. 推动执行工作创新发展。执结案件3382件，执行到位金额3.56亿元，被执行人纳入失信名单1017名，限制高消费1073人次，集中开展强执活动20次；快速执结农民工讨薪等涉民生案件370件，执行到位金额超1800万元；通过司法网络平台处置各类资产166件，网上发放案款2.78亿元。

（二）主动融入工作大局，服务保障辖区经济社会发展

1. 主动融入基层社会治理大格局。深度分析全区诉讼案件，走访镇街党（工）委书记、政法委员，为党委政府防控矛盾风险提供参考；提前研判国道109新线高速公路建设潜在纠纷，梳理村两委换届引发的各类矛盾，按月向所涉镇、村发送案情通报及防范建议；围绕"门头沟小院"建设，与区文旅局建立联合服务保障机制，编制《民宿产业法律风险防控指南》；新设巡回法官工作室

3 个，深入村居开展法治宣传活动 30 余次。全年全院收案量同比下降 26.39%，诉源治理成效初显。

2. 全面推动优化营商环境提速增效。创建"营商护航"党建品牌，与区发改委、区工商联等部门共建交流，出台《关于服务保障民营企业健康发展实施细则》，延伸职能精准服务"六稳""六保"；密切关注辖区精品旅游、科创智能等特色产业发展动向，挂牌成立驻中关村科技园法官联络室；制作《辖区企业应对疫情防控相关法律问题指导手册》，点对点发放至 150 余家企业，推动辖区经济社会秩序全面恢复。

四、检察工作

牢牢把握"讲政治、顾大局、谋发展、重自强"的检察工作总要求，统筹疫情防控与司法办案"两手抓""两不误"，履行宪法赋予的法律监督职责，服务保障区域经济社会高质量发展。

（一）依法履职，维护公平正义

受理审查逮捕案件 121 件 174 人，批准逮捕 154 人，无捕后无罪判决案件；受理审查起诉案件 206 件 242 人，审结 206 件 242 人，结案率连续五年 100%，全市第一；"案-件比" 1：1.17，全市第一；对提起公诉案件均提出的量刑建议采纳率 100%，全市第一；确定刑量刑建议采纳率 100%，全市第一；捕前引导侦查案件 21 件，捕后诉前引导侦查 95 件，自行补充侦查案件 30 件；羁押必要性审查建议采纳率 12.68%，全市第一；对强制措施备案同步审查纠正率 0.57%，位列全市第一。

（二）发挥公益诉讼职能，服务区域大局

行政公益诉讼案件立案 23 件，制发诉前检察建议 20 份，位居全市第一，检察官人均办案数连续四年位居全市第一。推动区中小医疗机构的医疗废物"小箱进大箱"，消除公共卫生安全隐患；聚焦人防工程异地建设费收缴环节，协助行政机关成功追缴回拖欠 16 年的人防工程异地建设费 140 余万元；聚焦养老金发放环节，仅用三天追回违规领取基本养老金 20 余万元；聚焦文物及古树保护，监督行政机关采取保护措施，全面消除古树保护问题隐患；聚焦食药卫生及饮用水安全，开展"公益诉讼守护美好生活"专项监督活动，推动相关单位开展医疗器械销售、自动售货机食品售卖全行业的专项整治。

（三）守护未成年合法权益

持续打造未检工作品牌，妥善办理了全市首例强制报告典型案件，入选 2020 年度全国十大法律监督案例；编制涵盖小初高 12 个年级，涉及防范校园欺凌、自我保护、网络文明等 7 大领域未成年人法治课程，打造区域法治宣传新范本；就"校园周边商户向未成年人出售烟草"专项监督活动向相关部门制发公益诉讼诉前检察建议一案，入选北京市依法维护妇女儿童合法权益典型案例；检察长带头担任的法治副校长 22 人走进校园宣讲 47 次，以小品等形式向 6000 余名在校学生开展主题普法；开展儿童节开放日活动，推出"一堂法治讲座、一场知识问答、一场益智游戏"；获评最高人民检察院"法治进校园"全国巡讲活动表现突出单位。

（四）强化监督，提升司法公信力

针对公安机关侦查活动违法行为及不规范问题，发出纠正违法通知书、侦查活动监督通知书及检察建议 23 份，促进侦查活动进一步规范。依法办理刑事申诉案件，针对原判决遗漏被告人张某有积极赔偿被害人损失并获谅解的从轻处罚情节，导致原判决对张某量刑过重一案，提请抗诉获上级院支持，并获一中法改判，减少了被告人 2 个月的有期徒刑刑期。组织召开案件听证会 7 次，对于拟不起诉案件、羁押必要性审查案件等广泛听取从人大代表、政协委员和社会人士中邀请的听证员及其他听证会参加人意见，提升办案的公开性和公信力。

（五）立足检察职能，服务保障民企发展

积极做好检察环节服务"六稳""六保"工作，制定服务保障民营经济健康发展方案，联合开展"服务'六稳''六保'护航民企发展"公众开放日等活动。对涉民营企业的久侦不结案件开展专项监督，依法监督公安机关撤案 2 件。成功办理全市百强民营企业自主知识产权受侵害案，被誉为"民之山"。该案入选全国检察机关知识产权保护典型案例、北京市检察机关维护市场经济秩序十大典型案例。根据该案例拍摄的微电影《民之山》斩获中国法学会主办的首届中国法治微电影"十佳剧情片"奖，为北京市检察机关唯一获奖单位。

（六）参与社会治理，贡献检察力量

聚焦案件背后的社会问题，制发社会治理类检察建议 30 份，推动建立《门头沟区落实学前教育督查巡查的工作办法》等制度 16 项，堵塞管理漏洞，提升区域综合治理水平。如针对在办理某幼儿园保育员虐待被看护人案中发现的幼儿园安全管理漏洞，制发检察建议，督促该园修订和完善了午睡值班制度、教研制度、备课制度、业务学习制度及师德建设长效机制，行业主管部门制定了督查巡查工作办法，切实发挥检察建议"小切口"服务社会发展大局的"大作用"。

五、司法行政工作

（一）坚持党建引领，不断强化队伍建设

一是深入学习领会党的相关会议文件精神，制定全面从严治党主体责任实施办法和责任清单，制发党建日常工作清单，开展党支部"1+N"活动和党支部体检活动，创建"初心引航·司法为民"党建品牌。二是开展"以案为鉴、以案促改"专项警示教育（整顿），梳理问题 22 项，全部完成整改；梳理巡察反馈问题台账,并全部完成整改;新建立制度政策 7 项,规范和完善制度政策 3 项。

(二)坚持帮矫结合,推进社区矫正安置帮教

管理社区矫正对象 151 人,接收社区矫正对象 59 人,解除社区矫正对象 78 人,开展居住地核实 17 件,矫前社会调查 40 件。开展各类线上教育指导 22 期 130 人次,推送教育信息 117 条;发布就业招聘信息 271 条;开展职业技能需求调查 76 人次。完成社区矫正对象重新违法犯罪危险性心理评估 118 人次,前三阶段覆盖率 100%,矫正对象干预率 100%。核查入监所服刑人员 132 人次,刑满释放人员材料核实、转递 177 人次,指导司法所完成视频会见 3 例。

(三)坚持基层建设,强化人民调解作用发挥

健全动态预警机制,加强人民调解队伍专业化建设,举办区级骨干人民调解员培训。2020 年新建区级人民调解委员会 2 个,全区各级人民调解组织开展矛盾纠纷排查活动 35 474 次,成功调解纠纷 2654 件(含口头协议 622 件,书面协议 2032 件),协议涉及金额 13 907.57 万元。完成 300 名人民陪审员选任工作。

(四)坚持使命当先,提升法律服务监督管理

推动开展公证行业"坚持党的领导履行公证职能使命"专题学习教育活动,开展座谈 5 场、线上培训 10 场;开展律师行业重点问题专项整治行动,行政执法检查 513 次;成立门头沟区律师抗击疫情法律服务小分队、中小微企业法律服务团,细化法律精准服务;制发疫情防控宣传材料,创刊《门头沟区律师公证抗击疫情工作快报》,全区各律所(律师)捐赠款物 12 万余元;围绕区委、区政府中心工作,为区企业复工复产提供法律护航;推进公职、公司律师制度落地,落实北京市民营企业开展公司律师试点工作。

(五)坚持服务为民,公共法律服务工作

建成集区法律援助中心、北京市华夏公证处、区人民调解协会于一体的区公共法律服务中心,"区有中心、镇街有工作站、村居有工作室"的公共法律服务网络基本形成。全年共接待群众现场法律咨询 12 134 件,"12348"咨询热线接听法律咨询 5748 件;华夏公证处办理公证案件 1557 件;全区各级人民调解组织共调解纠纷 2660 件,调解成功 2654 件,成功率 99.77%。

六、公安工作

贯彻执法为民、依法推进、改革创新的基本路线,落实执法制度机制、完善执法监督管理体系、深化执法信息化建设等具体任务要求,显著提高了运用法治思维与法治方式深化改革、推动发展、化解矛盾、维护稳定的能力水平。

(一)严格落实疫情防控要求,推进法治公安建设。

一是研究制定执法指引。进一步规范执法办案工作,研究制定《关于新型冠状病毒有关案事件法律适用问题的执法指引》,切实提升了涉疫有关案事件的应

对处置能力与法制化水平。二是落实最高等级防控要求。强化全链条防疫措施，严格"四类人员"管控，落实"一测、一问、一核"等工作措施，在市公安局多次监督检查中均取得较好成绩，得到市公安局高度认可。三是依法严厉打击涉疫违法犯罪活动。刑事拘留354人，治安拘留574人。

（二）构建完备的执法制度体系，提高依法治理水平

完善执法制度体系建设工作，形成了以规范、细致、高效为特点，以强化前端监督、细化过程管理、严格出口审核、密切检法沟通为核心的执法制度体系。围绕重点领域出台相关文件20余件；围绕专项工作出台多件执法指引性文件。

（三）推动执法权力运行机制改革，推动职能转变升级

持续推进受立案制度、侦审一体化两项改革任务，实现对案件初始、侦办、审理、出口等各环节的全流程、闭环式管理，执法办案质量持续提升。一是狠抓执法前端管理，全面推进受案立案制度改革。落实受案立案改革工作意见，建成办案单位案管组18个。紧抓重点警情处置节点，实现对110接报警情警情全部逐条检查，警情受理率显著提升、群众满意度不断攀升。二是狠抓执法过程管理，深入推进侦审一体化改革工作。完善相关配套机制，推进案审专业队伍建立，妥善办理了一系列重大、敏感、复杂案件。三是加强行政执法与刑事司法衔接工作。紧抓规范流程与强化打击两个重要环节，不断完善衔接工作机制，密切与区内行政执法机关沟通协作，与烟草局、环保局等单位联合制定会议纪要、衔接机制等规范化文件。

（四）健全执法监督管理体系建设，持续改进行政管理

一是全力推进"放管服"改革。接收网络安全备案、易制毒化学品备案、出入境管理审批等公共管理服务事项1万余件；全面落实互联网备案审理，实现了办事流程更短、速度更快；采用督察部门+职能部门"1+1"工作模式，累计督导整改问题百余件，窗口服务单位投诉逐年下降。二是积极推进重大决策风险评估机制。严格按照议事流程进行审议，充分发挥法律顾问、公职律师作用，健全完善公职律师"三个一"工作机制，实现大风险案件全介入，累计参与案件61件。三是严格落实《重大行政决策程序暂行条例》。积极推进重大决策风险评估机制，研究制定议事规则等规范化文件，全面落实公安重大决策合法性审查与风险评估机制。

（五）全力推进全警实战大练兵，深化推进法治政府建设

全面推进全警实战大练兵，按照"一年打基础、两年抓深化、三年大提升"的总体要求，进一步健全完善与实战需求相符合的教育培训工作体系，推进教育训练工作科学化、规范化、信息化、实战化建设。一是将政治训练贯穿大练兵始终，确保队伍绝对忠诚、绝对纯洁、绝对可靠，始终践行"讲奉献、争第一"

的门头沟精神，将习近平新时代中国特色社会主义思想纳入分局培训主体班次的必修课。二是坚持全警参与，不留死角，把法律法规、群众工作、现代科技应用、基础体技能与战术作为全警普学普训的基本训练内容，进一步提升队伍战斗力。三是围绕强化反恐维稳练兵、强化技能战术练兵、强化案件侦破练兵、强化科技应用练兵等工作，紧密结合区"三区三线"查控、警务联勤等工作机制建设实战需求，深入开展专业训练，着力提高防范重大风险、维护安全稳定的能力。

七、法治建设特色和亮点

（一）坚持党建引领，牢牢把握正确政治方向

1. 创新推出"一统领三嵌入"党建工作机制。依托"红色门头沟"党建品牌，以"党群司法服务站"为平台，打破司法、行政、自治的职权壁垒，区法院 13 个党支部和 29 个党小组全面对接辖区机关、镇街及村居基层党组织，研判预防风险，有效化解矛盾纠纷。区委书记批示肯定，中央政法委、市委政法委、最高人民法院分别刊文推介。

2. 以提升组织力为重点全面加强基层党组织建设。落实《中国共产党政法工作条例》，主动向区委、区委政法委请示报告重点工作，确保党对司法工作的绝对领导。制定《五星级党支部考评方案》，将党建考评具化为 28 项可量化项目，开展 5 次党支部书记、党务干部专项辅导，确保新时代党的组织路线落实落地。

3. 坚持把疫情防控作为淬炼队伍的实战场地。成立疫情防控工作领导小组，认真落实依法防控要求，有序推进干警返京隔离、核酸检测、防疫部署，领导干部带头和 240 余名干警深度参与"千人战疫"专项行动，累计服务超过一万个小时。推行网上庭审新模式，开通远山区法庭云审判，线上庭审率位居全市法院第一。

（二）践行司法为民宗旨，深化司法体制综合配套改革

1. 深化繁简分流机制改革。加快推进一站式多元解纷和诉讼服务体系建设，吸纳 24 名人民调解员和 5 家特邀调解组织，诉前委派调解化解纠纷成功率达 72.44%。发挥"多元调解+速裁"集成效应，案件平均审执天数缩减至 37.54 天。落实民事诉讼程序繁简分流改革试点要求，推动小额诉讼程序等改革事项"当用则用、能用尽用"，小额诉讼案件平均审理期限为 19.67 天。

2. 全面落实司法责任制。建立"三维五向"重大敏感案件管控机制，通过院级纵向监管、庭级横向联动、内外双向沟通，织密重大敏感案件管理网，在账重大敏感案件无一发回改判，最高人民法院《司改专刊》刊发推介。探索审判流程节点管控系统，审判质量跃居全市基层法院第二名。完善"四权四责三规范"集成式制约监督执行工作机制，明确各类主体权力责任，推动案件流程、财物处置等规范运行，市高级人民法院以专刊形式在全市法院推广学习。

3. 提供更加贴心的诉讼服务。强化线上诉讼服务，实现 24 小时预约立案"不打烊"，全年网上立案 1996 件。拓展送达渠道，对辖区律师进行电子送达相关培训，电子送达覆盖率达 50.25%。畅通信访反映渠道，27 件群众来信、611 件政法民声热线全部按规定办结。加强司法救助，为 884 名当事人减免缓交诉讼费，让困难群众打得起官司。

4. 让司法在阳光下运行。深化审判流程、庭审活动、裁判文书、执行信息四大公开平台，全年庭审直播 2474 次，裁判文书上网率达 100%。自觉接受人大和政协监督，走访市、区代表委员 92 人次，开展 19 场联络活动，聘请 9 位政协委员担任特邀监督员。依法接受检察监督，高效办结规范送达等检察建议，共同促进司法公正。广泛接受社会监督，邀请社会公众线上见证执行发款，选任人民陪审员 300 名，保障辖区群众广泛参与司法；全年发布各类文章 500 余篇，制作短视频 36 条，点击量超百万。

（三）发挥"头雁"引领作用，系统推进执法监督建设

区公安分局持续优化管理，以执法管理为手段，坚持系统规范、集成精细，整合各警种职能作用，发挥各部门监督合力，努力构建了系统化、全程化、动态化的执法管理新模式。

1. 充分发挥执法监督管理委员会统筹引领作用。大力推进执法监督管理委员会常态化、规范化运行，充分发挥执法监督管理委员会对执法工作的整体掌控、规划部署、协调推动和监督指导。通过完善运行模式，进一步固化工作例会、工作月报、重点工作专报等工作机制。2020 年，区公安分局"一把手"、政委或主管局长亲自组织召开执法监督管理委员会 12 次，部署推进执法监督工作数十件，通报各类执法问题百余件。

2. 充分发挥执法质量考评的标尺作用。坚持执法质量考评实施落实的总体要求，坚持"为执法提质增效、为基层松绑减负"的目标要求，坚持禁止私设不合理、不科学指标的考核要求，落实公安业务考核归口统一管理，优化执法质量考评体系建设，强化考评结果运用，逐年分析考评结果，精确指导办案单位去弱项、补短板、提质量，积极促进考评成果向执法效果的转化。

3. 以问题为导向强化执法突出问题整治追责。坚持用问题引导建设，以整治促进规范。持续推进"执法突出问题集中整治""公正执法护平安专项整治"等专项工作，出台相关整治方案、成立相应督导专班，通过案件评查、实地检查、督察举报、信访办理、复议诉讼、检法建议等渠道，围绕不如实受案立案、不作为、慢作为等突出问题累计纠正执法问题 200 余件。以执法突出问题整治作为深化法治政府建设的切入点和突破口，切实落实各警种条线监督与部门管理责任，整合监督措施，力求监督实效。

房山区法治建设报告

　　2020年，房山区坚持以习近平新时代中国特色社会主义思想为指导，深入贯彻学习中央全面依法治国会议精神，在市、区委的坚强领导下，扎实推进法治建设工作，有力保障了"一区一城"新房山建设。

一、人大法治保障和监督工作

（一）调研工作

　　1. 协助市人大常委会做好法律法规修订和立法调研。

　　4月下旬参与了《北京市宗教事务条例》修订讨论；10月下旬参与了《北京市生态涵养区生态保护和绿色发展条例（草案）》征求意见工作；11月上旬参与了《北京市人大常委会规范性文件备案审查工作规程》修订工作。

　　2. 为常委会审议专项工作和主任会议听取专项工作报告开展前期调研。

　　（1）调研区法院诉源治理工作情况。4月中旬，通过视频会议听取了区法院相关工作汇报，形成调查报告。6月下旬区八届人大常委会第46次主任会议听取了区法院此项工作汇报，对主动融入全区社会治理体制建设、发挥法律专业优势、司法公信力优势，进一步加强普法宣传教育工作提出了意见和建议。

　　（2）调研区检察院维护食品药品安全工作。9月上旬，对区检察院维护食品药品安全工作进行调研，形成调查报告。11月中旬，区八届人大常委会第51次主任会议听取了区检察院此项工作报告，对进一步提高政治站位、推动工作机制建设、加大重点领域工作力度、在加强法制宣传教育中规避案件负面影响等方面提出了意见和建议。

　　（3）调研多元调解及诉源治理工作。12月初，在区人大常委会主任和主管副主任带领下到区法院调研多元调解及诉源治理工作。参观了诉调对接中心及特色调解室，听取了人民调解协议"一站式"司法确认、多元调解工作、"多元调解+速裁"及诉源治理工作的汇报，并对加强法治环境、法治文化建设提出意见和建议。

3. 对房山区重点工作开展专项调研。

（1）调研疫情防控条件下企业复工复产情况。7 月下旬，协助主管副主任到所联系的城建和泰房地产开发公司等 7 家企业进行调研。建议相关部门加强与企业沟通，建立亲清的政商关系，积极为企业发展搞好服务；建议企业在北京新版总规指引下，坚持防控和复工达产两手抓、两手硬。

（2）调研大安山脱贫消低情况。11 月下旬，就脱贫消低落实情况到大安山乡水峪村和西苑村调研，建议结合发展旅游休闲产业，加强宅基地使用和农村土地承包经营管理，积极引进外援，推动产业转型，不断增强造血功能。

（二）监督工作

1. 对法律法规在房山区贯彻落实情况进行监督。

6 月上旬，会同区人大对房山区贯彻落实《北京市生活垃圾管理条例》《北京市物业管理条例》情况进行检查，检查了天资华府小区等 4 个社区，代表们建议进一步加大对两个"条例"的宣传贯彻力度，加强分类指导和环境美化，不断提高环境卫生的管理水平。

2. 对法治保障区域社会经济发展和法治房山建设工作进行监督。

（1）检查良乡镇及部分单位新冠肺炎疫情防控工作。3 月到 4 月对南窖和大安山两个乡进行了防火、防疫专项督查。4 月下旬对交道中学、良乡六中开展疫情防控、保证春季试开学和中高考准备工作进行督导。5 月下旬，为确保全国"两会"期间安全稳定，深入伊士通新材料公司等企业进行检查。8 月下旬到良乡镇检查中小学幼儿园开学准备工作，对做好疫情防控、师生餐饮安全、垃圾分类以及学校周边环境整治等提出了意见和建议。

（2）视察区人民检察院服务 e 站运行情况。5 月下旬组织人大代表视察了区检察院设在窦店村的服务 e 站，听取了区检察院等单位的汇报。建议区进一步加大宣传、拓展覆盖面、服务面；完善工作机制，服务区域经济社会发展；打造房山特色，形成房山经验和品牌。

（3）视察房山区规范停车管理情况。9 月上旬组织人大代表视察了良乡西潞大街等街道停车管理情况，听取了区交通支队工作汇报。代表们建议进一步加大相关法律法规的宣传力度，引领百姓文明停车；加大部门沟通联动，形成合力，推进停车难和乱停车问题解决；充分运用科技手段，促进智慧城市建设。

（4）检查良乡镇拆除违建工作。8 月下旬到良乡镇检查拆违工作，建议良乡镇坚定信心，充分调动镇村干部、相关单位的积极性，做好群众工作，争取当事人的理解和支持。

（5）视察"七五"普法工作情况。12 月初，视察了区司法局"七五"普法工作成果，形成了调查报告，为区八届人大常委会第 45 次常委会议审议"七五"

普法工作奠定了基础。

3. 开展规范性文件备案审查工作促进房山区良法善治。

（1）做好区域规范性文件备案审查工作。认真落实《房山区人大常委会规范性文件备案审查工作实施办法（试行）》，区政府出台的 4 个规范性文件履行备案程序，做到了应备尽备，并对其进行了审查。

（2）开展规范性文件制定工作前期研究。一是坚持关口前移，提前介入规范性文件研究制定。参与了《房山区行政规范性文件制定和监督管理办法》等文件的研究制定工作。二是推进规范性文件备案审查工作领域的拓展和延伸。11月中旬，对区政府、区监察委、区人民法院、区人民检察院的办公室负责人进行专项培训，为落实新修订的《北京市人大常委会规范性文件备案审查工作规程》奠定基础。

（3）就规范性文件备案审查工作向常委会专题报告。4 月初，组织召开区政府办等相关部门座谈会，深入了解工作情况，征求了相关单位对此项工作的意见建议，形成工作报告。7 月初，区八届人大常委会第 38 次会议专门听取了法制办关于规范性文件备案审查工作情况的报告。

（三）代表工作

区八届人大六次会议交由法制办承担督办的建议共 11 件，分别由交通支队、公安分局、法院、检察院承办，多举措督办，推动落实代表意见建议，有效解决了交通设施增建、宠物饲养管理及司法机关普法等关涉群众生活的难点问题。

二、法治政府建设

（一）2020 年度推进法治政府建设的主要举措和成效

1. 依法履职，法治保驾护航作用明显。

（1）聚焦疫情防控和复工复产，为夺取"双胜利"提供坚实的法治保障。开通绿色审批通道，缩短疫情防控物资生产和销售企业办理时限，搭建"3+15"服务咨询体系；加强健康理念和防控知识的法治宣传，提升群防群控法治意识；处理涉疫案件 79 件，对涉疫案件及时依法作出判决。

（2）聚焦营商环境和"七有""五性"，为人民群众提供优质的法治服务。推出 200 个"办好一件事"主题事项，打造"5G+区块链+AI"智慧政务服务；清理和取消各方面证明 34 项，800 项高频事项实现"最多跑一次"，各级政务服务中心全部实现延时服务；完成房山区公共资源交易平台建设，累计成交项目 567 个。

（3）聚焦行业监管和法制统一，为市场竞争提供公平的法治环境。开展涉及《民法典》的规范性文件清理工作；受理涉及虚假注册等举报 203 件，清理长期停业未经营市场主体 646 户；建立健全社会信用体系，全年公示行政许可信息

6263 条，行政处罚信息 10 494 条；推动信用信息开放共享，联合奖惩平台上线运行。

2. 规范程序，行政决策水平稳步提高。

（1）严格合法性审核。对区政府重大行政决策、行政规范性文件等 129 件各类文件进行合法性审查；向市政府备案区政府制定的 3 件行政规范性文件，备案登记 6 件政府部门制定的行政规范性文件。

（2）提升公众参与度。在"房山区人民政府"网站建立了"预公开"、决策事项目录等栏目，预公开重大行政决策信息 12 条，公开政策性文件意见征集信息 3 条。

3. 深化改革，行政执法协调机制逐渐完善。

（1）推动综合执法改革重点任务落地。区政府制定了《关于明确有关行政执法事项和执法范围的决定》等制度文件，明确了执法机关印章使用、行政复议和行政诉讼管辖等内容。

（2）持续深化行政执法"三项制度"。加强查验通报，组织召开行政执法工作推进会，督促指导执法信息的全面公示；开展执法案卷集中评查，对行政执法全过程记录、重大执法决定法制审核落实情况进行专项督查。

（3）打造规范化行政执法队伍。涉机构改革单位全部完成信息维护、集中更换执法证件工作；对各街乡核定 A 类执法岗位，实现名称统一规范、岗位职责和权力边界明确；提升执法队伍业务水平，先后 4 次组织全区 93 人次进行了执法资格考前测试，总体通过率达 94%。

（4）完善行政执法指导协调工作机制。通过协调执法和重点案件的法制审核，有效解决了产权证件办理、房屋腾退等执法疑难问题和涉及百姓切身利益的执法问题；办理行刑衔接案件 13 件，建议行政执法机关移送公安机关 12 件，形成了行政执法与刑事司法的有效协调配合。

4. 强化监督，行政权力运行公平公正。

自觉接受人大、政协监督，办理全国建议 1 件、市级建议提案 8 件。发挥财政审计监督职能，68 家预算单位向社会统一公开 2020 年部门预算；执行审计全覆盖，制发审计决定书 23 份，提出审计整改建议 211 条。主动公开重点领域信息 4100 余条，受理政府信息申请 780 件，全部按期答复。

5. 多措并施，在法治轨道上化解矛盾纠纷。

（1）行政复议发挥主渠道作用。2020 年区政府立案审查行政复议案件 237 件，立案数量同比下降 58%，已审结案件中复议决定纠错率同比下降 38%，直接争议化解率同比上升 129%，复议决定维持率同比上升 13%。区政府作为被告的一审行政诉讼案件 53 件，案件数量同比下降 77%。

（2）多元调解深入推进。全区各级各类人民调解组织共调解矛盾纠纷5036件，调解成功率达到98%。积极开展行政调解，制定了全国首个消费领域纠纷调解协议"一站式"司法确认工作规则。

（3）法治宣传教育作用明显。推出"法治春联迎新春"等主题普法活动，深入落实"谁执法谁普法"普法责任制；开展宪法宣传活动100余场，发放宣传资料2万余份；强化新媒体运用，新媒体粉丝数近4万人、总阅读量达30万人次。

（二）2020年度党政主要负责人履行推进法治建设第一责任人职责情况

1. 强化顶层设计。

房山区委区政府坚持把法治建设工作放在工作全局中、放在首善之区法治建设的总体规划和布局中整体推进。成立多名行政法学专家组成的课题组，形成了《房山区"十四五"时期依法治区体系建设研究》报告，对"十四五"时期法治建设工作做出了科学顶层设计和系统思考。将"推进依法治区"工作列入房山区"十四五"规划纲要。

2. 落实主体责任。

成立了推进依法行政工作领导小组，全面强化党政主要负责人履行推进法治建设第一责任人职责。区委书记主持召开了区委全面依法治区委员会第二次全体会议，区长主持召开了推进依法行政工作领导小组全体会议，对统筹推动法治政府建设、加快推进公共法律服务体系建设、强化诉源治理等工作多次作出批示和部署。

3. 实施督察考评。

出台《法治政府建设示范创建指标体系任务分解方案》《依法行政考核实施细则》等文件，将党政领导干部参加法治课程学习、行政正职出庭应诉等列入区绩效考核内容，压实党政主要负责人履行推进法治建设第一责任人职责。2020年区政府开展会前学法4次、理论中心组法治学习1次，处级领导干部依法行政专题研讨班2期。在新任副处级领导干部培训班等主体班次中，全部设置法治课程。全区政府部门、乡镇（街道）全部履行法治政府工作报告及向社会公示工作。行政机关负责人出庭应诉32次。

三、审判工作

（一）提高政治站位，为疫情防控提供有力司法保障

1. 坚持党建引领，坚决打赢疫情防控阻击战。

组建8个党员先锋队，组织11批干警272人次下沉社区、420人次干警参加"周末上一线"活动、近400名党员干警落实"双报到"参与联防联控。依法惩处妨害疫情防控犯罪，快速审结10起隐瞒疫情高发地区旅居史、暴力妨害民警

执行防疫任务、销售不符合标准的医用器材等刑事案件，审理的北京市首例妨害传染病防治案入选最高人民法院典型案例和北京法院参阅案例。

2. 发挥司法职能，全力保障辖区复工复产。

妥善审理疫情引发的买卖合同、房屋租赁合同、服务合同、劳动争议纠纷等民事案件140件，成功调解涉及上百万元金额的某医疗器械公司买卖合同纠纷案；与区司法局、区人民调解协会联合发布《做好疫情防控期间矛盾纠纷多元化解工作通知》，创新建立涉疫情群体性纠纷导回调处机制，成功导回化解一批因疫情引发的教育服务合同纠纷；坚持善意文明执行，促成9.8%的案件执行和解，对近百个企业法人解除强制措施；依法对受疫情冲击的困难小微企业减免诉讼费；针对旅游业复苏调研提出建议，被市委信息采用。

（二）履行审判职责，精准高效服务区域高质量发展

1. 严守阵地，全面落实平安房山建设。

严厉打击涉众、涉公共安全犯罪，依法审结涉案金额高达50余亿元的非法吸收公众存款罪一案和利用邪教组织破坏法律实施案、"碰瓷"酒驾车辆的涉恶势力团伙犯罪案等。将打击犯罪与化解风险、维护稳定相结合，常态化推进维稳安保工作，助推建设更高水平的平安房山。

2. 主动担当，深度优化区域法治营商环境。

妥善审结涉某汽车企业劳动争议纠纷32件；促成277件涉某公司群体性劳动争议纠纷执行和解，发还劳动报酬近1000万元；协调撤回某汽车公司破产申请，全额发放工人工资、按比例清偿村民集体投资款近亿元。建立破产重整案件府院联动统一协调机制，助推两文化产业公司破产重整。加强保障北京金融安全产业园、北京基金小镇建设，调判结合化解涉系统性金融风险案件228件；积极参与2020年国内营商环境评价工作，提供的6个典型案例被采用。

3. 延伸职能，着力助推法治政府建设。

成立工作专班4个，共同搭建府院沟通会商平台；强化事前预警，召开或参与协调会50余次，推动对辖区重大项目相关问题的事前法律论证，更好保障群众合法权益，减少行政机关诉讼风险；加强示范性裁判指引，依法审理涉违建别墅拆除、房屋拆迁等行政案件94件，推动辖区内涉拆迁工作的行政执法、行政复议及司法标准统一；加强监督保障，组织开展行政机关领导及工作人员培训授课、旁听庭审17次，发送司法建议12份，涉行政机关司法建议的工作报告受到区主要领导批示。

（三）深化改革创新，提高司法为民、审执工作水平

1. 纵深推进党委领导下的诉源治理工作。

联合区司法局、区人民调解协会共同编发《调解工作指导手册》，诉前委派

调解纠纷 5825 件，调解成功 3054 件。对接党建引领"街乡吹哨、部门报到"工作机制，依托"12368"热线建立诉源治理统一管理平台，收集基层党委政府、调解组织司法需求 18 项，全部 3 日内办结。依托人民法庭党建联创工作深度参与基层社会治理，打造长阳法庭"星夜调解室"、燕山法庭"社区网格化调解"、长沟法庭"云站调解"、河北法庭"无诉讼村朋友圈"等特色调解品牌，联动基层组织、社区党群工作站等，诉外指导化解矛盾集中的社区治理类纠纷 4000 余件。

2. 统筹推进一站式多元解纷和诉讼服务体系建设。

在市高级人民法院指导和区委统筹下，将区矛盾纠纷多元调解中心等解纷力量引进法院诉调对接中心，推动矛盾纠纷一站式解决。优化"一站式"司法确认机制，办理司法确认案件 1584 件，质效排名全市法院第一，累计带动上万件矛盾纠纷在非诉渠道快速有效化解，相关工作获评北京法院第二届司法改革"微创新"优秀案例。与区司法局、市场监督管理局、公安分局共同制定工作规则，完成全国首例行政调解协议和全市首例治安调解协议"一站式"司法确认。最高人民法院与国家市场监督管理总局到本院专题调研消费领域纠纷多元化解工作。提升"多元调解+速裁"成效，在院内及 6 个人民法庭设立 20 个调解速裁团队，调解成功和速裁结案 13 865 件，占同期民事结案量 64.5%，成效排名全市基层法院第三。

3. 协同推进"切实解决执行难"。

推动健全党委统一领导下的执行联动机制，将协助执行工作纳入基层社会治安综合治理网格化管理，完善综合治理执行难工作格局。开展"做好'六稳'工作落实'六保'任务"专项执行行动，有财产可供执行案件法定期限内执结率 99.62%，首次执结平均用时 78 天，发还执行案款 10.25 亿元，案款发放平均用时 17 天，均排名全市法院前列。加强民生司法保障，贯彻优先立案、优先执行、优先发放执行款的"三优先"原则，执结涉民生案件 1100 余件。加大财产查找处置力度，首创以被执行人名下车辆为线索发布公告的"执行悬赏"措施，受到北京电视台《法治进行时》专题报道，开展"司法拍卖月"活动，拍卖成交金额 3.7 亿元。

2020 年，房山区人民法院荣获"全国法院一站式多元解纷诉讼服务体系建设先进单位"，政治部荣获"全国法院新闻舆论工作先进集体"，河北人民法庭荣获"全国法院人民法庭工作先进集体"和"北京市模范集体"，辛崇增法官荣获"全国法院办案标兵"称号和"首都精神文明建设奖"，11 个庭室、33 名干警获其他市级、区级荣誉奖励。

四、检察工作

（一）坚定不移履职战疫，特殊时期展现检察担当

坚决贯彻习近平总书记关于疫情防控的重要讲话和指示精神，闻令而动，全力做好"自身防护、社会防控、犯罪防治"检察三防工作，在依法战疫中守初心、担使命。

1. 坚决以党建引领做实疫情防控。

第一时间成立以检察长为组长的应对疫情工作领导小组，制定印发《北京市房山区人民检察院疫情防控工作方案》，实行党组统一领导、机关党委统筹指导、党支部组织落实三级防控党建责任制，层层压实"四方责任"。及时发布《致全体党员的倡议书》，激励引导全体党员干部在疫情防控中坚守职责、淬炼党性。

2. 坚决做好犯罪防治。

全力维护公共卫生安全和社会公共秩序，依法从严从快惩治涉疫刑事犯罪，批捕17人、起诉21人。强化与公安机关协调配合，形成涉疫案件办理机制，实现涉疫刑事案件审查引导侦查全覆盖，办理北京市首例妨害传染病防治案、拒不配合疫情防控管理妨害公务案等一批涉疫案件，及时将案件办理情况向社会公开，获人民日报、新华社等媒体报道，有力震慑犯罪、维护防控秩序。审查办理的销售劣质口罩系列案获评全市精品案件。创新常态化防控机制，通过网上接待、远程提讯、e公诉等"无接触"办案，确保检察履职"不停摆"。

3. 坚决投身社会防控。

以"为党中央站好岗、放好哨"的政治自觉和"首都稳、全国稳"的使命担当，认真落实区委联防联控工作部署，先后选派49批次195名干警上一线、做贡献，参与17个社区、村的卡口执勤、防控宣传、完善基层防控制度等工作，充分发挥党支部战斗堡垒和党员先锋模范作用，坚决守好首都西南大门。房山区人民检察院倾力支援防控一线工作获区委组织部感谢信，青年干警苏俊海获评"北京市抗击新冠肺炎疫情先进个人"称号。

（二）坚定不移服务大局，依法办案推动社会治理

紧紧围绕党和国家工作大局，全力推进平安房山、法治房山建设，在推进国家治理体系和治理能力现代化中担当作为，为"中国之治"再创新奇迹贡献基层检察力量。

1. 全力推进平安建设。

牢固树立总体国家安全观，依法惩治危害国家安全和人民群众合法权益的各类刑事犯罪，审查批捕474件612人，提起公诉922件1080人；其中，起诉杀人、抢劫、绑架等严重暴力犯罪150人，同比下降38%，呈现连年下降态势，社会治安持续向好。充分发挥检察机关在反腐败大局中的重要职能作用，依法履行

职务犯罪检察职能，受理区监察委员会移送案件4件5人，决定逮捕4人，起诉侵占国有资产近千万的王某某贪污、挪用公款案，有力震慑侵犯国家和社会公共利益的犯罪行为。

2. 全力护航高质量发展。

贯彻市人民检察院"服务保障首都经济社会发展"部署，制定"房山区检察院落实意见22条"，出台《依法推进复工复产十条意见》，配套编发《复工复产法律知识手册》千余册，切实强化"六稳""六保"服务保障力度。为国有企业发展服务，与燕化公司签署共建协议，开展"管道占压"排查、"年度大检修"保障专项工作，协调解决国有企业生产运行中的痛点问题。平等保护民营经济健康发展，与区市场监管局、工商联、私个协建立联席会议、信息互通等常态化机制，定期召开"优化营商环境"座谈会，共同构筑保障非公经济法治屏障；深入开展涉民营企业刑事诉讼"挂案"专项清理，纠正侦查机关不当立案4件；检察长带头走访北京高端制造业基地、韩建集团等，提供司法诉求受理、风险防控等法治服务。

3. 全力服务生态宜居示范区建设。

紧紧围绕疏解整治促提升专项行动、规划和自然资源领域专项治理、违建别墅清理整治等区域重点任务狠抓服务保障，持续开展涉环保领域专项行动，综合运用刑事检察和公益诉讼检察等多元职能，对污染环境、私挖盗采、非法占地等破坏环境资源类犯罪从严惩处，审查办案22件。在区委政法委牵头协调下，办理北京市首例自行修复民事公益诉讼案，形成指引类案办理的新模式，推动近30亩涉案地块、9万余立方米土壤回填，切实守护绿水青山。结合办理非法采矿案件，依法提起刑事附带民事公益诉讼，为实现项目用地场清地平、乐高主题乐园建设顺利推进提供法律支撑。

4. 全力保障科技金融创新城建设。

严厉打击破坏金融管理秩序、侵犯知识产权等危害区域科技创新孵化环境的犯罪行为，依法妥善办理了涉案金额达54亿余元、涉及投资人一万余人的鼎盛公司P2P非法吸收公众存款等一批大要案；将追赃挽损贯穿案件办理始终，追回老百姓血汗钱近千万元，最大限度守护好百姓"钱袋子"。与北京基金小镇、北京金融安全产业园建立联系机制，以参与园区企业"线上融资路演"、法律咨询等形式，就惩治和预防金融犯罪开展工作对接；制发经济犯罪检察工作手册，通过司法办案反向审视金融监管，织严织密金融风险防控网。

（三）坚定不移司法为民，全面守护人民美好生活

坚决践行人民至上理念，努力提供更加优质、更高水平的检察服务和法治保障。

1. 积极推开检察服务 e 站。

线下，对接区域功能定位，陆续在窦店村、北京金融安全产业园、北京高端制造业基地、良乡高教园区和迎风街道等地建立 10 个站点，检察官下沉一线，方便群众诉求，打造百姓"家门口的检察院"。线上，拓宽 e 站小程序辐射面，访问次数已超 5 万余次，通过"留言板"解决群众诉求 62 件，打造百姓"掌心里的检察院"，努力让枫桥经验在房山社会治理中创新深化。

2. 主动回应民生关切。

依法开展公益诉讼检察，积极对接"12345"市民热线，开展保障食品药品安全、英烈保护、推进两个"关键小事"等专项行动，立案 19 件，落实公益保护、促进依法行政，最大限度保护民生民利。全面强化司法便民利民举措，对群众来信件件回复，接收控告线索 302 件，均在 7 日内处理完毕，全部按要求完成答复，做到接诉即办；强化律师执业权利保障，增设律师阅卷室、值班律师工作站，构建和谐检律关系，共筑法律职业共同体。全面提升办案质效，不断优化案-件比，办理 7 件案件获评北京市检察机关精品案件，在办理群众身边的每一起案件时都努力做到求极致。积极推进司法救助，体现司法人文关怀，对因案致贫当事人依法发放救助款 46 万余元，以"法律扶贫"助力"脱贫攻坚"。

3. 依法保护未成年人合法权益。

依法从严惩治侵害未成年人犯罪，批准逮捕 19 件 23 人，提起公诉 21 件 22 人；持续推进"一号检察建议"落实，严惩性侵未成年人犯罪；牵头联合区公安分局、教委等 8 家职能部门制定"侵害未成年人强制报告制度"房山方案，用心为成长护航。同时，对主观恶性深、犯罪手段残忍、后果严重的未成年人犯罪，决不纵容，批准逮捕 4 件 4 人、提起公诉 7 件 16 人；对涉嫌轻微犯罪并有悔罪表现的未成年人，依法适用附条件不起诉 5 件 7 人，适用率位居全市前列；加强对失足未成年人教育、感化、挽救，促进回归社会。

4. 深入开展"十进百家、千人普法"。

在疫情防控常态化特殊形势下通过线上、线下相结合的方式开展主题普法百余次，受众 2 万余人；制作法治进校园普法课件，开展"空中课堂，检察官有说法"系列讲座，2000 余名师生和家长参与学习，获点赞数 10 万余次，确保法治宣传"不打烊"。房山区人民检察院获评北京市检察机关法治宣传先进院。

5. 深化检务公开增强司法公信。

房山区人民检察院认真落实区八届人大六次会议决议，主动向区人大报告检察服务 e 站、维护食品药品安全、扫黑除恶专项斗争、司法救助专项工作情况，根据人大审议和质询意见持续改进优化检察工作。

（四）坚定不移强化监督，切实维护公平正义

立足检察机关宪法定位，认真开展法律监督工作，努力维护宪法和法律统一

正确实施，促进严格执法、公正司法。

1. 努力做优侦查监督。

加强立案监督，对有案不立、不当立案等问题，监督立案 16 件、撤案 38 件。加强侦查活动监督，依法提出书面纠正意见和检察建议 5 件。加强行刑衔接，建议行政执法机关移送涉嫌犯罪 13 件、已移送 12 件，防止有案不移、以罚代刑；联合区司法局、市场监管局、公安分局开展专题调研，制定行刑衔接工作办法。积极发挥派驻公安机关执法办案管理中心检察室作用，发现线索 58 件，在监督中深化协作，促进检警双方共同提升执法司法规范化水平。

2. 努力做强刑事审判监督。

对认为确有错误的刑事裁决提出抗诉 1 件，提出纠正意见 8 件均获采纳，制发检察建议 1 份，推动审判程序规范、实体公正。受理申诉案件 8 件、审结 7 件，推动申诉人获得实质性赔偿、促进案结事了人和。

3. 努力做好强制措施和刑罚执行监督。

加强人权司法保障，备案审查批准逮捕案件 709 件 980 人，确保强制措施依法适用；对 33 人依法提出释放或变更强制措施建议均获采纳，切实减少不必要羁押。加强刑罚变更执行监督，审结监外执行监督案件 61 件，对 3 人提出纠正意见。加强与区司法局联系配合，形成常态化疫情防控形势下社区矫正机制，共同维护社会和谐稳定。

4. 努力做实民事行政诉讼监督。

强化民事诉讼监督，对不服人民法院判决裁定的诉求依法受理，审结案件 46 件，对认为确有错误的判决裁定依法提请抗诉；开展虚假诉讼专项工作，针对法院审判程序违法等问题，依法发出检察建议 6 份，法院高度重视并全部整改，切实实现双赢共赢。强化行政诉讼监督，依法开展行政非诉执行监督、促进行政争议实质性化解等专项活动，审查办案 10 件，促进案件和解 4 件，帮助群众解决合理诉求，将矛盾化解在基层，切实推进依法行政。

五、司法行政工作

（一）从严治党，始终加强党的全面领导

1. 强化党建队建工作。

及时学习传达贯彻中央、市区会议精神，时刻统一党员干部的思想和行动。全年开展 15 次党组理论学习中心组学习，组织开展了学习十九届四中全会、十九届五中全会精神专题研讨，各支部严格落实"三会一课"和主题党日等各项制度，刊发《党建专刊》16 期，推出防疫工作先进典型 40 余人。加强对基层党组织工作的指导，做好党员发展和教育管理服务工作，推进组织生活、日常管理、责任落实规范化常态化。

2. 强化党风廉政建设。

层层落实"一岗双责"，压紧压实责任，全年党组会专题研究推进全面从严治党相关工作 4 次。做好巡察反馈问题整改工作，针对巡察反馈问题，制定整改措施，建立整改台账，抓实抓细巡察整改工作。

（二）尽心履职，年度工作取得突破性进展

1. 目标引领，法治统筹成效更加显现。

认真履行推进依法行政工作领导小组办公室职责，组织召开全区依法行政工作领导小组会议，审议通过年度工作要点等文件，牵头制定下发《法治政府建设示范创建指标体系任务分解方案》《依法行政考核实施细则》等一系列文件，系统部署法治政府建设各项工作。组织政府常务会会前学法 4 次、依法行政专题研讨班 2 期。组织完成市、区两级依法行政考核工作，实现了全区各单位依法行政考核全覆盖，切实加强了对全区依法行政工作的协调、指导、监督力度。

2. 服务中心，法治保障水平全面提升。

（1）加强规范性文件监督管理。房山区司法局强化文件合法性审核，起草了《房山区行政规范性文件制定和监督管理办法》，切实提升了全区行政规范性文件制发水平。全年共审核各类文件草案 129 件，确保为全区经济发展保驾护航。

（2）大力推进行政复议监督指导和争议化解工作实效。加强行政复议监督指导，开展专题培训会 3 期、实操培训会 3 期，编制《房山区行政复议应诉指导案例》7 期。2020 年立案审查行政复议案件 237 件，立案数量同比下降 58%，已审结案件中复议决定纠错率同比下降 38%，直接争议化解率同比上升 129%，复议决定维持率同比上升 13%。全力推进行政机关负责人出庭应诉制度。

（3）强化执法协调监督。印发《关于落实向街乡下放部分行政执法职权相关工作》等一系列文件，组织培训 6 次，提升街乡综合执法水平。全年共协调执法案件 44 件次。加强行政执法队伍规范化建设，先后 4 次采用"行政机关自测+集中统测"的方式，组织全区 93 人次进行了执法资格考前测试，2020 年区属部门行政执法资格考试总体通过率达 94%，较去年提升了 41%。

3. 固本强基，法治宣传基础不断夯实。

2020 年是"七五"普法收官之年，为做好"七五"普法总结、考核、验收等工作，制定了全区考核验收工作方案。通过全面部署，精心组织，顺利通过房山区"七五"普法总结验收。同时加大了日常法治宣传力度，围绕"3·8 妇女节""4·15 国家安全教育日""12·4 国家宪法日"等时间节点开展各类普法宣传活动 260 场，发放宣传品 10 余万份，利用"房山普法"公众号宣传 186 期 427 条，累计受众近 100 万人次，营造出更为浓厚的法治氛围。推进基层法治建设，申报了周口店镇黄山店村、西潞街道苏庄村为"全国民主法治示范村"。创新基层依法治理模式，打造"1+7+N"基层依法治理模式成效显著，区委全面依法治区委员会守法普法协调小组申报为北京市级先进。

4. 与时俱进，法律保障能力有效增强。

大力加强对社区矫正对象和刑满释放安置帮教人员的严格管理，强化分类精准管控。开展矫正专项排查 9 轮累计 3700 余人次，实现了"三零"工作目标，维护了全国"两会""国庆"等重点时期安全稳定。创新开展人民调解员等级评定工作，全面提高全区人民调解员队伍建设规范化、职业化水平。加强调解组织和多元调解体系建设，建立房山区矛盾多元调解中心长沟分中心，进一步扩大了服务范围。

5. 共克时艰，疫情防控法治保障工作突显成效。

疫情期间，房山区司法局立足本职，及时开通了文件审核快速通道，优化疫情防控期间复议案件办理工作机制。线上"云"普法扩大群众疫情知晓率，"云"调解矛盾纠纷近 800 件。成立疫期法律服务志愿团，接待来电法律咨询 1600 余人次。成立服务中小微企业律师团助力中小微企业渡过疫情影响难关，为抗击疫情和促进复工复产贡献了司法行政力量。

六、2020 年法治建设特色和亮点工作

（一）创新"云司法"工作模式，确保审执工作有序推进

疫情期间房山区人民法院第一时间增设 4 条热线、3 个微信号用于立案服务，全年网上立案 11 008 件，占立案总数的 39.16%；春节后上班首日线上开庭审理案件 46 件，占当日全市法院线上开庭数 90% 以上，《人民法院报》头版予以报道；全年进行线上庭审、谈话、调解 8982 次；畅通涉疫情执行案件绿色通道，线上执结案件 4510 件，执行到位金额 12.2 亿元；在全市法院率先开展"云救助"，线上评议、发放司法救助金 110 万元；创新利用 24 小时自助材料收转柜进行无接触送达，电子送达覆盖率 34.86%，民商事案件电子送达裁判文书占比 46.18%。

（二）创新推进普法宣传工作

网络直播庭审案件 5627 件，裁判文书上网率 100%，审判流程有效公开率 99.71%。通过掌上普法、下沉社区等方式全面开展法治宣传教育，举办 15 场线上新闻通报会、36 次"云课堂"、62 场线上线下普法活动，开展主题宣传活动 20 余场，"小巷普法"获 2020 年首都职工志愿服务"微项目"。创作微电影《法庭十二时辰》、微视频《生命的邂逅》，在全国法院第七届"双微"金法槌奖评选中均获佳绩，《法庭十二时辰》荣获第八届亚洲微电影艺术节"最佳作品奖"等 4 项奖项；承办的"一站解纷争"全媒体直播被评为 2019 年全国法院十佳新

媒体作品；拍摄的扫黑除恶题材微视频《心眼》获评首届中国法治微电影展"十佳剧情片"。首次在全市法院新闻舆论工作中排名第一。

（三）创新拓展"e联络"方式，确保接受监督不因疫情断档

房山区人民检察院开展各类联络活动 36 场，邀请人大代表、政协委员参与线上、线下公众开放日、案件听证、研讨座谈等活动，确保检察权在阳光下运行，努力实现司法公开公信。

（四）为群众提供综合性一站式公共法律服务

房山区公共法律服务中心正式投入运行，房山区司法局统筹指导镇村三级平台建设运行。全年区法律援助中心共受理各类法律援助案件 787 件，解答法律咨询 43 001 人次。区法律援助中心被司法部授予了"全国法律援助工作先进集体"光荣称号。律师、公证工作两手抓，两不误，2020 年全区律师办理法律事务 7560 件，办理各类案件 3674 件，代写法律文书 1016 份，解答法律咨询 2870 人次。公证机构完成法律事务 49 342 件，办理各类公证 5115 件，解答法律咨询 38 209 人次。

通州区法治建设报告

2020年是全面建成小康社会的决胜之年，是"十三五"规划的收官之年，是在突如其来的新冠肺炎疫情冲击下，振奋精神、迎难而上，全力推动城市副中心高质量发展的一年。通州区在市委、市政府的坚强领导下，始终坚持以习近平新时代中国特色社会主义思想为指导，全面贯彻落实党的十九大和十九届二中、三中、四中、五中全会精神及中央、市委、区委的决策部署，立足"一核两翼"和京津冀协同发展大局，重点做好法治政府建设、依法行政和公共法律服务等主要工作，为副中心高质量发展提供了强有力的法治保障。

一、人大法治保障和监督工作

区人大常委会全年共召开常委会会议9次，主任会议11次，听取和审议区"一府一委两院"专项工作报告27项，依法作出决议、决定27项；任免国家机关工作人员120人次，补选区、乡镇人大代表28名，高质量完成了区六届人大六次会议确定的各项任务。

（一）党对法治政府建设的集中统一领导得到切实增强

成立区委全面依法治区委员会，构建党委领导依法行政工作的体制机制。制发《党政主要负责人履行推进法治建设第一责任人职责清单》，并组织举办"习近平总书记全面依法治国新理念新思想新战略"专项学习培训班。成立"十四五"时期法治政府建设专项规划编制工作领导小组，科学编制法治政府建设"十四五"规划。

（二）法治政府示范创建工作取得阶段性成果

印发《通州区法治政府建设示范创建实施方案》，针对法治政府建设示范创建工作中的重点、难点问题开展法治专项督察。制定《通州区镇街2020年法治政府建设重点评价指标》，助推示范创建深入开展。通州区单项示范项目"行政复议规范化建设"获第一批全国法治政府建设示范项目命名。

（三）法治化营商环境进一步优化

印发《通州区规范涉企行政执法优化营商环境若干措施》，率先推行"包容审慎"执法。实施《通州区创建服务业扩大开放综合试点先导区实施方案》，发布《关于加快推进北京城市副中心高精尖产业发展若干措施》（简称"通八条"），建立"金卡"服务机制。构建"1+N"中小微企业扶持政策体系，协助融资贷款101亿元，减免商业房租1.7亿元。持续推出市场主体登记便利化"一揽子"措施，实现审批信息一次性填报，企业新设、变更业务一日办结。

（四）行政决策和规范化文件管理水平不断提升

出台《通州区关于建立府院联席会议工作机制的意见》，做好重大决策沟通研判；制定《通州区重大行政决策程序实施细则（试行）》，聘请资深法律顾问全程把关，有效防范化解法律风险。认真落实《北京市行政规范性文件备案规定》，实行全区行政规范性文件制发统一登记、统一编号、统一印发，报备率、报备及时率、规范率均达100%。

（五）行政执法体制改革取得积极进展

出台《通州区控制在施违法建设若干规定》，推动行政执法公示制度、执法全过程记录制度、重大执法决定法制审核制度有效落实。成立区委审计委员会，加强地方政府性债务管理和风险防控情况审计。建立巡察工作制度，密切监测"双随机一公开"落实情况和行政执法工作数据，实现对2.3万名公职人员监察全覆盖。

（六）社会矛盾纠纷得到依法有效化解

出台《通州区全面推进行政复议规范化建设的工作方案》，健全行政争议案前、案中、案后化解机制，突出实质性化解行政争议基本目标，近三年来，87.9%的复议申请通过多种方式案结事了，满意率保持98%以上。建立区劳动争议调解委员会，挂牌运营通州区"众和劳动争议调解工作室"，全区613家人民调解委员会年均调解成功率达98%，多元调解格局初步形成。

二、法治政府建设

2020年，通州区以全国法治政府建设示范创建为抓手，以推进机构改革、转变政府职能、优化营商环境、规范决策执法、完善基层治理等为重点，加快建设法治政府，深入推进依法行政，为副中心高质量发展提供坚强的法治保障。

（一）全力做好疫情防控法治服务和保障

1. 统筹协调疫情防控法治保障。坚持运用法治思维和法治方式开展疫情防控，研究制定依法推进新冠肺炎疫情防控"10条举措"，出台落实北京市帮扶企业系列政策区级"12条"措施及20个配套实施细则，在全市率先实现规模以上在建工程100%复工。在全区范围内启动新冠肺炎疫情防控法治研究成果的征集工作，形成《通州区涉疫情法治研究汇编》。出台《依法防控双语法治指引》，引导全社会依法行动、依法办事。

2. 加大对妨害疫情防控行为的执法司法力度。建立"警企复产联查"机制，助力相关重大工程复工，共协助核查复工人员 50 批次 3.2 万余人。依法严惩生产销售假口罩、哄抬物价、野生动物资源保护等各类涉疫情犯罪 32 件 35 人。审慎办理全市首例编造、故意传播疫情相关谣言案。建立涉疫案件 12 小时行刑衔接办案模式。

（二）坚持"共同推进、一体建设"，高位推动法治政府建设

1. 扎实推进全国法治政府建设示范创建。制定实施《通州区关于开展区级法治政府建设示范创建活动的工作方案》和《通州区街道乡镇 2020 年法治政府建设重点评价指标》，推动示范创建向部门、向基层延伸。召开北京市首家区级组织的法治政府建设示范项目评审，形成了一批具有副中心特色的示范创建成果。

2. 全面提升依法行政能力和水平。举办"2020 年通州区领导干部依法行政网上专题培训班"，对区政府各部门分管法制工作的领导及法制机构负责人进行集中培训。组织 2020 年通州区街道乡镇依法行政专题培训，进一步提升街乡综合执法工作能力。出台《通州区关于落实〈北京市国家工作人员旁听庭审工作实施意见〉的工作方案》，行政诉讼庭审线上旁听实现常态化。

（三）持续营造法治化营商环境

1. 着力加强政策体系保障。在全市率先出台落实《北京市优化营商环境条例》促进副中心发展 27 条实施意见，完成全区公平竞争审查。全面实施"告知承诺制"，6 万户次市场主体通过"告知承诺制"进行相应业务办理，减少对市场主体自治事项的干预。出台"通八条"产业扶持政策及相关配套措施，提前兑现"通八条"奖励 1.1 亿元，为中小微企业减免特种设备检验费用 581.27 万元。

2. 全面推行包容审慎执法。全市率先制发《通州区规范涉企行政执法优化营商环境若干措施》，建立"三个一"包容审慎执法机制。包容审慎执法机制在 150 家"服务包"重点企业、10 余家"四新"企业中开展试点，对 211 项执法事项给予企业自我纠错的空间，并实现"审慎执法"数据网络共享。印发《通州区包容审慎"沙箱监管"若干规定（试行）》，建立包容审慎"沙箱监管"对象库。

（四）持续提升科学、民主、依法决策，规范性文件管理水平

1. 持续推进重大行政决策程序规范。制定《通州区重大行政决策程序实施细则（试行）》，有效解决政府决策过程中法定程序履行不到位，听取公众、企

业意见不深入，决策风险评估、决策后评估等制度滞后问题。推进重大决策后评估工作，在全市首次举办重大行政决策案例评审会，为今后区政府及各部门的重大行政决策活动提供能复制、可借鉴的决策样本。

2. 严格规范性文件监督管理工作。修订《通州区规范性文件管理规定》，对168件区政府重大行政决策和各类文件出具合法性审查意见；为区属各单位出具征求意见函112件；审核区政府产业发展、招商引资、政府采购合同、协议56件。区属各单位报备规范性文件31件；区政府向市政府报备规范性文件4件。2019年以来，区政府制定的规范性文件实现了同时向市政府和区人大常委会报备。

（五）深入推进行政执法协调监督，加强行政权力监督制约，促进行政权力依法规范透明运行

1. 自觉接受人大、政协监督。及时修订《区政府系统办理人大代表建议工作要求》。建立跟踪服务机制，健全全程协商机制，确保办前有沟通、办中征求意见、复查补办有落实。全年办理市、区人大代表议案、建议和政协委员提案298件，全部依法按期办复，代表、委员满意率100%。

2. 全面落实行政检查单制度。针对同类职权、同类执法事项采用一张检查清单制，避免重复检查、检查漏项等情况发生。2020年实行行政检查单制度后，全区行政处罚职权6149项，违法行为纳入检查率高达93.47%；行政检查量37.45万件；行政处罚案件总量2.73万件；均在全市排名第3。

3. 全面推行执法"三项制度"。在区政府网站集中设置执法公示专栏，将各执法主体基本信息和动态信息主动、及时、准确公示，开展定期与不定的抽查、检查，及时完善信息，实现行政处罚、行政许可等执法结果信息网上公开。全面推行文字加音像的行政执法全过程记录制度，做到执法全过程留痕和可回溯管理。

4. 加强综合执法协调。印发《通州区街乡行政执法协调工作若干规定（试行）》，加强街乡与区级执法部门协调配合，积极协调解决执法争议。组织原职权下放部门与各街乡主动进行执法交接，以及5家新街道成立执法交接工作。组织街乡综合执法系列培训及依法行政专题培训。

5. 推进政府信息和政务公开。印发《通州区政务公开和政府信息公开工作规范》，完成信息公开专栏调整和无障碍浏览功能建设工作。开通投诉专线，设立投诉台，建立现场投诉、电话投诉、微信投诉的立体投诉渠道。全年共主动公开政府信息18 198条，解读政策性文件20件，受理依申请公开419件，信息公开答复率100%。

6. 不断拓展审计监督广度和深度。采取"总体分析、发现疑点、分散核查、

系统研究"的数字化审计模式,实现一级预算单位审计全覆盖。将审计工作深入到资金支付末端,对市政、园林的二级单位、专项资金绩效开展审计,实现重点行业部门的基层预算单位全覆盖。

(六)依法有效化解社会矛盾纠纷,积极完善社会治理体系

1. 充分发挥行政复议化解行政争议"主渠道"作用。承办区政府行政复议案件 172 件,直接纠错 33 件,纠错率约为 23%,败诉案件集中在拆迁拆违、专项行动等敏感领域。办理复议区政府案件 14 件;公开复议决定 156 篇,典型案例 37 篇,年度报告 3 篇;完成区政府征收及征补决定审核 8 件。

2. 不断提高行政应诉办案质量。代理区政府应诉案件 103 件,审结 80 件。出台《关于进一步加强行政机关负责人出庭应诉、参与行政复议案件办理工作若干措施》,切实提高区行政机关负责人参与行政案件比例,提高行政案件办案质量。

3. 坚持和发展新时代"枫桥经验",完善多元纠纷调解格局。梳理行政调解职责 53 项,推进行政调解职责清单管理。加强物业、劳动争议、知识产权等领域纠纷化解,通运街道紫荆全环节社会矛盾多元化解中心建成,众和劳动争议调解工作室挂牌运营。全区街道(乡镇)、社区(村)人民调解组织和行专调解组织 2020 年共调解纠纷 19 168 件。

三、审判工作

2020 年,通州区人民法院受理案件 57 681 件,审结 52 238 件,结收比 100.26%,法官人均结案 479 件,是全市法院平均值的 1.5 倍,审判质效综合指数居全市前列。

通州区人民法院作为全市法院唯一被推荐单位获评全国优秀法院。

(一)服务保障副中心建设

全力以赴打赢疫情防控阻击战。11 次党组会专题部署疫情防控工作,实现 8 个办公区、641 名干警和服务对象"双干净、双安全"。370 余名党员脱产下沉,258 名干警社区报到,法警编队赴防疫最前线,荣获"北京市青年突击队"称号。疫情期间 12 小时办理公示催告,帮助遗失票据的抗疫物资销售企业 7 天追回欠账;10 日内为抗疫物资生产企业收回货款;利用司法拍卖帮助企业资产变现 4.51 亿元,助力企业复工复产。充分调研涉疫劳动争议、租赁合同、价格执法等民生案件,形成 10 万余字的案件办理指引,13 个成果在市、区两级调研评比中获奖。发布战"疫"宣传作品 137 期,最高人民法院、市高级人民法院采用 60 余期。

(二)刑事审判工作

受理刑事案件 1200 件,结案 1172 件。全市率先启动刑事审判"云模式",

依法从严从快惩处涉疫情防控犯罪。向物流、物业等行业发送整改司法建议 13 份，全部跟踪问效，促进行业清源。144 条线索核查全部"清仓"，举报人回复率 100%。审结涉疫情刑事案件 12 件，全部判处实刑。审结的全市首例造谣传谣妨害疫情防控犯罪案，入选最高人民法院典型案例、北京法院参阅案例，为全国类比适用相关司法解释创设先例。

（三）民商事审判工作

受理民商案件 40 226 件，结案 36 430 件。加大司法救助力度，累计为 20 余名极困当事人提供救助金近 300 万元。面向中小学 5 次线上开展法治宣传，4 次深入校园进行法治宣讲，加强未成年人权益保护。仅用 7 天审结全市首例农民工工资被冻结执行异议案，保障农民工权益。不断完善服务平台，移动微法院应用率居全市基层法院首位，获评全国"微法院"卓越奖。举办专题新闻发布会，发布商事诉讼指引 70 条、复工复产典型案例 15 个，服务保障"六稳""六保"。依法审结区首例虚拟货币交易案，明确虚拟财产的平等保护导向。审结奔驰车消费者维权案，对不合理维修适用惩罚性赔偿，在副中心弘扬重契约、守诚信的营商理念。商事案件审理周期从受疫情影响的 183 天下降至 61 天，居全市法院前列。在全市创新债权人线上会议模式，高效审理企业破产清算案件 22 件，推进企业破产专项援助基金落地见效。为某破产企业 150 余名职工债权人发放案款 240 万元，切实保障职工合法权益。

（四）行政审判工作

受理行政案件 817 件，结案 748 件，行政法官年人均结案居全市第二，生效案件发改率全市最低。加强"府院联动+诉非衔接"，召开市级机关协调会 12 次，1/3 涉市级机关行政案件诉前化解。受理涉市级机关行政案件 407 件，占比近五成，无一发回改判。撰写的《2019 年度涉市级机关行政案件司法审查报告》，获市政府主要领导批示肯定。在某业主因开发商违规商改住诉住建部门履责案中，示范裁判 1 例，息诉罢访 61 户，有效节省行政与司法资源。全年开展府院协调 46 次，成功化解行政案件 50 余件。积极延伸职能，先后为市规自委、市发展改革委、区公安分局等市区两级行政机关定制化授课，累计受众两千余人。

（五）执行工作

受理执行案件 15 438 件，结案 13 888 件。巩固"基本解决执行难"成果，有财产可供执行案件法定审限内结案率同比上升 2.5%，终本案件合格率为 100%。创新新媒体司法拍卖，积极探索网络直播"带货"，全年案拍比大幅跃升，成交金额达 5.1 亿元。全年将失信被执行人纳入失信名单 6527 人次，限制出境 96 人次。启动拒执罪案件 3 件，半数拘留被执行人主动履行义务。完善执行组织架构，制定 123 条办案规则，构建全流程立体化财产处置监管机制，执行质效进步明显。在全市法院执行工作专项巡查中成绩位居榜首。

（六）司法改革工作

小额诉讼程序适用率全市第一，改革经验被最高人民法院刊发，获评北京法院"微创新"优秀案例。先行先试夜间法庭试点，20%的案件当庭审结，81%的案件 1 小时内审结。深度应用司法数据精细化审判管理，加强审判监督制约，长期未结案清理率 92.7%，居全市一类法院首位。建设在线响应平台，融入"吹哨报到"，对接"接诉即办"，答复各类诉求 800 余件。向 200 余家物业企业发布法律风险防控白皮书，物业供暖纠纷同比减少近七成。副院长李迎新主笔的全国政协社区治理调研报告获多位中央领导批示。与区交通支队建立全市首家道路交通纠纷一站式调处中心，千余人次线上咨询，调解成功率 91%，理赔标的 1000 余万元。与市第三中级人民法院、宋庄镇疃里村联合建立通州区首个诉源治理基层共建点，培训村级调解员 900 余人次。"诉源治理+多元解纷"副中心特色区域治理链条被列入区重点改革项目，市委深改组刊文推介。发改案件逐案评查、重点案件专项评查，形成评查报告近 80 万字。对历史负责，集中人力物力开展旧存案卷归档，累计清归 11 万余件，基本解决"历史欠账"，为来年实现档案"随结随归"奠定基础。季度通报评查结果，召开全院讲评大会，将评查结果作为绩效考核、等级晋升、法官惩戒等工作的重要依据。全年发改案件同比下降4.96%，定错案件同比下降 20.75%，案件质量显著提升。

（七）主动接受人大、政协各方面监督

坚持重大工作向区人大报告、向区政协通报。院领导带头开展代表委员联络活动 13 场，一对一结对走访代表委员 40 人次，征求意见建议 20 条，办理代表委员关注案件 6 件。邀请代表委员参加线上"云课堂""云法庭"、新闻发布、法官宣誓等重要活动 19 场 58 人次。

四、检察工作

2020 年，通州区人民检察院深入贯彻落实习近平新时代中国特色社会主义思想，紧密围绕中心，聚焦人民需求，全面、充分履行宪法法律职责，努力为北京城市副中心高质量发展提供司法保障。

（一）法律监督工作

1. 立案监督更加精准。加大对公安机关"该立案而未立案、不该立案而立案"的监督力度，受理立案监督线索 31 件，重点开展涉经济领域专项撤案监督，监督公安机关立案、撤案 11 件，同比上升 10%。与上级院协力对一起长期挂案涉案金额达 2 亿元的某民营上市公司合同诈骗案作出监督撤案决定，防止有案不立、不当立案。加强行刑衔接立案监督，建议行政执法机关移送涉嫌犯罪 23 件

24 人，采纳率 100%，立案率 100%。对全市首例员工虚构劳动关系骗取生育津贴案建议移送公安立案侦查。

2. 侦查活动监督更加有力。依法对公安机关的侦查活动是否合法实行监督，依法不批准逮捕 359 件 544 人，不起诉 154 件 209 人，改变侦查机关移送罪名 55 件 89 人，追加起诉 50 件 83 人，提出纠正意见 79 份，其中，制发侦查活动监督通知书 13 份，书面纠正违法通知书 5 份，检察建议 4 份，回复整改率 100%。

3. 审判活动监督更加优化。加大对法院裁判的审查力度，排查刑事、民事、行政判决、裁定线索 3260 件，审查审判活动监督案件 37 件，加强与审判机关沟通联络，及时纠正审判活动不规范的问题，提起民事抗诉 3 件，制发检察建议 6 份。重点开展民事审判深层次违法问题、涉不动产交付民事执行等专项监督，借助大数据舆情洞察系统，精准发力民事虚假诉讼监督，针对一起利用虚假调解套取村集体财产民事虚假诉讼案制发再审检察建议并获法院采纳，获评全市检察机关典型案例。积极参与行政争议化解，办理的一起涉行政撤销监督案获评北京市检察机关优秀案件。

4. 刑事执行监督更加有效。加强人权司法保障，强化羁押必要性审查，对 25 人依法提出变更强制措施建议，切实减少不必要羁押。强化刑罚变更执行监督，办理暂予监外执行监督案件 16 件，办理国家赔偿案件 4 件。针对监管场所罪犯再犯罪执法不规范问题制发检察建议，监督规范监管行为。服务"两委"选举，开展资格审查 6897 人，筛查出不符合候选人资格标准 25 人，从源头把好村干部队伍素质关。

（二）刑事检察及公益诉讼工作

1. 深化"平安通州"建设。疫情防控特殊时期，刑事发案量整体下降，全年，办理区各类刑事案件 2116 件 2711 人，同比下降 32.6%，批准和决定逮捕 578 件 710 人，提起公诉 1086 件 1335 人。坚决惩治危害公共安全犯罪，起诉涉枪涉爆、危险驾驶等犯罪 368 人，坚决对"7·7 台湖爆炸案""9·18 宋庄爆炸案"犯罪嫌疑人批准逮捕；坚决惩治影响人民群众安全感犯罪，批捕、起诉故意杀人、抢劫、绑架、贩卖毒品等犯罪 561 人；坚决惩治暴力袭警妨害公务犯罪 43 人，对扬言杀害法官家属寻衅滋事、驾驶大货车冲撞碾压辅警故意杀人等案件依法从严从重，决不姑息，坚决捍卫国家法律尊严、政权权威；

2. 纵深推进公益诉讼检察工作。当好公共利益的代表，积极推动区委办、区政府办联合出台《关于支持检察机关依法开展公益诉讼工作推动通州区法治政府建设实施意见》。开展"公益诉讼守护美好生活""大运河文物保护"专项监督，受理公益诉讼案件 25 件，立案审查 19 件，制发行政公益诉讼诉前检察建议 15 份，在食品安全领域探索性提出全市首例刑事附带民事公益诉讼"惩罚性赔偿"请求，办理的涉嫌非法排放有毒有害物质刑事附带民事公益诉讼案获评北京市检察机关公益诉讼优秀案件。

五、司法行政工作

2020 年，在区委区政府的正确领导下，在北京市司法局的有力指导下，通州区司法局认真贯彻落实《法治政府建设实施纲要（2015—2020 年）》，以党的十九大和十九届二中、三中、四中、五中全会精神为指导，全面推动法治政府建设，为北京城市副中心高质量发展提供坚实的法治保障。

（一）持续做好新冠肺炎疫情防控工作

坚持"两手抓、两战赢"工作思路，持续做好复工复产法律服务工作。累计审核区委区政府涉疫情决策、文件 6 件，协调重大涉疫情执法案件 3 件；排查涉疫情矛盾纠纷 2000 余件，提供法律服务 1500 余件次；印发中英双语宣传海报 6000 余份，征集疫情防控优秀法治研究成果 49 篇。疫情期间，先后有 13 批次 107 名党员干部支援社区一线疫情防控。

（二）决策水平显著提升

1. 坚持集体讨论决定。认真执行《通州区司法局党组议事规则》《通州区司法局局长办公会专题会议事规则》，对法治政府建设、公共法律服务体系建设、重大行政处罚等事项进行集体讨论，全年局党组会、局长办公会共集体讨论重大决策事项 200 余项。

2. 坚持依法决策。落实《通州区司法局法律顾问工作规定》，聘请 6 名资深律师为司法局法律顾问，组织法律顾问为信访接待、文件审核、行政执法、行政复议案件提供意见建议 17 次。出台《北京市通州区司法局关于加强公职律师管理的通知》。

3. 坚持政务信息公开。通过政府信息公开专栏主动公开发布政务动态信息 140 条，全文电子化率达 100%。开辟"行政复议公开"栏目，及时公布复议决定、典型案例等信息 16 篇。受理依申请公开 3 件，均已按时答复。办理以司法局为被申请人的复议案件 2 件，以司法局为被告的诉讼案件 4 件。

（三）公正文明执法进一步规范

1. 加强大执法力度。全年共开展律师、鉴定行政许可谈话 67 人次；办理律师、司法鉴定行政许可、备案事项 210 件；开展行政执法检查 740 次，人均检查量达 123.3 件；做出投诉处理回复 3 件；做出行政处罚 2 件。

2. 加强执法培训。组织全局执法岗位、文件审核岗位、职工进行专业知识培训，把与司法行政执法活动相关的法律法规作为学习的主要内容，先后组织依法行政培训 2 次，累计开展党组会会前学法活动 15 次，法制讲座 4 次。

（四）公共法律服务体系逐步完善

1. 加快推进公共法律服务体系建设。出台《通州区关于落实〈北京市关于加快推进公共法律服务体系建设的若干措施〉的实施方案》，并以区依法治区领导小组办公室名义下发制定《通州区司法局落实"七有""五性"工作方案》，建立周统计、月分析、季度评估、年度总结的工作制度，全面提升上线率、咨询率和满意率。全年累计受理法律援助案件1039件，办理公证事项9008件，解答法律咨询20 000余人次。

2. 人民调解工作持续发展。将人民调解工作纳入区平安建设和依法行政考核重要内容，完成政法委年度法治建设领域改革重点课题——社会矛盾多元预防调处化解综合机制建设调研，建立区行政争议多元化解调处中心、通运街道紫荆全环节社会矛盾多元化解中心、区众和劳动争议调解平台。2020年，全区各级人民调解组织全共开展矛盾纠纷排查30 933余人次，调解矛盾纠纷21 976件次。

3. "七五"普法工作圆满收官。认真落实普法责任制，进一步加大普法创新力度，"普法快递包""苏宁普法小店"等实现精准普法，开通"法治通州"抖音号，累计推送小视频99个，阅读量突破35.2万人次，"京通司法"微信公众号推送图文621余篇，粉丝数突破10万人，全年累计开展《宪法》、《民法典》、垃圾分类、物业管理等重点法律法规宣传600余场次。

六、公安工作

2020年通州公安分局强化社会面治安秩序管控，推动"扫黑除恶"、打击"盗抢骗"、打击"食药环"违法犯罪等专项斗争取得突破性进展。全年刑事拘留1598人，同比下降36.9%；治安拘留4385人，同比下降49.8%；逮捕746人，同比下降34.7%；移送起诉1480人，同比下降34.2%，处理各类警情20.14余万件，有效保证了副中心社会面治安秩序稳定。

（一）防控新冠疫情，依法处置重大突发工作

坚决贯彻落实习近平总书记关于疫情防控工作的系列重要指示精神，充分发挥党组织战斗堡垒作用，第一时间在青年突击队、查控卡点等前沿阵地成立临时党支部，组建党员先锋队，带领广大党员民警冲锋在第一线，奋战在最前沿，构筑起红色防疫墙。严格执行传染病防治法及实施条例、突发公共卫生事件应急条例等法律法规，按照规定内容、程序、方式、时限及时准确报告涉疫案件办理信息，依法严厉打击危害疫情防控的各类违法犯罪行为，查处各类涉疫案件14起。

（二）狠抓严打整治，服务保障副中心建设

强化社会面治安秩序管控，打击"盗抢骗"、打击"食药环"违法犯罪等专项斗争取得突破性进展。全年刑事拘留1598人，同比下降36.9%；治安拘留4385人，同比下降49.8%；逮捕746人，同比下降34.7%；移送起诉1480人，同比下降34.2%，处理各类警情20.14余万件，有效保证了副中心社会面治安秩序稳定。

（三）户政、出入境管理工作

建设完成出入境智慧大厅项目，通过智慧办、集成办与自助办协同开展的运行模式和智能化辅助系统的应用，实现业务自动分类，人员有效分流，数据随受理流程自动流转，全年办理出入境业务1万余件，工作效率、群众满意度得到极大提升。

（四）服务群众工作

开展"12345"接诉即办工作以来，多次召开局长办公会进行专题研究，通过强化涉法信访事项分级、分类处理、规范初信初访问题办理、定期梳理排查信访问题等，8157件"12345"群众诉求第一时间响应，收到群众表扬电话120余个，进一步推动突出信访矛盾化解工作。新时代"枫桥经验"在副中心落地生根。

（五）法治宣讲、培训工作

高度重视法治理论学习，先后以党委理论中心组、局长办公会等形式进行集中学法、专题学法、会前学法，确保将总书记全面依法治国新理念新思想新战略学精、学透。同时深化"三训"机制，综合采用专题研究、专题培训、法治讲堂、法院旁听等形式开展法律知识、法治理论的宣传和教育。2020年，共开展"三堂培训"31次，督促各派出所开展"三级培训"200余次，参训10 000余人次，撰写整理各类法律适用调研文章、办案指引、典型案例等材料近300篇，把培训工作作为执法规范化建设重要项目进行推进，并逐步将高级执法资格考试和国家法律职业资格考试纳入培训体系，作为打造通州公安"高精尖"人才的重要举措，全力助推执法队伍专业化建设。

（六）深入开展法律法规宣传教育工作

深入开展法律法规宣传教育，增强人民群众法治意识。加强新媒体普法工作，提升法治宣传传播效能。在"110宣传日""6·26国际禁毒日""12·4国家宪法日"等重点宣传时间节点，开展各类现场宣讲及现场发放宣传材料活动，近距离地向社会公众进行法治宣传教育。同时，开展法律进机关、进乡村、进社区、进学校、进单位、进交通枢纽、进景区活动，充分利用电子屏幕、条幅等方式在辖区内开展宣传工作。全年重点开展了45次集中宣传活动，向普法群众发放各类宣传品近数万件，接受普法群众5万余人。

七、通州区2020年法治建设特色和工作亮点

（一）坚持全面从严治党，营造良好政治生态环境，为实现全面依法治区打牢核心基础

1.压实全面从严治党政治责任。督促指导全区制定各级各类责任清单5985份，近4万名在职党员签订了廉洁自律承诺书，区、处、科（村、居）、党员四

级责任网络日臻完善。2020 年 11 月，区纪委监委申报的"北京市通州区政治生态评价指标体系创新探索"荣获第二届"中国廉洁创新奖"特色创新项目，为优化检查考评机制、加强对政治生态指标体系的实践运用，将全面从严治党主体责任考核指标与政治生态评价指标体系有机结合，细化了 69 项管党治党指标任务。对全区 90 家处级单位党组织落实全面从严治党主体责任情况开展了两个轮次检查。

2. 立足副中心决策部署开展专项监督。树立副中心意识，围绕中央、市委、区委关于副中心建设的各项重大决策部署，启动各类专项监督 40 余项，统筹协调开展集中监督 30 多轮次，督促相关部门完善制度 55 个，不断规范权力运行。紧盯征地拆迁、工程项目开发等重点领域，将区内主责的 244 项副中心重点工程纳入监督台账。聚焦优化营商环境，对各项惠企政策落实情况开展调研式、印证式监督。

3. 巡察监督的利剑作用进一步发挥。突出"两个维护"根本政治任务，充分发挥政治监督和政治导向作用，坚持高标准、高质量推进巡察工作。共开展了四轮次常规政治巡察，涉及乡镇、街道和区直单位 27 个。通过巡察共发现主要问题 992 个，提出整改意见 353 条，移交问题线索 87 件。截止到 2020 年底，已累计巡察 94 家处级单位党组织，提前实现了六届区委对处级单位党组织的巡察全覆盖，已完成全区 604 个村（社区）党组织的巡察工作，实现了对村（社区）党组织的巡察全覆盖。

4. 巩固反腐败斗争取得压倒性胜利。坚持"三不"一体推进，聚焦重点领域、关键岗位，严肃查处职务违法犯罪案件。一年来，全区纪检监察组织共处置问题线索 1162 件，立案审查调查 262 人，同比增长 15.9%，监委立案 44 人，留置 7 人，给予党纪政务处分 156 人。保持了惩治腐败的高压态势。同时，持续深化标本兼治，更加注重预防和治本，运用监督执纪第一种、第二种形态共处理 772 人次，占总人次的 92.6%。始终把监督挺在前面，针对执纪执法中发现的共性问题，向相关单位发送各类纪检监察建议 78 份，督促强化重点领域体制机制改革和制度建设，把监督挺在前面的效果日益显现。并持续做好查办案件"后半篇文章"，注重用好身边已查处的典型案例强化警示震慑。共制作警示教育片 3 部，制发警示教育光盘 1650 张，1.7 万余人次参与了党纪法规知识测试。坚持严管厚爱结合、激励约束并重，共对 110 余名受处分的党干部开展回访关爱，持续有效激发党员干部干事创业的积极性。

（二）坚持依法行政，统筹推进法治政府建设，为城市副中心提供强有力法治保障

1. 积极探索社会治理新格局。高位启动市域社会治理现代化试点，完成三

年创建计划顶层设计，成立以区委书记、区长为双组长的试点工作领导小组，下设"一办六组"，组建工作专班实体化运行，明确任务书、路线图，做到项目化管理、清单式推进。举办首届"十佳社会治理品牌评选活动"，有效激发基层创新活力。在全市率先完成《部门工作指引任务分解》和《街乡镇级工作指引》。试点前期推动经验和在风险防控中取得的成果得到市委政法委充分肯定，并被专题刊发予以全市推广。

2. 大力推进智慧平安建设。加快建设全区智慧社区管控平台，探索磨合"数字化社区"应用场景建设新模式，推动110个智慧平安社区建设，创建了8个具有副中心特色的智慧园区、智慧村庄。"雪亮工程"二期建设步伐加快，全区视频探头超过2万个，重点部位高清视频实现全覆盖。"雪亮工程"投入使用以来，视频协助破案率提升70%，街头盗窃发案率同比下降30%，全区可防性案件下降40%，科技创安作用凸显。

3. 深入开展城乡接合部地区综合整治。强化统筹推进、部门联动、综合治理，50处挂账地区治安乱象得到有效整治，刑事治安类警情、立案受理分别同比下降32%、41%，严重侵街占道违法建设实现动态清零，"三站三室"全部建成并投入使用，集中充电设施覆盖率实现100%，顺利通过市级察访核验。研发推广"安居通"手机APP，创新推行出租房屋"旅店式"管理，实现"租前安全把关、人来登记、人走注销"的精准管理，流动人口登记率、出租房屋安全系数均创历史新高。

4. 大力推进"拔钉子"行动。围绕重点滞留项目，建立完善指挥调度、政法系统"四长"会商、问题调研、督办落实等工作机制，以拆违促拆迁、以司法调解促签约，逐户分析制定清滞措施，今年共召开专题调度会50余次，推进40余批次滞留项目清理，实现百余户（宗）平稳签约，保障了环球影城、城市绿心、人大通州校区、安贞医院、市级职工周转房等重点工程顺利建设。

5. 提前谋划环球影城安保工作。针对开园运营工作，下好先手棋、打好主动仗，牵头各行业监管部门和运营单位开展全过程风险评估，精准研判社会稳定等5大领域、17个方面的风险隐患，分别制定防范化解措施。目前，度假区内部交通保障方案、交通指引标识系统已编制完成。120急救对接完成，环球影城警务站投用，应急中心、消防站即将投用，市场监管局环球影城分局正积极组建，焰火表演等部分专项风险评估已完成。

6. 深化府院对接。建立健全行政机关与政法单位疑难案件会商研判机制，统筹研究30起重大敏感案件，统一了办理思路和侦办方向，有效提升了办案质效。针对征收拆迁、拆违腾退等工作，推动政法单位提前介入，通过举办法治讲座、提出法律建议等措施，规范基层执法行为，确定低法律风险实施路径，确保拆违等多个项目的快速推进和社会大局稳定。

7. 持续优化法治营商环境。牵动政法机关深化"放管服"改革，全力服务高精尖产业发展和企业需求。检察机关落实"少捕慎诉"政策，牵头起草政法机关营造副中心良好营商环境《实施意见》。审判机关倾力打造"运河商事"品牌，商事审判效率位列全市基层法院第二。司法行政机关制定《包容审慎执法清单2.0版》，建立企业动态库和信息平台，更加包容的体制机制初步形成。公安机关加强执法规范化建设，大力推进一网通办、一站办结等减证便民措施，细致高效的司法服务赢得企业称赞。

（三）深化党建引领，打造副中心党建品牌

1. 突出党的领导，始终把政治建设放在首位。树立副中心意识，始终牢记"看北京首先从政治上看"的要求，旗帜鲜明把政治建设放在第一位，巩固拓展"不忘初心、牢记使命"主题教育成果，开展学习习近平新时代中国特色社会主义思想大学习大培训大研讨活动，教育引导全区党员干部树牢"四个意识"、坚定"四个自信"、坚决做到"两个维护"。

全市率先制定《通州区党政主要负责人履行推进法治建设第一责任人职责清单》，区政府主要负责同志有力有效推动法治政府建设各项任务落实。保证法治政府建设决策部署落到实处。

2. 持续开展制度建设，做实党建队建品牌。修订完善《通州区政法单位党组织重大事项请示报告制度》《通州区委政法委协管干部制度》，制定《通州区政法单位党组（党委）向区委全面述职实施办法》《通州区委政法委开展"党建带工建"工作实施方案》等制度机制，持续加强党对政法工作的领导。持续打造"政法党员大讲堂"、政法系统"庆七一"、"迎国庆"系列主题演讲比赛、政法故事汇演比赛活动、政法机关优秀干部实岗锻炼工作等党建队建品牌，组织开展7期政法党员大讲堂——传达学习2020年全国"两会"精神、《民法典》以及法治系列讲座，举办通州区政法系统第四届"庆七一·党旗飘扬副中心，守初心担使命保平安"主题演讲比赛，开展政法机关第四批优秀干部实岗锻炼工作，共选派36名优秀干部分别在全区政法各单位及部分街乡镇进行为期2个月的实岗锻炼，配齐配强全区22个乡镇街道政法委员，不断激发政法队伍活力、促进工作。

（四）着力推进政府职能转变，创新社会治理机制

1. 深化行政体制改革。推进综合执法体制改革，在全区各街道、乡镇组建综合执法队，实施街乡领域综合执法，431项市、区行政处罚权及行政强制权下放街道乡镇。有序完成乡镇机构改革工作。初步调整园区管理体制，按照科技创新、商务服务、文化旅游三大板块规划，实现统一管理。

2. 推进"放管服"改革。推行政务服务事项办理告知承诺制，推动 13 家区级部门 53 项政务服务事项实施告知承诺审批方式。压缩政务服务事项跑动次数，全区 1529 项事项实现"一次不用跑"，413 项事项实现"最多跑一次"。

3. 全面推进政务诚信建设。建立健全政府机构失信惩戒前沟通机制，开展政府机构失信案件专项治理，保持动态清零。建立健全守信联合激励和失信联合惩戒的联动机制，发布七期"红黑名单"及专项"红黑名单"，黑名单 592 家，红名单 19 351 家。

4. 创新社会治理体制机制。建成全市第一家社区级志愿孵化基地，通过政府购买服务、三社联动、专家辅导等措施，成功打造"五老带六小"等 70 个品牌社区社会组织。社区自治功能不断强化，建立 8 个社区协商议事厅示范点，20 个楼门院治理示范点，中仓街道社会动员中心试运行。

顺义区法治建设报告

2020年，顺义区委、区政府坚持以习近平新时代中国特色社会主义思想为指导，深入学习贯彻党的十九大和十九届二中、三中、四中、五中全会精神，紧扣中央和市委决策部署、紧扣全区中心工作、紧扣人民群众重大关切、紧扣全面推进依法治区等各项工作，取得显著的成效。

一、人大法治保障和监督工作

紧紧围绕中央、市委和区委决策部署，紧扣全区中心工作、紧扣人民群众重大关切、紧扣全面推进依法治区，认真履行法定职责。一年来，共召开常委会8次，开展执法检查3项、专题询问1项，听取和审议"一府两院"专项报告22项，开展视察、调研16次，作出决议决定14件，任免国家机关干部56人次，督办代表议案3项、建议128件。

（一）坚决落实区委决策部署，助力打赢疫情防控阻击战

一是及时召开会议，对疫情防控工作进行部署。党组成员积极到基层联系点，督导检查疫情防控和复工复产；人大代表坚守疫情防控一线，踊跃捐款捐物，区镇两级代表共捐款捐物折合人民币238.5万元。二是疫情面前不停步，履职更靠前。及时调整充实年度工作计划，增加听取审议区政府关于新型冠状病毒肺炎疫情防控工作情况报告、调研进一步加强疾控中心建设情况等监督议题。及时听取审议区政府预算调整方案报告并作出决议，确保政府债券及时足额投放重点项目支出，助力克服疫情影响，助推区域经济发展。按照市人大统一部署，围绕物业管理、文明行为促进、医院安全秩序管理等条例的制定或修订，通过信息化手段开展代表意见征集活动，共征集意见建议近千条。三是坚定信心推动依法防控。常委会认真贯彻落实市人大常委会《关于依法防控新型冠状病毒感染肺炎疫情 坚决打赢疫情防控阻击战的决定》，依托人大代表家站、公众号等平台，向群众宣传决定及相关法律法规，推动决定落到实处。

（二）切实坚持党建引领，推动常委会依法履行职责

一是推动构建更加有效的全区治理体系。持续推进河东河西协调发展、商业服务业转型升级、强化基层社会治理三项议案办理，精准发力、补齐短板；结合顺义实际，组织开展物业、生活垃圾管理及街道办事处条例三项执法检查，广泛征求人大代表、社区群众的意见建议，及时反馈相关部门，切实推动条例落地见效。区和镇街人大共组织 4350 人次各级人大代表开展视察、检查、调研、培训610 次，人大代表开展身边、路边和周边检查 2146 次，提出问题 459 个、意见建议 705 条。二是紧扣区域高质量发展，依法履行监督职责。利用预算联网监督系统加强对预算执行情况的审查监督，进一步推进预算监督向支出及政策拓展；围绕绩效管理，关注绩效目标设定、评估结果应用、全过程管理覆盖面、评价成本控制等问题，推进绩效管理工作开展，为审查预算执行情况报告做好准备；聚焦优化营商环境，深入镇街、企业走访调研、听取意见，开展专题询问，助推本区营商环境不断改善；围绕"五年以上未竣工项目"连续第三年开展视察调研，推动项目取得实际进展；围绕法治顺义建设，听取和审议区政府法治建设情况的报告，促进政府不断提升依法行政意识和能力；听取和审议区法院关于开展扫黑除恶专项斗争情况报告，提出意见建议，为营造安全稳定的社会环境贡献人大智慧；协助市人大开展 22 部法律法规的意见建议征集工作，提出意见建议 833 条，完善征集、汇总、反馈工作流程，为全市立法工作贡献顺义人大力量。三是紧扣群众"七有""五性"等民生问题开展监督。听取和审议区政府关于顺义区 2020年为群众拟办重要实事项目安排情况的报告，同意区政府实施 28 项重要民生实事项目并督促落实，切实推动保障和改善民生；围绕新高考政策背景下本区教育教学质量提升，组织主任会议成员专题调研，并邀请市教育科学研究院专家参加，提出建设性意见，推动全区教育事业取得新发展、新成效；围绕全国文明城区创建，发挥常委会组成人员和代表的引领示范作用，从自身做起，宣传引导发动身边群众，为文明城区创建作出应有贡献；围绕提升农村人居环境、推进美丽乡村建设、河长制工作落实情况等，开展调研、审议，不遗余力推进群众居住生活环境改善。四是充分发挥代表主体作用，推动代表工作迈上新台阶。完善家、站建设标准，形成"五级意见建议收集反馈机制"，规范议案建议督办流程，畅通了社情民意反映渠道；采取视频集中授课方式组织基层人大代表培训，持续提升代表履职能力。

（三）加强常委会自身建设，增强人大工作整体实效

深入落实区委第四次人大工作会议精神，依法成立社会建设委员会，加强对社会领域事项监督，为改善民生、促进基层社会治理奠定基础；召开人大政府工作对接会，为巩固落实区委决策部署、推动代表议案建议办理、监督工作开展等

奠定坚实基础；围绕区委重点改革任务、物业条例实施，分别开展了协管员队伍建设及物业管理两项课题调研，从人大视角提出对策建议，为区委决策、政府改进工作提供参考。

二、法治政府建设

（一）依法全面履行政府职能

坚决落实疫情防控措施。出台《顺义区进一步打好疫情防控阻击战支持企业"控疫情、稳增长"的若干措施》，强化对企业的服务保障。积极优化政务服务。全区实现 3000 余事项"不见面"审批，覆盖率达 77%，推出 86 项政务服务告知承诺事项，材料压缩率 31%。建成政策服务专区及电脑 web 端政策兑现服务平台，在全市率先应用"区块链+电子证照"。加强公共资源交易中心建设，实现交易服务"一门受理"。

（二）推进依法科学民主决策

出台《北京市顺义区人民政府关于全面推行行政规范性文件合法性审核机制的实施意见》，进一步加强合法性审核工作，上报备案的规范性文件无被纠正或撤销的情况。落实重大决策程序制度，邀请专家解读《重大行政决策程序暂行条例》，全年 10 件重大行政决策均经过合法性审核和集体讨论决定。提升政府合同的监管能力水平，共事前审查合同 7292 件，事后备案合同 1722 件，提出意见建议 9010 条。

（三）强化对行政权力的监督

自觉接受人大、政协监督。区政府积极接受区人大及其常委会的法律监督和工作监督，自觉接受区政协的民主监督，按时办结人大代表议案 128 件、政协委员提案 173 件，满意率均达到 100%。全面加强政务公开，完成全区 2020 年政务公开全清单的调整更新和公布利用，共梳理政府信息公开事项 3431 项。建立健全政务舆情收集、研判、处置、回应机制。规范依申请公开工作，强化监督考核。

（四）依法有效化解社会矛盾

全年共审理行政复议案件 509 件，其中新收 461 件，新收案件同比增长 31.7%；审结案件 506 件，纠错率为 42%。新收以区政府为被告的行政诉讼案件 142 件，共审结 162 件（含 2019 年转结 48 件）。积极发挥"领头雁"作用，全区各级行政机关负责人共出庭 207 人次。

（五）全力做好接诉即办

推动"接诉即办"向"主动治理、未诉先办"转变，开通市民热线系统，职能分析、及时解决群众诉求，全年共受理 12345 市民热线群众诉求 26 万件，解决率由年初的 77% 上升到 92.1%，满意率从 85.2% 上升到 92.2%，"三率"综合成绩全市排名第五。提升基层治理水平，持续推进社区减负，精简 70 余项表格、取消 102 块牌子，将各类证明精简为 3 项。

三、审判工作

2020 年，顺义区人民法院共受理各类案件 37 771 件，同比下降 18.4%，审结 35 391 件，结收比为 100.2%，结案率为 93.7%，持续保持良好审判态势，获评"全国文明单位"称号。

（一）全力推进平安顺义建设，主动支持依法治区

一是严惩各类刑事犯罪。审结刑事案件 1121 件，严惩危害生产安全犯罪，妥善审结"12·3"燃气爆炸事故案，遏制安全生产责任事故的发生。远程审理曲某假卖口罩诈骗案，审结全市首例涉境外输入病例黎某妨害传染病防治案，切实维护好人民群众健康安全。严惩危害食品药品安全等涉民生领域犯罪案件 14 件 18 人，保障老百姓"舌尖上的安全"。严惩破坏市场经济秩序犯罪，审结非法吸收公众存款等犯罪案件 24 件，涉及投资人 3000 余人，涉案金额 10 亿余元。严惩危害群众生命财产安全犯罪，审结故意杀人、抢劫、强奸等暴力犯罪案件 49 件 58 人。

二是支持和促进依法治区。受理行政案件 684 件，同比下降 16%，其中拆违类案件 321 件，同比下降 20%。依托行政争议化解中心，实行案前调解，编写 29 类行政争议便民提示，妥善解决行政相对人实际诉求，经法院协调和解撤诉案件 149 件。持续推进行政机关负责人出庭应诉，应诉率达 58%，同比增长 11%。深化司法与行政良性互动，落实府院联动常态化机制，连续 8 年发布行政审判白皮书，为区内 50 余家行政机关举办线上培训，助推政府依法行政能力提升。

（二）精准聚焦中心工作，主动服务保障经济高质量发展

一是服务法治化营商环境。审结涉公司治理和股东权利纠纷案件 503 件，引导市场主体信守法治规则，促进民营企业做多做强。审结破产案件 21 件，引导"僵尸企业"有序退出市场，助推供给侧结构性改革。运用调解、执行和解等方式妥善化解因疫情引发的矛盾纠纷，引导各方共担风险、共克时艰。针对企业复工复产现金流紧张等困难，开通涉疫情重点案件绿色通道，仅用 3 小时就为参与小汤山医院改建工程的当事人依法解除房屋查封，帮助其顺利办理银行贷款，助力抗疫医院改建工程顺利推进。准确预判疫情期间首都机场涉租金类纠纷多发的趋势，提前介入释法说理，促成 300 多家企业与机场就租金问题达成共识。

二是服务保障"六稳""六保"工作。首次发布《劳动争议案件审判白皮书》，助推构建和谐稳定的劳资关系。为确有困难当事人发放司法救助金 260 万余元，对一名身患癌症的急困当事人提供先行救助 5 万元，缓解当事人燃眉之急。开展"六稳""六保"工作专项执行行动，为涉民生案件开辟绿色通道，年

内执结涉民生案件 1544 件，发放案款 9600 万余元。在"双十一"期间，精细化管理失信惩戒措施，在确保物流企业正常派单的同时，将 107 名快递小哥的 600 万余元工资款执行到位。

三是服务保障"平原新城"发展建设。依法保障重点项目有序推进，妥善处理海南中和集团征地补偿系列案件，实质性化解 600 余亩土地腾退补偿纠纷，为冬奥会道路管线配套工程等 4 个项目顺利施工清除"最后一公里"障碍，该案例入选北京法院为北京冬奥会筹办提供司法保障优秀案例。妥善审理涉拆除"农业种植大棚房"违法建设而引发的 43 起行政赔偿纠纷，有效保障"疏整促"专项行动顺利开展。审结温榆河河道占地侵权案，遏制以看护为名占用河道土地的非法行为，腾退 280 亩河道土地，助力温榆河环境秩序整治升级。

（三）持续深化改革创新，主动融入市域社会治理现代化建设

一是巩固"基本解决执行难"成果。受理执行案件 13 434 件，同比增长 5.1%。用好用足强制执行措施，有财产可供执行案件的法定期限内执结率为 99.3%。加大失信惩戒巩固和拒执打击力度，纳入失信被执行人名单 6893 人次，限制高消费 7667 人次，限制出境 63 人次，实施司法拘留 18 人次，以非法处置查封、扣押、冻结的财产罪追究 2 人刑责。着力解决疫情期间财产变现难，通过 VR+直播带货等新形式进行财产拍卖，拍卖成交金额 2.8 亿元，溢价率达 118.1%，为当事人节省佣金 899.7 万元。二是推进两个"一站式"建设。打造集立案、诉讼服务、信访接待等多种功能于一身的立案诉服大厅，更好地满足群众的诉讼服务需求。健全多元解纷机制，形成普通案件前端快调速审、疑难复杂案件后端细审精判的审判工作新格局，运用"多元调解+速裁"机制结案 14 997 件，21% 的民事法官化解了 77% 的民商事纠纷。疫情期间，大力推进司法审判"云模式"，在线立案 5118 件，民商事案件电子送达 43 518 次，线上开庭 9497 件，开庭总时长 9100 小时，确保审判执行工作"不停摆"。推进民事诉讼程序繁简分流改革，简易程序适用率 74.6%，小额诉讼程序适用率 12%，简易程序、小额诉讼程序适用率合计同比增加 9%，独任制适用率 95.5%，同比增加 18%，实现纠纷便捷、高效化解。

四、检察工作

2020 年，顺义区人民检察院受理各类审查逮捕案件 595 件 839 人、审查起诉案件 1200 件 1495 人、其中批准逮捕 434 件 568 人、提起公诉 1087 件 1306 人，获第七届"全国先进基层检察院"称号。

（一）充分发挥检察职能，为经济社会发展大局服务

一是主动服务疫情防控大局。坚持疫情防控与检察工作两手抓、两不误。办理了社会舆论高度关注的黎某妨害传染病防治案，及时引导侦查、夯实证据，充

分释法说理，最终被告人自愿认罪认罚。加强对外籍犯罪嫌疑人指定居所监视居住的监督，联合有关单位对社区矫正对象离京返京情况开展专项检察。选派 24 名党员参加区志愿服务队，下沉社区参加疫情防控工作，2 名同志分别被所在社区评为"在职优秀共产党员"和"最美抗疫先锋"。

二是积极服务"六稳""六保"。坚决打击破坏金融管理秩序的涉众型犯罪，办理非法吸收公众存款案件 42 件 84 人，涉案金额 6 亿余元，涉及投资人 1800 余人。坚决打击扰乱市场秩序、侵犯知识产权等犯罪，批准逮捕 76 人，提起公诉 78 人。办理一起公证债权文书执行监督案，发现被执行公司据以承担责任的文书不能作为执行依据，及时与区法院沟通，解除对该公司存款 1600 余万元的冻结，维护企业的合法权益。对一起检察机关已抗诉的涉民营企业案件，为避免出现执行回转难等问题，首次提出暂缓执行检察建议，得到区法院采纳，保障当事人合法权益。

三是扎实推进反腐败斗争。审查区监委移送的贪污贿赂犯罪案件 5 件 5 人，依法提起公诉 3 件 3 人，改变管辖 2 件 2 人。与区纪委监委就进一步加强线索通报移送等工作会签文件，向区纪委监委通报党员、公职人员涉嫌犯罪案件 20 件，移送涉嫌违法违纪线索 2 件；首次受理区纪委移送的套取专项补贴资金 78 万余元的公益诉讼线索 2 件，督促相关行政机关依法追缴被套取的资金。

四是用心做好未成年人检察工作。做好法治副校长工作，有针对性地开展法制宣传教育 13 次，推出普法云课堂 7 期，受到师生好评。持续推进最高人民检察院关于防治校园性侵害"一号检察建议"的落实，与区教委建立督导检查等协作机制，维护校园安全和未成年人合法权益。

五是立足检察职能参与社会治理。践行新时代"枫桥经验"，全年受理群众来信 319 件，来访 832 人，电话、网络信访 863 件。立足检察职能开展"十进百家、千人普法""宪法宣传周"等活动，全年开展普法宣传 37 次，受众 1 万余人。针对办案中发现的燃气安全等社会治理问题，向有关单位发出检察建议 10 份。

（二）主动适应时代发展，扎实履行法定检察职责

一是努力做优刑事检察。追捕漏犯 9 人，追诉漏犯 59 人，56 人已获法院有罪判决。深入推进认罪认罚从宽制度实施。认罪认罚案件适用率达到 86.64%，提出量刑建议被法院判决采纳率 99.63%。加强刑事诉讼监督。监督公安机关立案 34 件 35 人，监督撤案 46 件 49 人，对侦查活动提出书面纠正意见 10 件。依法提出抗诉案件 4 件。开展驻看守所检察 275 天次，社区矫正监督检察 28 次。

二是努力做强民事检察。办理民事诉讼监督案件 33 件，向上级院提请抗诉 3 件，上级院均提出抗诉，法院经过再审，采纳检察机关意见，对上述案件裁定撤

销原判，发回重审。对一起民间借贷纠纷申请监督案，通过公开听证方式促成当事人和解，并于当日执行完毕，取得良好效果。

三是努力做实行政检察。依托行政诉讼监督，针对行政机关申请强制执行超过法定期限等问题开展类案监督，促进依法行政。探索行政争议实质性化解，立足检察职能，对一起业主反映强烈的住宅小区内违章建筑案开展工作，促使问题得到妥善解决。

四是努力做好公益诉讼检察。立足服务区域经济社会高质量发展履行公益诉讼职责，全年审查公益诉讼线索 17 件，其中行政公益诉讼立案 15 件，发出诉前检察建议 11 份。

（三）自觉接受外部监督和强化内部监管，确保检察权运行规范高效

就"未成年人检察工作情况"向区人大常委会作专题汇报。邀请部分民营企业代表参加"服务'六稳''六保'、护航民企发展"主题开放日活动。探索公开听证工作，对 5 件案件举行公开听证，取得良好效果。全面提升办案质效，构建与新时代检察工作相适应的绩效考评体系。

五、司法行政工作

（一）统筹推进法治建设，切实履行法治保障职能

一是强化统筹协调，扎实推进依法治区各项工作。组织召开区委依法治区委员会和区委依法治区办公室会议，研究部署 2020 年全面依法治区重点工作，完善相关工作制度，健全依法治区工作机制。统筹全区法治资源，在法治轨道上统筹推进疫情防控、企业复工复产工作。

二是强化合法性审查，全面提升重大行政决策质量。完善合法性审查机制，研究起草《顺义区重大行政决策程序暂行规定》。完成 271 件拟以文件形式及区政府议题的审核工作，对区政府依申请信息公开的 78 件答复进行了法律审核，审核各类政府合同 6130 件，提出意见建议 7772 条。

三是强化执法监督，持续推进法治政府规范化建设。组织召开全区依法行政大会，对全年法治政府建设工作作出部署。着力提高领导干部法治思维能力，组织区政府常务会会前学法 4 次，举办依法行政专题研讨班 2 期，专题法治讲座 2 次。协调推进综合执法改革，研究制定《镇街综合执法改革相关工作任务分解方案》，建立联席会议机制，有序推进执法权交接。持续推进行政执法 3 项制度，对执法单位执法公示信息、执法案卷、法制审核目录清单等事项逐一督察，对落实不到位的单位，逐项督促按时完成整改。

四是强化复议应诉，切实提高案件办理水平。以北京法院云法庭审判模式为依托，充分利用网络平台，实现应诉模式从线下到线上的转变。组织编制《行政复议应诉典型案例汇编》，对行政机关常见败诉问题进行归纳，针对性地提出了

完善建议。

(二)丰富公共法律服务供给,加快推进法治社会建设

一是突出重点,有序推进法治宣传工作。将宪法宣传与健康生活、冬奥会筹备、文化建设、公益服务等相结合逐项推出知识竞赛、马拉松挑战赛、残疾人冰雪嘉年华、书画笔会、农民工法律服务等主题活动,国庆期间法治日报微博播出我区献礼片,12月4日《法治日报》第二版刊发我区宪法宣传成果,其融媒体同步播出区说"宪"视频,区宪法宣传工作得到充分肯定。以"线上+线下""内宣+外宣"形式推出"云课堂"、线上法律知识竞答、普法播报、顺义时讯法律知识问答等系列活动,其中4万余人在线学习"云课堂"、10万余人参与知识竞答、"疫情防控 顺顺说法"10集宣传片累计播放万余次,以法治方式引导群众坚定信心,依法支持配合疫情防控工作。以116期《民法典》解读、百问百答、在线访谈为主脉全方位推出宣传片、线上竞答、普法讲座、主题漫画普法宣传册等多形式《民法典》宣传活动,实现《民法典》学习宣传广泛覆盖。着眼开展野生动物保护、生活垃圾分类等与群众生活密切相关的五部条例法规宣传,推出"'顺顺'和您一起学'条例'"主题课程、发放18万册宣传资料,累计4万余人次参与云端学习,实现新法新规全面走进群众生活。围绕国家安全日、"扫黑除恶"等重要节点、重点工作,累计制作专题宣传片48部、征集普法微视频31部、开展线上普法活动63次、发放宣传品10万余份,惠及群众100余万人。以国家工作人员、青少年学法用法为重点,贯彻《国家工作人员学法用法制度》,将法治教育全面融入学校升旗仪式等校园活动,累计发放小黄帽、法治笔袋65 000个,覆盖全区48所中小学校。

二是促进提质增效,加强公共法律服务的统筹。制定出台《顺义区关于落实〈北京市关于加快推进公共法律服务体系建设的若干措施〉实施方案》,统筹安排提高公共法律服务质效的各项工作任务。研究制定《顺义区司法局提升"七有""五性"工作方案》,着力提升"七有""五性"工作质量。

三是积极作为,全面提升法律服务水平。利用"三八妇女节""全国助残日"等重要节点,积极开展法律服务专项维权活动374场次,现场提供法律援助咨询服务447人次,发放各种宣传材料47 400余份,开展各类线上线下讲座415场。全年高质量办理法律援助案件555件,其中民事法律援助案件214件,刑事法律援助案件341件,解答来电来访法律咨询11 800人次,区"12348"法律专线工作突出,4次受到市法援中心"148"通报表扬。助力中小微企业渡过疫情影响难关和稳定发展,组建律师服务团,为中小微企业编制《疫情防控期间50个法律问答》《疫情影响期间企业应用手册》等书籍,走进民营企业开展"法治体检",主动为中小微企业提供法治服务,有效解决企业面临的法律问题。

（三）健全矛盾调解机制，维护社会和谐稳定

一是持续加强矛盾纠纷排查化解。紧紧围绕全国"两会"、十九届五中全会等重大活动安保开展专项矛盾纠纷排查化解 16 次，对基层司法所进行督导检查 25 次，切实维护特殊时期社会和谐稳定。积极开展涉疫情、涉企矛盾纠纷专项排查化解，做好涉疫情矛盾纠纷排查化解和法律法规的宣传，走访排查企业 703 家，调解因复产复工导致的矛盾纠纷 9 件。

二是推动完善多元化解机制。加强诉调对接，与法院联动合作，落实特邀调解制度，推动"特邀调解+司法确认"体系形成。组织编写《行政调解职权清单》，进一步规范行政调解行为。

三是积极推进"六清"行动，全面谋划"六建"工作。及时组织召开专项工作推进会议，研究印发实施方案，进一步推进问题整改、挖掘典型案例、固化政策措施、形成长效机制，维护区域和谐稳定大局。

六、治安工作

（一）坚持严防严控、全警全力，慎终如始持续推进疫情防控

一是严密外围查控防线。按照"逢车必查、逢人必核、逢人必测"查控措施，在辖区外围检查站及数十个乡村卡口持续启动一级查控勤务，累计盘查检查车辆 348 万余辆、人员 681 万余人，劝返、分流疫情警示信息人员 11.2 万余人次，切实筑牢了外围防线。二是严密重点部位防控。会同区卫健委指导医院、核酸检测点、安置隔离点落实高等级防护要求，确保秩序良好。落实社区联防联控措施，实现了全区 279 个小区、359 个村庄 100%封闭管理。面对新发地批发市场发生聚集性疫情的紧急情况，强化顺义区石门市场的排查管控，严防疫情蔓延。针对年底本区出现多点散发病例的严峻形势，第一时间进入战时状态，投入警力 5000 余人次，累计完成全区 370 个检测点、170 余万人次的核酸检测，确保了全覆盖不遗漏，保障了 18 处涉疫封控点位的安全稳定。三是严密处置涉疫敏感案件。始终紧盯涉疫敏感案事件不放松，侦办相关涉疫案件，及时回应了舆论关注，确保了全区防疫秩序始终良好。

（二）坚持敏感敏锐、积极应对，坚决捍卫政治安全和社会稳定

全局上下准确把握面临的突出风险隐患，坚决落实各项反恐维稳措施，确保社会大局持续稳定。紧紧围绕全国"两会"、十九届五中全会等重大活动安保工作，聚焦主线、科学谋划、狠抓落实，圆满完成"以面保点"任务。特别是针对十六届北京国际汽车展览会这一疫情期间全市举办的最大规模展会，分局坚持"防疫安全、人员安全、活动安全、面上安全"四位一体推进，投入警力 2.3 万人次，接待观展人员 40.5 万人。强化舆情引导，搜集上报各类舆情信息 820 余件，启动"7+X"舆情处置机制 11 次，撰写新闻通稿 17 篇，确保了全年舆情整

体平稳。

（三）坚持全面部署、一体推进，持续提升打防管控工作效能

紧密依托"平安系列行动"等专项行动，严打各类违法犯罪。全年分局百警刑拘、百警治拘均排名全市第1位，百警破案排名第3位。一是不断提升打击破案效能。始终保持对重大、敏感案件快侦快破，八类、九类案件破案率达到90%以上。紧盯电信诈骗犯罪，打掉团伙9个；成功打掉全市第一个跨境洗钱犯罪团伙，为市局打击非接触类网络犯罪积累了宝贵经验。加强行刑衔接，破获"食药环"案件17起。不断做实做强刑事技术手段，破获命案积案5起；自主构建了以证据溯源及人员落地为一体的电信诈骗类案件分析取证模式，助力侦破多起案件并在全市推广。二是不断提升综合治理能力。坚持共建共治共享，围绕高丽营、后沙峪等治安复杂地区集中攻坚打整，挂账地区治安秩序显著好转。坚持"掏窝点、打团伙"，有效净化了治安秩序。三是不断提升安全监管水平。启动联动执法模式，对全区涉隐库房类违法建设分类、分批开展常态化安全隐患排查整治。以预防交通事故"减量控大"为主线，交通事故起数、伤亡人数和财产损失均同比大幅下降。深入推进危爆物品监管，实现了危爆物品"不丢失、不被盗、不被抢"。强化行业场所和内保单位安全检查，加大大型活动监管力度，督促落实管理责任。四是不断提升基础防范水平。加大基础防控、宣传防范、视频巡控、街面阵控力度，全面提升社会面治安整体防范水平。开展宣传防范1.8万次，走访出租房屋105.7万余间，检查流动人口136.7万余人次，三类可防性案件立案同比下降68.9%，110街头类警情同比下降14.1%。

（四）坚持创新实践、夯实基础，构建社会治安治理新格局

坚持大抓基层、大抓基础导向，全面推进立体化、信息化社会治安防控体系建设。一是提升指挥系统综合保障能力。深入推进全局110接处警专项整治，全局出警平均速度由15.4分钟提升到7.7分钟，110警情反馈合格率达到100%。高效推进22个派出所指挥室升级改造，全部达到市局验收标准。发挥平安办牵动引领作用，推动系列专项工作有效开展。着眼全局中心，扎实做好调研、保密、公务用枪、实弹射击、警力抽调、新闻宣传等基础工作。二是提升科技信息化水平。依托区"雪亮工程"项目，确保全区重点部位视频覆盖率达到100%。三是提升社区智能化管理水平。将智慧平安小区建设纳入区政府为民办实事重点项目。

（五）坚持严格规范、前置保障，全力提升公安机关执法能力水平

一是深化案件帮扶指导。加强案件办理指导，全面审核案件证据，借助公检联席平台强化沟通会商，畅通打击处理渠道，建立"刑事速裁法庭"，推行认罪认罚案件48小时全流程运转模式；积极推进行政案件快速办理机制，各项工作

取得明显成效。二是深化执法规范化建设。审查重点警情3.3万余件，问题量由少至多排名全市第二。扎实推进政法办案智能管理系统试点工作，应用质量稳居市局前三。三是深化执法为民理念。不断深化"放管服"改革，提升窗口服务水平，全年共审批市外进京户口919件，受理居民身份证5.4万件、出入境证件1.7万件，办理车务手续8.1万件。完善12345"接诉即办"工作机制，响应率、满意率、解决率均稳步提升。四是深化"五型监所"创建。看守所严格落实勤务运行模式，实行闭环式管理，确保了监所内部工作人员和在押人员"零感染"。有序推进拘留所新建工作，于12月1日起正式投入使用。

七、顺义区2020年法治建设特色和亮点

（一）区人大常委会以规范性文件备案审查为抓手，不断提升监督实效

区人大常委会不断加强规范性文件备案审查工作，换届以来累计审查规范性文件27件，按照"有件必备、有备必审、有错必纠"的要求，实现备案审查工作从量变到质变的提升。

一是抓日常工作，健全机构、配强人员、明确职责。区人大党组高度重视备案审查工作，每年度专题听取工作汇报，按照市人大的统一部署，修订了备案审查办法，进一步明确审查范围、落实责任、细化程序。

二是抓调查研究，摸清情况、找准问题、明确方向。将规范性文件备案审查专题调研纳入常委会年度重点工作。今年以来，以走访、座谈会等形式详细了解本区规范性文件备案审查工作情况，摸清底数，为专题调研奠定基础。同时，委托本区一个律师事务所和中国政法大学法治政府研究院一名专家对本区下发的105件文件和27件规范性文件进行审查。通过探索律师+事务所的备案审查模式、运用信息化手段开展备案审查、健全工作机制。

三是抓制度建设，充实力量、配强人员、完善机制。按照市人大的工作部署，继续修订完善本区规范性备案审查办法，进一步拓宽备案审查范围、完善备案审查程序，对"一委两院"规范性文件纠错程序作出单独规定。建立常委会听取审议备案审查工作报告制度。

四是抓信息化建设，搭建平台、强化外脑、提升能力。按照市人大统一部署做好全市备案审查信息平台的普及工作，按照"两级建设、多级使用"的要求，组织相关部门人员对平台使用进行培训。推动区政府行政规范性文件备案平台建设，建立审核备案信息化管理平台。提升常委会机关备案审查能力，加强对备案审查领域相关法律法规的学习。探索建立备案审查衔接联动机制，推动行政监督与司法监督形成合力。加大对规范性文件备案工作的监督力度，提高规范性文件备案率。

（二）区人民法院诉源治理新模式

2020年，区人民法院坚持把非诉讼纠纷解决机制挺在前面，创新发展新时代"枫桥经验",打造诉源治理顺义模式,民商事案件量同比下降35.9%,相关调研成果得到市委书记蔡奇批示肯定。围绕基层司法需求,构建法院版"接诉即办"工作机制,依托12368诉讼服务热线,对来自基层党委政府等治理主体的各类司法需求,实行"一号受理""接诉即办",提供精准司法服务。针对养殖业清退的司法需求,立足如何分割赔偿款项等争议焦点,及时开展走访调研、风险研判,提供法律指导意见,促成100余名村民与养殖户就清退补偿达成一致意见。分析20年来物业纠纷的发展变化并形成调研报告,推动出台全区物业纠纷诉源治理的实施意见,明确物业公司和业主权责,物业纠纷收案数下降80%。

(三)区人民法院创新"翼"处置模式

为破解疫情期间异地财产处置难题,在全国首创异地执行财产"翼"处置模式,创新异地执行举措,出台《异地财产"翼"处置工作规范手册》。有效整合淘宝网旗下遍布全国的司辅机构资源,将异地财产处置过程中的辅助性事务委托当地的司辅机构办理。截至12月31日,法院委托办理案件近100件,涉及海南、宁夏等20个不同省份的110套房产,平均办理时间不足5天,使异地财产处置时间缩短2/3。相关经验做法获得最高人民法院充分肯定并入选北京法院第二届司法改革"微创新"优秀案例。

(四)区人民检察院持续加强生态环境和资源保护,做好公益诉讼检察

以农村村居环境治理为切入点,针对违规收纳建筑垃圾和生活垃圾等问题,向属地政府发出诉前检察建议,督促清理固体废物2.9万余吨。结合辖区内有禁止垂钓的增殖放流水域的区域特点,督促属地政府和有关行政机关对非法垂钓加大执法力度,建立长效机制,保护区域水环境和渔业资源。开展"公益诉讼守护人民群众美好生活"专项活动,聚焦部分村镇集中式供水水源井违规供水问题,发出诉前检察建议,推动改善农村饮水质量,维护人民群众生命健康安全。依托"12345"便民服务热线,针对群众反映突出的铁路沿线火车噪声污染问题开展工作,与行政机关协同发力,推进环境噪声治理,提高人民群众幸福感。加大对国有财产的保护力度,针对服刑人员违规领取养老保险金问题进行监督,督促相关行政机关加强监管,挽回国有财产损失19万余元。办理全市首例新能源汽车充电站运营安全领域公益诉讼案件,维护人民群众生命财产安全。联合北京军事检察院对烈士纪念设施保护管理情况开展调查,发出诉前检察建议,捍卫英雄烈士荣誉与尊严。

(五)顺义公安分局强力推动涉外人员及企业"放管服"改革措施落实落细

一是推进新政落地,助力引才引智工作。北京不断推出实实在在解决企业和外籍人才需求的移民出入境政策措施,为本市引进和留住外籍人才提供了更加优质便捷的出入境软环境。顺义分局加大对外籍人员办理永久居留业务宣传力度,

让更多涉外单位和外籍人才享受政策红利。2020 年，顺义区共办理永久居留身份证 75 个，其中为符合北京市服务业扩大开放综合试点示范区外籍高层次人才及达到积分评估标准人才办理永久居留身份证 16 个。

二是主动衔接，全力承接外国人普通签证及停留证件受理工作。2020 年年底，顺义成为全市首批受理全部外国人普通签证及停留证件的"试验区"。签证业务的下放进一步扩大了顺义外国人服务大厅外籍人员服务群体，为全市外籍人员提供了业务办理的便利。

三是助力防疫阻击战，服务支撑涉外企业复工复产。在境外疫情不断飙升的情况下，全体窗口工作人员面对外籍申请人"不退缩"，坚持窗口服务"不打烊"，主动推送国家移民管理局和北京公安出入境微信公众号，开展点对点防疫提示宣传，开通证件办理绿色通道，优化办理流程，2020 年共受理居留许可 2222 件。全体工作人员全力以赴，助力打赢疫情防控的阻击战，进一步提升了服务水平，擦亮首都公安出入境服务品牌。

大兴区法治建设报告

2020 年，是全面实施"十三五"规划、全面建成小康社会的重要一年。在区委区政府、区委政法委的坚强领导下，大兴区认真贯彻党的十九大和十九届二中、三中、四中、五中全会精神，深入学习习近平总书记系列重要讲话精神，紧密围绕"服务党和政府中心工作、服务法治实践、服务广大会员、服务人民群众"的工作主线，发挥区法学会职能作用，深入推进群团改革工作，各项工作在改革中发展、在创新中提高、在探索中进取，取得了新的成效。

一、人大法治保障和监督工作

2020 年，区人大常委会深入学习贯彻习近平法治思想，认真开展法律监督，扎实推进依法行政、公正司法，建设法治社会。在区委的领导下，认真贯彻落实市委、区委全会精神，认真执行区五届人大六次会议决议，坚持同心、同向、同步的工作原则，凝心聚力，开拓创新，依法有效履行职能，为坚持和完善人民代表大会制度，推进"新国门·新大兴"建设，做出了积极贡献。一年来，共召开人大常委会会议 7 次，主任会议 12 次，主任专题会议和代表专题会议 4 次，组织执法检查、视察 24 次，开展专题调研 6 项。听取审议"一府两院"工作报告 23 项，提出审议意见 110 余条，依法作出决议决定 7 项，任免国家机关工作人员 39 人次，圆满完成了年初确定的各项工作任务。

（一）认真开展执法检查，推动法律法规贯彻实施

人大常委会启动《北京市生活垃圾管理条例》和《北京市物业管理条例》执法检查。进一步完善执法检查工作机制，形成区、镇街人大协同组织，市、区、镇三级人大代表 1000 余人广泛参与，市人大专家全程指导的执法检查工作格局。突出代表主体作用，支持引导人大代表围绕身边、周边和路边事，开展明察暗访，覆盖全区 20 个镇街 230 余个村庄社区。人大常委会汇总问题清单，集中组织 4 次督办督查。政府及有关部门积极整改，及时反馈办理结果，生活垃圾源头减量、分类收纳处理设施建设、清运处置、业委会（物管会）组建、物业

资金监管等方面问题得到有力推动和有效解决。协助市人大常委会对《中华人民共和国野生动物保护法》《北京市街道办事处条例》实施情况进行检查，保障了法律法规在全区的有效实施。

（二）加强对审判工作的监督，维护社会公平正义

人大常委会听取审议了区人民法院关于刑事审判工作情况的报告，支持审判机关推进刑事审判繁简分流、轻重分离、快慢分道，努力提高刑事审判质量、效率和效果；深入贯彻落实宽严相济刑事政策，切实把好案件事实关、证据关、程序关和法律适用关，做到宽严有据、罚当其罪。

（三）加强对检察工作监督，努力提高司法效率

听取审议区人民检察院关于认罪认罚从宽制度适用情况的工作报告。督促支持检察机关健全完善制度，明确不同阶段不同程度情节的从宽幅度使用；严把标准关，确保认罪认罚的自愿性、真实性和合法性；严把权利关，充分保障涉案双方的合理诉求，切实保障被害人合法权益，促进矛盾的化解；严把效率关，不断优化司法资源配置、提高诉讼效率，为全区经济社会发展提供有力司法保障。

（四）加强法治社会建设，积极推进社区矫正法制化

支持区政府不断完善矫治措施，开展分段教育、分类矫治、心理矫治，确保教育转化精准有效；加强载体建设、强化科技支撑、打造过硬队伍，切实保障社区矫正工作稳步推进。强化规范性文件备案审查。一年来，人大常委会依法对《大兴区促进高精尖企业入区发展暂行办法》《大兴区关于进一步支持中小微企业应对疫情影响保持平稳发展若干措施》等6项地方性意见、办法进行了备案审查，维护了国家法制统一。

二、法治政府建设

（一）推进行政决策科学化、民主化、法治化

围绕区政府中心工作，为依法决策提供法律支持。加强制度建设，出台《北京市大兴区行政规范性文件管理办法》，通过明确行政规范性文件制定程序、审核机构、细化报审材料等要求，不断完善管理机制。持续强化行政规范性文件和重大合同审查工作，充分发挥法治参谋助手作用。2020全年审核区政府重大合同和行政规范性文件60余件。创新审查工作方式，采取专家评审的方式审查区内重要文件合同，律师、教授共参与审核20余次，出具审核意见100余条，不断拓宽审查广度、深度。依法防疫，为区政府疫情防控工作提供法律意见1件。加强重大行政决策合法性审核工作，针对决策承办单位履行程序不完备、对专家意见不能有效吸收等问题，在审核过程中，严格要求决策承办单位履行重大行政决策的公众参与、专家论证、风险评估、合法性审核、集体讨论程序，并对专家意见仔细研究有效吸收，不断提高大兴区重大行政决策科学性、民主性。大兴区

报送的重大行政决策案例在市级评选中并列第一。办理市级法规规章征求意见18件；为区长参加市政府常务会提供背景材料6次。依据市级要求开展大兴区涉及《民法典》相关行政规范性文件清理工作，维护法制统一。

（二）积极推进行政执法的规范和效能建设

1. 修订大兴区行刑衔接管理办法和工作联席会议制度。开展行政执法"三项制度"专项督查，推动执法信息全面公示、执法过程规范记录、重大执法决定全部纳入法制审核。

2. 推动各项执法改革工作落地。制定《北京市大兴区人民政府关于规范镇街行政执法工作的指导意见》，建立镇街行政执法责任制和行政执法提级管辖、指定管辖工作规则。

3. 不断提升行刑衔接工作水平。定期召开大兴区行刑衔接会商会和行刑衔接联席会。提升行刑衔接案件线上移送率，通过案件移送、会商移送等方式实现线上100%移送。

4. 2020年11月19日，区长在北京市大兴区人民法院出庭应诉1件，2020年11月27日，副区长参加市第二中级人民法院线上庭审出庭应诉2件，2020年12月28日，副区长参加市第四中级人民法院线上庭审出庭应诉1件。2020年，各行政机关负责人出庭应诉区法院审理案件总计101件，占审结案件的21%。显示了对法律的尊重，为推进本区行政机关负责人出庭应诉起到良好示范效应。

三、审判工作

2020年，大兴区法院新收案件39 852件，办结39 854件，同比均下降16.1%；结案数占新收案件数100.01%；法官年人均结案407件。

（一）刑事审判工作

新收刑事案件1569件，办结1559件，同比分别下降26.9%、27.3%。依法严厉打击妨害疫情防控、哄抬物价等犯罪行为，办结涉疫情刑事案件12件，判处罪犯13人，维护良好防疫秩序。保持对严重暴力犯罪、侵犯财产犯罪的高压态势，办结故意伤害、抢劫、绑架等案件584件。严惩涉众型经济犯罪，办结非法集资、电信诈骗等案件46件。准确把握宽严相济刑事政策，积极推进认罪认罚从宽制度与刑事速裁程序改革，办结认罪认罚案件1115件，适用刑事速裁程序办结案件916件。

（二）民事审判工作

新收民事案件23 888件，办结23 860件，同比分别下降21.6%、21.8%。依法保障人民群众安居乐业，办结涉及教育、就业、医疗、养老、消费、住房等各类民生案件12 157件。依法保障"三农"工作，办结农村土地流转、股份合作、产业发展等案件125件。依法平等保护各类市场主体，办结合同、公司、金融纠纷案件6250件。对于受疫情影响产生的买卖、租赁、服务等合同违约案件，注重运用和解、调解的办法妥善化解矛盾。与区妇联、区司法局、区民政局等部门共同构建妇女儿童维权"一轴多翼"多元化解家事纠纷机制，成立"巾帼家事调解室"，形成教育引领、调解优先、调判结合、当判则判的家事纠纷综合解决模式。

（三）行政审判和监督依法行政工作

新收行政案件642件，办结599件，同比分别上升3.7%、下降0.2%。依法保护公民法人权益，坚持合法性审查标准，行政机关败诉率15.0%。依法支持行政机关行使职权，审查支持行政非诉执行案件116件，有力支持行政机关"拔钉子"行动。通过协调方式解决行政争议32起，努力化解行政相对人和行政机关之间的纠纷。积极落实行政机关负责人出庭应诉制度，助力法治政府建设，全年负责人出庭应诉105人次。充分延伸审判职能，加强与政府法制部门、行政执法机关的经常性工作联系，通过发布行政审判"白皮书"、召开联席会议等方式，促进行政行为规范化，从源头上预防和减少行政纠纷。

（四）案件执行工作

新收执行案件13 753件，办结13 836件，同比分别下降3.5%、3.0%。完善线上线下财产查控手段与联合信用惩戒机制，让债权人权益得到有效兑现，依法公布失信被执行人信息438例，对7612人次限制高消费及有关消费。开展涉民生案件专项执行行动，执结相关案件1409件，执行到位金额5459.8万元。落实善意文明执行理念，最大限度降低对被执行人正常生活、生产经营的影响，让强制执行与保障发展有机结合，执行和解案件达到614件。探索执行案件繁简分流改革，简案快办、难案精办，速执团队全年办结案件4888件。建成投用新执行指挥中心和新执行事务中心，实现远程指挥、专线谈话、应急值守、数据监控等信息功能集成，助力执行工作继续高水平运行，朝着切实解决执行难目标迈进。

（五）对接疏解工作

全年新收涉疏解整治各类案件762件，办结761件。注重依法裁判与多元化解并重，妥善处理解除租赁、劳动争议、房屋腾退等相关案件，依法保障"疏解整治促提升"专项行动。

（六）接受人大、政协等各方面监督工作

认真落实区五届人大六次会议审议法院工作报告时提出的意见建议，邀请区人大法制委委员专题视察刑事审判工作，并向区人大常委会作专项报告。健全代表委员联络机制，利用线上连线等方式开展联络活动23场，邀请代表听取新闻通报、旁听庭审、见证执行。落实好人民陪审员制度，提请区人大常委会新任命

147 名人民陪审员，人民陪审员全年参审 4634 次。支持检察机关依法履行诉讼监督职责，认真办理回复检察建议，邀请检察长列席审判委员会会议 7 次。切实推进审判流程、庭审活动、裁判文书、执行信息依法全面公开，全年互联网公开裁判文书 24 227 份，应公开文书上网率始终保持100%，直播庭审 9663 场，司法透明度不断提高。

四、检察工作

2020 年，在区委和市人民检察院的正确领导，区人大及其常委会依法监督下，大兴区人民检察院以习近平新时代中国特色社会主义思想为指导，紧紧围绕疫情防控和区域经济社会发展大局，依法履行监督、审查、追诉基本职能，积极做好各项检察工作。

（一）刑事检察工作

第一，坚决维护区域安全稳定。2020 年共受理审查逮捕类案件 1019 件 1409 人，批准逮捕 644 件 816 人；受理一审公诉类案件 1583 件 1900 人，提起公诉 1468 件 1845 人。依法严厉打击危害国家安全、公共安全等刑事犯罪，办理组织或利用邪教破坏法律实施等危害国家安全类犯罪 4 件。依法办理了涉嫌盗窃、扰乱大兴国际机场经营管理秩序等案件，助力平安机场建设。依法审结"5·13"和"8·1"电信诈骗系列专案、"5·10"假冒茅台酒系列专案。依法办理"8·26"系列赌博案；聚众扰乱交通秩序、非法占用农用地案等大要案专案。

第二，严厉打击妨害疫情防控的违法犯罪。受理涉疫情审查逮捕类案件 8 件 8 人，批准逮捕 6 件 6 人；审查起诉类案件 16 件 18 人，提起公诉 12 件 13 人。提前介入 16 起涉疫情案件，依法办理了社会关注的涉嫌妨害传染病防治案。

第三，加大市场主体保护力度，促进优化营商环境。全年共受理经济犯罪审查逮捕案件 178 件 325 人，审结 179 件 329 人（含去年受理）；受理经济犯罪审查起诉案件 158 件 264 人，审结 161 件 351 人（含去年受理）。认真贯彻落实最高人民检察院"三号检察建议"，加强与相关部门的工作联络会商，共同做好金融风险防范和应急处置工作。办理的非法吸收公众存款案，获评全市检察机关金融风险防治精品案件。持续加强金融犯罪案件追赃挽损工作力度，共指导侦查人员挽回经济损失或自行追缴赃款赃物 6000 万余元。

（二）法律监督及公益诉讼工作

第一，着力提升法律监督质量和监督水平，推进依法治区建设。共受理立案监督 39 件，审查立案监督线索 64 件。充分利用派驻执法办案中心检察数据平台，监督公安机关立案 3 件、撤案 20 件。积极推进"行刑衔接"工作，建议行政执法机关移送涉刑案件 6 件，公安机关已立案 4 件。受理羁押必要性审查案件 102 件，立案 48 件，建议办案部门变更强制措施 41 件，被采纳 37 件。办理的孙某羁押必要性审查案件，获评北京市检察机关优秀精品案件。办理暂予监外执行提请审查案件3件，办理暂予监外执行决定审查案件2件。刑事执行检察发现违法违规线索38条，口头纠正26件，立案审查10件，制发纠正违法通知书8份。受理民事诉讼监督案件36件，受理民事虚假诉讼线索16条，办理4件虚假离婚诉讼案，向审判机关提出再审检察建议，均获采纳。办理行政检察案件7件，向审判机关提出改进工作类检察建议书1份，向相关部门提出口头建议6次，均被采纳。

第二，广泛凝聚合力，持续推进公益诉讼检察工作。受理公益诉讼线索26条，依法立案13件，发出诉前检察建议书11份，相关单位按期整改率100%。积极落实区委全面深化改革委员会审议并通过的《大兴区关于支持检察机关做好公益诉讼线索发现工作的意见》，推动公益诉讼检察工作纵深开展。精准助力打好"三大攻坚战"，同区生态环境局、属地政府一起推动旱河流域水污染治理，及时封堵涉案河道内的排污口，推动旱河污水处理站升级改造。区委、区政府主要领导分别批示，给予充分肯定。《检察日报》等媒体对此予以报道，取得了积极的政治效果、法律效果和社会效果。落实食品药品安全"四个最严"要求，推动全区部署开展规范保健品销售专项整治活动。在疫情防控常态化期间，紧盯食品检验检疫环节，联合相关部门，共同履职，形成监管合力，办理活禽宰杀、冷藏冷链食品安全案件，切实保障人民群众"舌尖上的安全"和疫情防控措施的落实。

五、司法行政工作

（一）坚持党建带队建，不断强化司法行政队伍党绝对领导的政治属性

坚持党建带队建，在完成重大任务中强化司法行政队伍党绝对领导的政治属性。

牢牢把握司法行政机关"首先是政治机关"本质定位，把落实"看北京首先要从政治上看"的政治责任贯穿到司法行政工作全过程。全面落实从严治党主体责任，不断提高党员干部拒腐防变能力。把意识形态责任制工作纳入局年度综合目标考评，以及班子成员民主生活会和述职报告的重要内容，与司法行政业务工作同步推进。认真落实党组理论中心组学习制度，2020年累计开展理论中心组学习活动18次。以党建为引领，全力打赢疫情防控战役，疫情期间先后安排16批200余人次参与全区各项疫情防控工作，3个集体和7名个人被北京市司法局评为疫情防控先进集体和先进个人，1人被北京市司法局记个人三等功，1人被司法部评为先进个人。加强行业党建工作，开展"坚持党的领导，履行公证职能使命"专题学习教育活动，规范公证法律服务。坚持"首题必政治"学习制度，对各律师事务所党支部书记全覆盖开展政治轮训，组织党员律师深入学习贯

彻习近平新时代中国特色社会主义思想，自觉做到旗帜鲜明讲政治。

（二）扎实开展社区矫正、安置帮教、人民调解相关工作，维护社会安全稳定

充分运用科技装备，发挥电子监管与手机定位互为补充的功能，提升矫正对象监管科学化、智能化水平。规范执法依法管理，对不服从社区矫正监督管理规定的矫正对象，及时予以教育惩戒。积极关切真情帮扶。对生活困难"两类人员"予以真情帮扶。

坚持发展"枫桥经验"，多方式、全方位开展矛盾纠纷排查化解工作，切实提升矛盾化解效能。2020年，大兴区各级人民调解组织调解案件总数8560件，调解成功8507件，调解成功率99.38%，涉及金额28.66亿元。其中镇（街）村（居）人民调解组织开展矛盾纠纷排查78 096次；调解案件总数1682件，调解成功1629件，调解成功率96.85%。加强人民调解经费保障和规范化运行，有效调动调解员队伍的履职规范性和工作积极性。会同区委政法委、区财政局、区民政局、区人保局等相关单位联合印发《关于加强人民调解员队伍建设的实施意见》，不断提高人民调解工作规范化水平。着力推进人民调解和司法确认工作，会同大兴区人民法院印发《推进人民调解和司法确认工作办法（试行）》，按照先行先试、逐渐完善、分步推进的原则在部分镇（街）试行。充分发挥"人民调解+司法确认"工作模式优势，高效化解矛盾纠纷，切实维护辖区稳定。

（三）坚持发挥法治宣传影响力，不断强化依法治区平台统筹协调能力

持续完善依法治区工作运行机制。将大兴区推进依法行政工作领导小组调整为委员会下设工作小组，形成一办五组的依法治区工作格局；适时变更委员会组成人员，保障领导机构工作顺畅。组织召开委员会会议2次，各小组会议4次，印发2020年度全面依法治区工作要点等文件21个，确保依法治区各项工作有序推进。

积极开展疫情防控法治宣传。制作、播放疫情防控主题普法微动漫宣传片9部，下发依法防控宣传海报、折页14万张，通过"大兴普法"微信公众号推送疫情相关普法文章320余篇，开展线上答题活动2次4期，惠及群众10万余人次。

全力营造全民守法普法用法氛围。出台第二批普法责任制清单；完成69个市级民主法治示范村自查工作；完成全区"七五"普法总结验收；开展创城主题法治宣传教育活动，举办普法直播课、法治讲座等讲法活动120余场，28 890人参与了法治宣传教育工作情况问卷调查；组织开展"法治动漫微视频"征集活动，推荐48部参赛作品中共有15部作品获得了市级奖项；围绕《北京市物业管理条例》《民法典》等法律法规，结合"6·26"国际禁毒日、"12·4"国家

宪法日等重要时点，开展"普法微课堂"、主题宣讲等多种形式的普法活动，2020年共开展普法讲座1853场次，覆盖人数424 683人次，开展线上培训1490场次，覆盖人数763 071人次。

（四）坚持司法为民，为全区提供高效优质公共法律服务

依托区公共法律服务中心、镇（街道）公共法律服务站、村（社区）法律服务室，2020年1月至12月共计为群众提供法律咨询服务13 981人次，其中解答来访咨询7532人次，12348电话咨询6449人次；公证咨询服务12 641人次、办理公证业务6355件；共受理援助案件917件（民事528件，刑事388件，行政1件）。全面落实刑事辩护全覆盖工作，提供法律帮助2092人次，其中审查阶段提供认罪认罚帮助1078人次，审判阶段提供法律援助全覆盖帮助1014人次。发挥村居顾问律师积极作用。为全区712个村、社区配备了157名村居顾问律师，全年共计提供法律咨询服务12 706人次、举办法制讲座269场次，发放法律宣传资料58 362份，代写法律文书832份，参与纠纷调解692次，对调解员等开展培训947人次，提供法律援助57件，帮助村居修订完善村规民约89件，为村居提供法律意见和建议531条。在春节、三八妇女节、全国助残日等节日及纪念日期间，开展农民工讨薪、妇女、残疾人、青少年、军人军属等专项维权宣传活动，开通维权绿色通道，完善服务措施，并针对行动弱势群体提供上门服务。活动期间，共开展专项宣传及讲座269余场，接待法律咨询7249人次，12348咨询5593人次，发放宣传材料19 000余份。

六、治安工作

2020年，大兴公安分局在区委区政府领导下，围绕保障地区经济建设发展和服务全区人民群众，积极组织局外相关行政执法力量和局内各职能部门，围绕疫情防控工作和黑车、散发小广告、自行车被盗、养犬管理等治安和秩序类问题，坚持落实责任，创新举措，打防管控建并举，维护了全区良好治安环境。

（一）回应群众期待，整治突出治安秩序问题

一是清整黑车及其他秩序类工作。巩固完善"9+1"规模清整机制，围绕领导关心和群众关注的黑车、克隆出租、散发小广告等街面秩序类问题，持续开展清整行动。共计开展区、镇街综合执法620余次，查扣黑车黑摩的、非法网约车400余辆，累计拘留分虫、黑车黑摩的等扰序人员154人，警告扰序违法人员1300余人次，罚款920笔。

二是打击盗销自行车工作。加强人、物、技防措施，协调相关单位在警情高发的居民小区、商市场、交通枢纽等重点部位增设自行车存车处，并设专人看管；对自行车存放集中的公共场所，协调相关部门及经营单位安装摄像探头并规范存车管理；对分析确定警情高发的小区，指导物业保安加强夜间巡逻，注意进

出小区的可疑人员，同时派出所打击小分队加强高发点位的蹲守打击力度；主动会同商务、工商、城管等部门依法取缔自行车非法交易市场和存在收赃销赃问题的自行车修理摊点，全局接报盗销自行车警情下降 24.8%。抓获违法人员打击处理率为 63.9%。

三是养犬管理工作。2020 年，按照市养犬办集中年检工作方案的统一部署和要求，结合大兴区实际，共办理登记年检犬只，收容、救治犬只 2300 只。

（二）强化管理服务，提高公安行政管理效能

一是从严从细从实做好各项活动监管和警卫工作。2020 年，治安支队牵动出动警力 11 000 人次，高效完成各类警卫任务 49 项 86 次。此外，稳妥保障了第 32 届大兴西瓜节、大兴区第三届龙舟大赛等 22 项 76 次大型群众性活动和 394 场次无需许可活动的安全监管。

二是严格烟花爆竹监管，落地落实禁放新规。2020 年，牵头区烟花办落实全行政区域禁放，看护和打击查缴工作取得成效；依托开展安全生产专项整治三年工作、涉气类危爆物品整治专项、危险物品隐患排查和安全管控专项、打击查缴非法烟花爆竹专项等工作，排查、检查相关企业点位约 3000 家次，发现整改各类问题隐患 21 处。

三是持续强化物流寄递、旅店等阵地管控。牢记"以反恐防恐为第一要务"，从阵地控制入手，进一步严格物流寄递、旅店等行业场所管控工作。治安部门组织开展多波次、高密度执法检查，全力排查各类违法违规经营问题隐患，共发现并整改各类问题隐患 37 处，行政处罚 8 家。

（三）保持高压态势，提升治安打击实战水平

在治安打击工作中，重点突出对黄赌违法犯罪行为的打击力度，形成了公安分局治安部门专业力量和各属地派出所警力捆绑作战的工作机制，同时提升了基础一线打击黄赌的执法办案能力。先后牵头开展打击"网络招嫖"违法犯罪专项战役、打击治理跨境赌博违法犯罪等多个专项行动。全年黄赌警情同比下降了 46.8%。

（四）高度重视疫情防控，牵头完成多项任务

2020 年 1 月开始疫情防控工作以来，牵头承担了首都机场新国展、大兴国际机场入境旅客分流转运、两区涉疫小区秩序维护、离鄂返京人员分流转运、入境进京人员及密接次密接人员集中隔离观察点管控、新发地市场转运人员隔离点安全管控、打击查处涉疫谣言类违法犯罪、核酸检测点、采集点管控等多个专项工作。

七、2020 年法治建设特色和亮点

（一）坚持"严防死守"，打赢疫情防控阻击战、保卫战

第一，以四个"第一时间"全力投入疫情防控工作。第一时间响应部署。1

月 23 日，按照市、区关于组织发动群防群治力量在防控新型冠状病毒肺炎疫情期间做好信息排查和社会面防控工作的部署，迅速响应、快速行动，启动社会面和外围查控防线高等级防控，为疫情先期处置工作提供了有力支持。第一时间成立工作专班。1 月 24 日，区委政法委、区法学会全体干部全员停休，成立应急维稳工作专班，启动领导包镇街工作机制，积极开展疫情防控。第一时间召开调度会议。1 月 25 日，区委常委、政法委书记主持召开紧急部署视频会，对疫情防控维稳工作进一步部署强调，要求属地及行业部门进一步落实责任，确保疫情防控维稳各项措施不折不扣贯彻落实，确保辖区内涉疫区人员进行逐一落地查实、隔离管控。第一时间开展联防联控。加强对卫健、公安、交通等有关部门及属地的督促指导和统筹协调，全面严密相关卡点和检查站查控勤务，专群结合，做好村（社区）疫情防控"闭环管理"工作，对涉疫区人员采取全覆盖拉网式排查，力争早发现、早报告、早处置。

第二，全力做好涉疫法治保障工作。疫情期间，区法学会定期分析研判疫情防控工作中出现或者可能出现的法律问题，积极协调区政法各单位做好法治保障工作，维护社会安全稳定。2020 年春节疫情防控期间，区公安分局处置涉疫情案件 169 起，其中刑事案件 24 起，刑拘 29 人，治安案件 145 起、治拘 96 人。区检察院采取"云办案""无接触"模式，远程提讯 745 人次，云开庭 614 次，涉疫情审查逮捕类案件 8 件 8 人，批准逮捕 6 件 6 人，审查起诉类案件 16 件 28 人，提起公诉 12 件 13 人，提前介入涉疫情案件 16 件。区人民法院依托"移动微法院""北京云法庭"等平台，大力推进网上办案，对抗击疫情防控措施、哄抬物价等犯罪行为，加大打力度，对涉疫情防控合同违约、劳动争议和执行案件，注重运用和解、调解化解矛盾，共开展线上开庭谈话调解 16 218 件。区司法局加大涉疫纠纷多元调解力度，开展矛盾纠纷排查 49 532 次，调解案件 5216 件。发挥公共法律服务平台，全力做好法律援助工作，共接待法律咨询 4907 件，提供法律援助 1300 余人次。区法学会在区委平安办统筹协调下，充分发挥村居法律顾问作用，第一时间深入村庄、社区、重点企业等，摸排涉疫情矛盾纠纷，建立工作台账，制定解决方案，及时会商研判。截止到 6 月底，全区集中开展涉疫矛盾专项排查 4 次，收集涉疫矛盾纠纷线索 106 件次，有力保障了疫情期间社会面稳定。

第三，协助首都国际机场、大兴国际机场转运专班开展防控工作。自首都国际机场、大兴国际机场专班成立以来，工作人员勇毅出征、敢于担当，严格遵守工作流程，认真专注每个细节，严把关口，用心、用情妥善做好人员转运和安置工作，落细落实境外输入疫情防控工作各项措施，筑牢国门疫情防控第一道防线。区法学会根据全区疫情防控工作需要，为专班工作人员多次筹集防疫物资和慰问品，3月24日及4月1日，区委政法委、区总工会、区法学会分别为首都机场专班、大兴国际机场专班送去了防疫物资，并对工作人员进行了慰问。

（二）稳步推进法治宣传工作

第一，围绕全区重点工作扎实推进"法律十进"宣传活动。依托"法律十进"等工作机制开展普法宣传，结合"110"宣传日、"4·15"国家安全教育日、"4·29"网络安全宣传日、"5·12"全国防灾减灾日、"6·26"国际禁毒日、"11·9"消防宣传日、"12·4"宪法宣传日等重要节点，开展法律进机关、进乡村、进社区、进学校、进企业、进单位、进商务楼宇、进交通枢纽、进景区等活动，重点围绕流动人口管理、未成年人保护、校园安全、禁毒、交通安全、扫黑除恶、防范非法集资、金融诈骗等专题，充分利用电子屏幕、悬挂条幅、微信、微博、抖音直播等多种载体在辖区内开展宣传工作，全年共开展各类法治宣传教育活动200余场次，发放各类宣传资料及宣传品2万余份，充分利用微信、微博等新媒体发布普法信息、视频130余条，惠及辖区群众20万人次。

第二，多措并举，推动《民法典》知识深入人心。严格落实"谁执法谁普法"的普法责任制，强化运用新媒体，充分发挥镇街道工作人员、村居法律顾问、人民调解员等法律人作用，通过张贴悬挂《民法典》宣传标语，发放《民法典》宣传资料，在微信、微博等新媒体平台发布《民法典》知识，把《民法典》和法治元素融入村（社区）文化广场、公园、橱窗、公益广告牌、电子显示屏等形式促进《民法典》学习宣传进万家。将《民法典》宣传与领导干部学法相结合，"云课堂"覆盖全区近9000名公职人员，充分组织村居法律顾问利用"普法微课堂"录制《民法典》主题微课30余期，通过微信号、QQ群等渠道推进《民法典》走进群众，推动全区形成学习《民法典》的良好氛围。

第三，"线上+线下"全面开展"12·4"宪法宣传活动。2020年12月4日是第七个国家宪法日，也是第三个全国宪法宣传周。为进一步传递依宪治国、依宪执政的理念，区司法局、区法学会联合区融媒体中心、孙村学校开展"宪法伴成长 做新时代好少年"青少年普法活动。线下安排了宪法主题歌情景演出、播放《宪法在心中》宣传视频、"我与宪法"主题演讲、《宪法》诵读、专家《宪法小课堂》等多种形式的活动，全面提高青少年法治观念和法律意识，并通过青少年带动全社会关注宪法，让宪法走进人民群众、走进日常生活。同时，线上在"大兴普法"组织策划了为期一个月的"12·4"国家宪法日暨宪法宣传周系列活动，通过有奖知识竞答、法治动漫及微视频优秀作品展播、线上传递接力、法治宣传活动在线直播等形式推进全民普法，在全社会营造尊重宪法、宪法至上的氛围。

（三）深化司法责任制综合配套改革

区法学会牵头大兴区法治建设领域改革工作，统筹政法各单位按照全市统一部署要求，结合本年度重点工作任务，深入推进大兴区司法责任制综合配套改革工作。一是在政法队伍建设，坚持把党的政治建设摆在队伍建设首位，全面落实从严治党责任制，巩固主题教育成果，教育引导政法工作人员坚定政治立场、保持政治定力，增强政治敏锐性和政治鉴别力，以过硬的司法作风取信于民，提升政法单位形象和司法公信力。二是推进员额、编制动态管理，严格落实中央司法体制改革决策部署，扎实推进政法工作人员分类正规化、专业化、职业化管理。三是优化办案团队组建，综合案件类型、难易程度等因素，适应繁简分流和专业化分工需要，灵活组建多种类型的审判团队，强化团队作为办理案件单元、自我管理单元和绩效考核单元的功能。四是优化司法资源配置机制，推进诉源治理与民事诉讼程序繁简分流工作，提升诉讼服务与司法事务集约化、社会化、信息化水平。

昌平区法治建设报告

2020 年，是决胜全面建成小康社会、决战脱贫攻坚之年，昌平区坚持以习近平新时代中国特色社会主义思想为指导，深入贯彻党的十九大和十九届二中、三中、四中、五中全会精神和习近平法治思想，紧密围绕年度重点工作部署安排，从依法行政、执法、司法、守法普法多角度持续发力，统筹抓好常态化疫情防控与服务保障经济社会发展大局，发挥法治统筹、引领、保障作用，为建设科教引领、文旅融合、宜业宜居的生态城市提供坚实的法治保障。

一、人大法治保障和监督工作

2020 年，昌平区人大常委会紧扣率先全面建成小康社会目标任务，紧扣全区中心工作，紧扣人民群众重大关切，认真执行昌平区第五届人民代表大会第七次会议各项决议。共召开常委会会议 7 次，审议议题 43 项，听取和审议专项工作报告 13 项，开展执法检查 3 项、专题询问 1 项，作出决议决定 20 项，任免国家机关工作人员 110 人次，组织宪法宣誓 45 人次，各项工作取得新进展新成效。

（一）充分发挥代表主体作用

拓展"两个联系"活动平台，制定进一步加强人大代表之家、人大代表联络站建设的指导意见，召开推进会贯彻落实。发挥"家站"服务代表、联系群众的平台作用，常委会组成人员主动走进"家站"参加活动、联系代表、接待选民，了解和反映群众意愿诉求。扩大代表对常委会工作的参与，邀请基层代表列席常委会会议，围绕全区重点任务和人大监督议题，组织代表 600 多人次参加执法检查、视察调研等工作。协助市人大常委会组织开展"万名代表下基层"开门立法活动，市区镇三级人大代表 1893 人次就物业管理条例、医院安全秩序管理规定等法规，征求群众意见，提出立法建议 194 条，实现了广泛宣传、发动群众、凝聚共识、推动工作的立法目标。

（二）优化代表履职服务保障

探索小型化、精准化、网络化代表培训模式，以视频会形式举办区镇人大代表学习交流会，参加北京人大网上课堂，学习人民代表大会制度理论和相关法律法规知识，了解全区经济社会发展情况，提升代表依法履职综合素养和能力水平。组织代表围绕回天地区文化设施建设、社会治理等工作开展集中视察，安排代表 95 人次参加"一府一委两院"联系活动，支持和推动全区重点工作落实。依法补选 23 名区人大代表。做好市人大昌平团代表的服务保障工作，开展集中和联组活动 8 次，促进代表依法履职。

（三）提升代表建议督办质量

落实代表建议"六办"工作机制，选取多年反复提出的 8 件建议由常委会主任、副主任牵头督办，确定 10 件建议由各专委会重点督办。持续下沉镇街召开督办会 13 场，参加代表 110 多人次，与政府部门、承办单位沟通办理情况，对 36 件建议进行集中督办，推动代表建议由"办复"向"办结"转变。运用代表议案建议服务管理系统，形成全程留痕、全程监督、闭环管理的督办机制，全面提升建议办理质效。区政府高位推动建议办理工作，与市区重点工作同部署、同推进、同落实，承办的 190 件建议，当年解决或基本解决 97 件，占总数的 51.1%，回天地区优化提升、农村人居环境整治等一批群众急难愁盼问题得到较好解决。

（四）高度关注财政经济运行

把全区经济平稳健康发展作为财经领域监督重点，听取和审议计划预算、审计查出问题整改落实情况报告，企业国有资产（不含金融企业）管理专项报告和国有资产管理综合情况的书面报告，持续关注政府性债务管理，审查批准 2019 年度决算。要求区政府牢固树立过"紧日子"思想，优化支出结构，防范债务风险，强化审计成果运用，促进国有资产高效运营，全力保障和改善民生。

推进人大预算审查监督重点向支出预算和政策拓展，审查批准 2020 年新增政府债券额度及区级预算调整方案、国民经济和社会发展计划部分指标调整方案。预算联网监督系统正式上线运行，实现查询、预警、分析和服务功能。高度关注"十四五"规划和《二〇三五年远景目标纲要》编制工作，区人大财经委员会对"十四五"规划和《二〇三五年远景目标纲要（草案）》、《2020 年计划预算》执行情况和《2021 年计划预算（草案）》进行初步审查。

（五）主动回应群众关心关切

把群众所需所急所盼作为社会民生领域监督方向，聚焦群众生活环境改善，听取和审议推进生活垃圾分类情况报告，就垃圾源头减量、桶站管理等工作提出意见，督促区政府加强重点行业和关键环节管理，采取精细化减量措施，完善垃圾分类长效管理机制。聚焦人人享有基本医疗卫生服务，听取和审议加强基层卫生服务能力建设情况的报告，要求区政府加大基层卫生服务投入力度，科学合理配置医疗资源，着力提升基层卫生服务和应对突发公共卫生事件能力。听取和审议全民健身情况报告，对完善全民健身工作机制、加强体育设施建设、提高全民健身公共服务水平提出要求。聚焦回迁安置房建设，听取落实常委会审议意见情况报告并开展专题询问，区政府主管领导和有关部门主要负责人，对委员和代表提出的问题现场应询。经过各方共同努力，一批回迁安置房项目投入使用，房产证办理工作取得积极进展。紧盯两个"关键小事"落实，市区镇三级人大代表联动，深入全区 22 个镇街的 534 个村社区、811 个公共场所，开展"身边、周边、路边"检查，代表参与率达 99.8%，实现代表全参与和检查地域全覆盖，推动垃圾分类成为新时尚、好习惯，让精治共治法治、共商共建共享的城市治理理念日渐深入人心。持续关注交通管理、急救服务、学前教育等百姓身边事，对区政府落实加快发展学前教育、城区道路交通秩序管理和院前医疗急救服务条例执法检查等相关审议意见情况进行跟踪监督。主任会议听取回天地区公共文化设施建设管理、社区养老情况报告，针对工作中存在的问题提出建议。

（六）助力打赢污染防治攻坚战

牢固树立绿色发展理念，听取和审议生态环境状况和生态环境保护目标完成情况的报告，助推区政府坚持首善标准，压实主体责任，坚决打好蓝天、碧水、净土保卫战，着力守护良好生态环境这个民生福祉。同镇街人大联动，对河湖保护管理条例贯彻实施情况进行检查，就河长制落实、污水管网设施建设、水环境质量提升等工作提出意见。受市人大常委会委托，开展野生动物保护"一决定一法"检查，营造保护野生动物人人有责的良好社会氛围。围绕生态涵养区保护和发展，跟踪监督农村地区煤改清洁能源、山区道路建设与管理工作落实情况。主任会议听取美丽乡村建设、落实"村地区管"工作的报告，促进区政府发挥规划引领作用，有序加快山区道路规划建设，管好用好农村集体土地，提升美丽乡村建设品质。

（七）着力推动法治昌平建设

围绕推进法治政府建设和深化司法改革，听取和审议"七五"普法规划实施情况的报告，要求区政府健全普法与执法的良性互动机制，提升法治宣传教育工作精准性、实效性。按照市人大常委会要求，稳步推进规范性文件备案审查工作。审议了上一年度法治政府建设情况的书面报告。协助市人大常委会开展文明行为促进条例、突发公共卫生事件应急条例等 20 项法规的立法调研，提出意见建议。

主任会议听取关于行政审判工作情况报告，促进区法院提高行政审判能力、优化行政审判外部环境，让人民群众在每一个司法案件中感受到公平正义。围绕区检察院内设机构改革情况开展调研，就明晰机构职责、促进检察职权高效运转提出工作建议。

二、法治政府建设

2020 年，昌平区不断深化行政体制改革，深入推进政府职能转变，提升行政决策科学化、民主化、法治化水平，强化对行政权力运行的制约和监督，努力提升行政执法效能，扎实做好法治政府建设各项工作，为推进昌平区创新发展提供强有力的法治保障。

（一）不断深化政府职能转变

加强权力、收费、负面"三个清单"管理，全面梳理行政职权事项，汇总形成《北京市昌平区政府部门权力清单（不含行政处罚）》，并在政府门户网站公布，同时加强动态管理，及时调整行政职权事项，进一步规范权力运行。严格落实市级收费清单，规范涉企经营服务性收费，从源头上防范乱收费现象；对照《北京市新增产业的禁止和限制目录》，出台贯彻落实办法，紧紧围绕构建"高精尖"经济结构，准确把握全区产业发展形势，把好新增产业"准入关"。

（二）推动营商环境持续优化

建立优化营商环境法治保障工作机制，整合各方法治资源力量优势，释放全区创新创业创造动能。深化简政放权，激发市场活力。全面实行市场主体登记告知承诺制，工商登记注册实现"二十四证合一"和全程电子化，今年以来即时发照 3.8 万件，容缺受理 778 件，市场主体总量达 14.3 万户。创新优化工程建设领域审批服务，对需要办理规划建设审批手续的 123 个重点项目，用好"多规合一"平台，分批次做好规划和施工手续衔接。新区不动产登记大厅建成投用，公共资源交易平台试运行，信息实现多部门共享共用。保障企业依法平等享受政府支持政策。健全"一对一"服务企业机制，送出重点企业"服务包"114 个，对接解决企业具体需求 209 项。建立金融服务快速响应机制，帮助 528 家企业新增贷款，为 55 家企业提供抗疫担保，落实延期缴纳税款。出台中小微企业租金减免支持措施，为 7700 多家中小微企业减免房租。落实市区两级稳就业政策资金，惠及 9419 家用人单位、24 万人次。维护公平竞争的市场秩序。实施公平审慎的市场监管，结合疫情防控开展医药领域专项整治，约谈整改企业 12 家次。落实促进平台经济规范健康发展指导意见，查处网络违法案件 216 件。推进简单商事案件快速审理，大力推广使用电子送达，商事案件电子送达 2672 次。开展审结案件专项检查工作，着力解决虚假诉讼、违规延审、久拖不决等问题，提升审判质效。建立健全社会信用监管机制，梳理形成《昌平区行政处罚行为分类目录》，设立"区公共信用信息服务平台"，进一步完善社会信用体系。

（三）有序推进行政体制和"放管服"改革

以强化基层综合行政执法体制改革为重点，以加强镇街综合行政执法能力为目的，整合行政执法队伍、执法力量、执法资源向基层一线倾斜。制定《北京市昌平区街道办事处、镇人民政府行政执法责任制实施工作办法》并印发了《关于扎实做好行政执法职权下放相关事项的工作意见》，从制度建设、人员管理、工作交接、执法程序、执行行政执法制度、执法效能六个方面提出了工作要求，司法局分三次组织各单位、各镇街报名行政执法资格考试的人员进行执法资格考试，共有 313 人参加考试，通过 259 人，通过率 81%，为综合执法打下良好基础。同时将各镇街行政执法考评工作纳入到区政府法治政府建设和绩效考核体系，推动街道综合执法改革、社区治理等方面的创新实践。推进"放管服"改革，加大对政务服务的管理，继续简化工作程序，进一步压减政务服务事项申报材料，完善一次性告知机制，实现申报材料"最多跑一次"的目标，推行告知承诺审批制度改革，提升政务办事效率。2020 年完成区级政务服务事项 1916 项，1595 项区级事项纳入区政务服务中心综合窗口区级"最多跑一次"事项；镇街级政务服务事项 1853 项，100%进纳入街政务服务中心综合窗口镇街级"最多跑一次"事项；66 项纳入本区第一批告知承诺事项范围。

（四）做好规范性文件合法性审核

认真落实关于规范性文件合法性审核的有关要求，健全全区行政规范性文件合法性审核备案工作机制，研究起草《昌平区行政规范性文件管理办法》，进一步明确审核范围、主体、程序、职责以及文件制定标准、依据等相关要求，年内先后对《北京市昌平国有企业存款及融资管理办法》《昌平区 2020 年义务教育阶段入学工作意见》等 60 份文件进行了合法性审查并提出审核意见，完成市司法局法规规章草案的征求意见 14 件，完成区政府各委办局发来的各类征求意见 23 件，开展《民法典》涉及行政法规、规章和行政规范性文件清理工作，共梳理出 78 件相关规范性文件，全部符合要求，予以保留。

（五）提升基层政府依法行政能力

加强基层工作人员的法治培训，先后举办两期处级领导干部依法行政专题培训班。各镇政府、街道办事处，区政府各相关单位主管领导及科室负责人 260 人次参加了培训；组织了为期 6 周的昌平区新任职领导干部培训班，专门开展了依法行政专题培训，明确把学法用法情况纳入公务员年度考核重要内容；组织开展镇街政府法制业务培训。通过组织依法行政培训、行政规范性文件合法性审查能力培训、行政复议、应诉技能培训，提升基层工作人员的依法行政意识和能力。通过深化行政检查单制度，规范基层行政执法行为。实现市、区、镇街三级执法检查的事项、内容、标准、方法规范化，发挥司法行政机关的指导作用，解决基层执法的法律适用、协同协作、办案流程等问题，提升一线人员的执法水平。

三、审判工作

2020 年，昌平区人民法院坚持司法为民、公正司法，依法服务统筹推进常态化疫情防控和经济社会发展工作，实现了"审判执行不停摆，公平正义不止步"。新收各类案件 36 235 件，结案 36 241 件（含旧存案件，下同），结收比超 100%，法官年人均结案 342 件。

（一）严厉打击刑事犯罪，推进平安昌平建设

新收刑事案件 1208 件，审结 1117 件。审结故意伤害、强奸、抢劫等暴力犯罪和盗窃、诈骗、抢夺、敲诈勒索等侵犯财产犯罪案件 475 件，对 41 名被告人判处五年以上有期徒刑，增强人民群众安全感。审结寻衅滋事、妨害公务等犯罪案件 88 件，维护社会治安和执法权威。审结非法吸收公众存款、集资诈骗、电信诈骗等涉众型经济犯罪案件 34 件，做好风险防控和善后处置工作，努力为群众挽回损失。审结孟某某等十余人倾倒垃圾污染环境案，判决追缴被告人非法所得 1200 余万元，守护绿水青山。加强未成年人司法保护，严厉打击利用未成年人实施的违法犯罪，对遭遇家暴的未成年人出具人身安全保护令；深入推进社会观护、心理疏导和"青春灯塔"系列普法活动，护航未成年人健康成长。

（二）依法保障民生权益，服务营商环境建设

新收民商事案件 19 558 件，审结 19 673 件。审结婚姻家庭、析产继承类案件 1518 件，促进家庭和睦、社会和谐。审结房屋买卖租赁、物业供暖、相邻关系类案件 4612 件，保障群众安居宜居。审结劳动争议、劳务合同类案件 1270 件，通报近五年劳动争议案件情况，发布典型案例，助力稳就业保民生。审结金融借款、民间借贷类案件 2906 件，发布金融审判白皮书，有效防范化解金融风险。审结涉农村土地承包流转案件 207 件，服务保障脱贫攻坚战。探索在破产案件中适用预重整程序，搭建金融服务平台，帮助困境企业脱困重生，在中国破产法论坛上介绍相关审判经验。

（三）监督支持依法行政，助推法治政府建设

新收行政案件 442 件，审结 407 件。区长带头，行政机关负责人出庭应诉 86 次，出庭率 71.2%。以协调等方式化解行政纠纷 60 起，推动行政争议实质性解决。审查非诉行政执行案件 160 件，维护合法行政行为的法律效力。参与违法建设清查整治、拆迁腾退项目滞留户清理等协调会议 76 次，服务保障辖区重大专项执法活动。深化府院沟通长效机制，发送司法建议 5 篇，举办专题培训及讲座 6 次，开展示范观摩庭 5 次，连续 10 年发布行政案件司法审查年度报告。

（四）着力破解执行难题，促进社会诚信建设

新收执行案件 13 836 件，执结 13 843 件。探索分段集约执行机制，通过财产统一查控、案件繁简分流实现"简案快执、繁案精执"，快速执结案件 1188 件。突出执行强制性，发布失信被执行人名单 5101 例，限制高消费 5892 人，司法拘留 5 人，追究拒执罪 1 人。构建矩阵型财产处置工作体系，加强信息技术应

用，网上拍卖标的物 973 件，成交金额 6.6 亿元，案拍比 6.7%，位居全市基层法院前列。开展"六稳""六保"专项执行行动，加大涉民生案件执行力度，对讨薪农民工、交通事故受害人等特殊利益群体开通绿色通道，执结案件 981 件，发放案款 5071 万元。依法有序、稳步推进违法建设清理整治，拆除违法建设 1400 多栋，取得明显成效。

（五）自觉接受各界监督，加强司法公信建设

主动接受人大依法监督和政协民主监督。创新疫情期间联络方式，线上、线下联络市区人大代表、政协委员 180 余人次，邀请代表、委员视察法院、旁听庭审、座谈研讨、出席新闻通报会等 82 人次。举办 14 期"昌法微聚汇"活动，在线解读典型案件和法律问题，汇集意见建议，实现"云监督"，代表、委员 200 余人次参与。依法接受法律监督。妥善办理检察建议 7 件，邀请检察长列席审判委员会会议，共同促进公正规范司法。自觉接受群众监督。认真办理群众来信来访，做到事事有答复、件件有回音。会同区司法局共同完成随机抽选拟任命人民陪审员工作，新增人民陪审员 150 名，人民陪审员参审案件 2400 余件。

四、检察工作

2020 年，昌平区人民检察院紧紧围绕区域发展定位，抓实自身防护、社会防控、犯罪防治，依法履行检察职责，全面提升办案质效，推动各项检察工作取得新成绩。

（一）充分履行司法办案职能，维护社会秩序稳定

一是严厉打击各类刑事犯罪。加强与公安机关和法院的衔接配合，受理审查逮捕案件 1291 件 1957 人，批准逮捕 895 件 1228 人，受理审查起诉案件 1329 件 1603 人，提起公诉 1152 件 1453 人。提升政治站位，审查办理法轮功、涉枪涉爆、重大责任事故等犯罪 54 件 67 人，有效维护社会安定秩序。依法惩处绑架、非法拘禁等严重暴力犯罪 218 件 237 人，严厉打击抢劫、盗窃、诈骗等多发性侵财犯罪 497 件 668 人，切实保障人民群众生命财产安全。落实接诉即办工作要求，接待来访 199 批次 286 人。积极参与社会治理，聚焦网络平台信息审核把关不严、户籍管理存在漏洞等问题，向住房和城乡建设等单位制发检察建议 51 份，促进完善社会治安防控体系。

二是着力强化未成年人检察工作。更新理念，贯彻执行新修订的《未成年人保护法》，围绕落实最高人民检察院"一号检察建议"和强制报告制度，与区教委、中小学校等单位召开座谈会，凝聚保护未成年人共识。统筹兼顾，坚持双向全面综合保护，依法对故意伤害、猥亵儿童等犯罪批准逮捕 28 人，提起公诉 17 人，对 9 名被性侵的未成年被害人适用"一站式询问"机制，防止造成二次伤害。精准帮教，对涉嫌轻微犯罪并有悔罪表现的未成年人，不批准逮捕、不提起

公诉 15 人，建设专门未检工作室，开展心理疏导、社会调查等 22 人次。注重预防，16 名法治副校长开展特色线上法治课、赠送动漫短片等活动 20 余次。

（二）聚焦社会关切、民生福祉，切实维护公共利益

统筹推进公益诉讼检察工作纵深发展，围绕虚假广告宣传、食品从业黑名单等问题，排查线索 200 余件，立案 18 件，发出诉前检察建议 11 份。对中央环保督察组督办的无证非法开采、毁坏生态林案，探索开展刑事案件附带民事公益诉讼。对破坏生态环境案件，加强与北京市规划和自然资源委员会昌平分局沟通协作，成功办理全市首例支持行政机关向法院提起生态环境损害赔偿诉讼案件。扎实开展"公益诉讼守护美好生活"、食品药品安全"四个最严"要求专项行动，针对网络婴幼儿配方乳粉产品信息夸大宣传问题，督促市场监督管理部门排查 183 家售卖门店的官网信息，对 5 家店铺作出行政处罚；针对服刑人员违规领取养老金问题，督促人力资源和社会保障部门排查流失的国有资产，已追缴 9.9 万元。

（三）聚焦监督主责主业，不断完善检察监督体系

一是不断加强立案和侦查活动监督。增强监督工作力度，受理立案、撤案监督案件 133 件，监督立案 57 件 64 人，监督撤案 52 件 60 人，其中提起公诉后被判处有期徒刑以上刑罚 12 人，有效防止有案不立、有罪不究。拓宽监督渠道，深化派驻公安机关执法办案管理中心检察机制，切实将法律监督向执法办案一线延伸。完善监督机制，积极落实国务院《行政执法机关移送涉嫌犯罪案件的规定》，加强与区司法局沟通协调，推动制定昌平区行政执法与刑事司法衔接机制。提高监督质效，成功建议行政执法机关移送非法经营燃气、非法捕捞水产品等 19 件 42 人。两件案件获评北京市检察机关行刑衔接精品案件。

二是依法开展审判活动监督。强化对法院生效刑事裁判的审查，办理刑事裁判同步审案件 1062 件。突出对困难群体的司法救助，给予两件刑事案件的被害人国家司法救助金 13 万元。加强对不服法院生效民事裁判、调解和执行的监督，受理民事诉讼监督案件 53 件，提出再审检察建议 4 件，对法院正确的民事裁判，积极开展释法说理，促进当事人息诉服判。办理的一件民间借贷纠纷案获评北京市检察机关民事诉讼监督精品案件。进一步做实行政诉讼同级监督，受理行政诉讼监督案件 9 件，办理的违法排放污染物行政处罚非诉执行监督案入选最高人民检察院"助力打好污染防治攻坚战"典型案例。

三是继续深化刑事执行检察监督。落实监管场所疫情防控部署要求，通过召开联席会、信息日通报、视频监控核查等方式，开展日常检察 143 次，确保监管场所疫情零感染。依法维护在押人员合法权益，开展收押入所检察 2557 人次、戒具禁闭检察 140 人次、谈心谈话教育 86 人次等，促进监管执法规范化。重点

开展监外执行检察监督，针对社区矫正对象脱管漏管等问题，提出书面纠正意见25件，防止监外执行罪犯逍遥法外。针对没有继续羁押必要的犯罪嫌疑人、被告人，提出释放或变更强制措施建议被采纳79人。

（四）自觉接受外部监督，着力提升检察公信力

承办市人大常委会关于维护食品药品安全工作调研座谈会，向区人大常委会主任会专题汇报内设机构改革情况。邀请人大代表、政协委员参加公众开放日、公开听证、公开宣告等62人次，邀请人民监督员监督办案活动20人次。落实办案告知制度，公开案件程序性信息2447条、法律文书1203份，接待律师阅卷3016次。常态化开展普法活动50余次，获评全国检察宣传先进单位，北京市检察机关法治宣传教育"十进百家、千人普法"主题活动先进院。

五、司法行政工作

2020年，昌平区司法局主动作为、积极履职，立足重点中心工作，优化司法行政职能，完善法律服务体系，推进法治政府建设，推动各项工作取得新突破。

（一）创新发展人民调解工作

围绕疫情防控、复工复产、"两会"、"国庆中秋两节"、"服贸会"、"十九届五中全会"等开展专项矛盾纠纷排查化解，推行线上调解，调研掌握基层法律问题及需求。截至11月底，调解案件2045件，调解成功1809件，成功率88.5%。其中，回天地区公共法律服务东部分中心联合相关部门在35小时内快速调解抗"疫"医院食堂交接纠纷，成功解决了该医院食堂新中标承包商进场、原承包商离场交接问题，确保了疫情防控工作大局稳定。

（二）促进律师行业有序发展

以考核深化行业管理、规范律师执业，坚持"三从严、三到位"，完成了疫情后全区律师事务所年检考核工作，有效地发挥了考核、处罚与教育相结合的综合管理作用，促进了全区律师行业健康发展。办理律师类行政许可127件，受理律师投诉2件。充分发挥律师行业党组织的政治核心作用，积极引导党员律师在服务经济社会发展、服务全区中心工作、服务保障民生、维护社会和谐稳定等工作中发挥模范带头作用。在疫情防控工作中，党员律师身先士卒，坚守12348法律服务热线及窗口接待，解答群众防疫有关法律咨询，充分满足疫情防控期间辖区内中小微企业及群众的日常法治需求；村居法律顾问律师为村和社区防疫工作提供法律服务保障；在司法部组织的"援藏律师服务团"工作中，唯景所王宇辉律师再次报名参加援藏工作，克服高海拔带来的身体不适，在藏区开展公益法律服务，促进了当地法治建设，得到了当地政府的高度认可。推进律师行业党组织组织全覆盖，组建专项工作领导小组，积极推进律师行业党的组织体系向基层

延伸，全区律师行业党组织覆盖率达到 52.05%；同时，通过吸纳分配，推动无党员律师事务所共同发展进步。

（三）发挥村居法律顾问作用

强化机制建设，动态调整顾问律师与村居结对，全区 34 家律师事务所的 113 名律师与 22 个镇、街道 536 个村居签订了《村居法律顾问聘请合同》，村居签约率 100%。落实监督考核，指导村居法律顾问规范开展服务卷宗的档案制作，以案卷评审、实地检查、多方座谈、调查问卷等形式，对村居法律顾问工作开展全面督查指导。提供精准服务，推进服务疫情防控、复工复产等现场和线上服务，村居法治建设，将村居法律服务融入公共法律服务室建设，调配律师优势资源服务回天地区，为回天地区平安建设助力。全区村居法律顾问共举办讲座 100 余场次，提供法律咨询 2000 余人次，参与纠纷调解 600 余件，提供法律意见、建议 1600 余条。

（四）切实做好公证服务管理

办理涉及国内民事、国内经济、涉外民事、公证事务等公证事项 1094 件。扎实推进公证工作改革，落实属地责任，积极落实市局"最多跑一次"试点工作方案，努力提高群众获得感、幸福感。加强监管与执业教育，开展"公证质量"检查，做好公证案卷评查工作，加强公证质量监管，提升公证公信力。监督公证审计整改工作落实，按照公证行业专项整治工作要求，督促利兆公证处对照检查并按时进行整改落实。全力围绕区委、区政府"疏整促"等中心工作发挥职能作用，为拆除违法建设提供公证法律服务，先后派出公证人员 344 人次，用时 112 天，完成了 1490 多栋违法建设物的现状保全工作，有效协助了人民法院的司法执行，有力保障了镇街的行政执法，发挥预防纠纷的公证职能，为维护我区社会稳定做出了成绩。

（五）全面推进法律援助工作

秉持"扶贫济困，服务社会弱势群体"的工作宗旨，降低法律援助门槛，坚持"应援尽援，应援优援"；做好军人军属、老年人、妇女儿童、农民工等群体专项维权活动，开展实习律师参与法律援助工作，在辖区三个驻昌部队建立了军人军属法律援助工作站；开展专项维权宣传活动共计 90 余场次，法制讲座 110 余场次，发放宣传材料 2 万余份，进一步扩大法律援助覆盖面。组织开展线上线下专题讲座和现场宣传，为中小企业复产复工提供法律咨询、政策培训、合同审查等服务。接待、接听来访、来电咨询 23 766 人次，"12348"来电咨询接待 9086 人次。办理民事法律援助案件 549 件，在保障民生、稳定民心方面发挥了重要作用。

（六）强化特殊人群服务管理

严格落实社区矫正"十严"、安置帮教"三防""十二个必须"等措施，通过线上线下多渠道推送各类法律法规、防疫知识及警示教育等内容 2630 余条，持续强化教育管控、帮扶安置和实时督查，落实社区矫正动态监管。

六、公安工作

2020 年，市公安局昌平分局严格贯彻落实"对党忠诚、服务人民、执法为公、纪律严明"总要求，牢固树立"四个第一"理念，坚持"万无一失、一失万无"工作标准和"细致精致极致"工作作风，始终立足职责任务，服务昌平工作大局，全面推进维护安全稳定各项工作措施，圆满完成重大活动安保及敏感节点安保活动。

（一）全面夯实基层基础，保障良好治安环境

紧盯两节两会、服贸会、中秋国庆重大安保活动，全面夯实基层基础，先后开展"夯基"系列行动，投入全局警力，加大科技投入，研发使用"安居通""采集宝"小软件。行动以来，流管平台人口变动量高达 290.8 万人，流动人口登记率达到 95.5%。强化对房东、房屋中介、用工单位等出租主体的处罚力度，累计处罚 2085 起，罚款 94.2 万元，其中全市首例创新运用《反恐怖主义法》大额处罚房产中介公司，有效净化了社会环境；整改群租房 5742 套，安置疏解 6.1 万人，有效消除潜在隐患。同步推进出租房屋旅店式管理工作，针对"整建制村庄小区""农民自建楼""规模性居民小区"旅店式管理试点，创新探索"四类创新""四项建设""四项规范"机制措施，初步实现"来即登记、走即消核"。

（二）强化社会治安防控，筑牢基层治安防线

推进"娱乐场所和特种行业治安管控系统"建设，现全区 56 家歌舞娱乐场所已有 51 家监控视频接入工作。开展查控勤务，强化公路进京通道查控，坚决严守进京安全通道。启动联勤联动社会面巡逻防控机制，进一步盘活和挖掘"回天地区"一线巡控警力资源，深化夜间联合设卡，全面提升应急处突能力。深入细致地开展智慧平安小区建设，2020 年累计完成智慧平安小区建设 312 个村社区，安装智慧门禁 4177 台，全区社区可防性案件同比下降 55.9%，取得初步成效。全力推进平安医院和平安校园建设工作，推动区 28 家二级以上医院建设完成"一键报警"装置 3795 个，并进行视频系统与公安视频系统联网对接；全区 402 家在册幼儿园、学校全部安装了"一键报警"装置。牵动全区 91 处社会面治安秩序突发问题挂账点位涉及的派出所，协调交通、城管、交管等部门，对秩序类乱点进行打击整治，取得了良好效果。

（三）始终保持高压态势，严厉打击违法犯罪

坚持目标导向和问题导向，依托"云剑""平安""智刃"以及自主开展的"夯基""利剑 2020"系列专项行动，全力开展打击破案工作，发挥牵动指导职能作用，重点围绕涉枪涉爆、涉毒、经济类违法犯罪专项；严厉打击跨境赌博、

电信诈骗黑灰产，打掉了一批跨区、跨省市犯罪团伙。同时专业打击队力量采取即时入驻、全程指导、跟进打击的方式对高发案地区、高发案派出所有针对性指导和帮扶；在牵动中，明确分工，提升基层单位工作积极性，主动参与、主动打击。随着疫情形势稳定，打击工作全面增速，全年实现立破案同步，执法质量保持先进行列。

（四）改革创新精细管理，深化执法规范化建设

狠抓"两个中心建设应用"求突破，深化"受立案改革"求实效，全面打造"办管训"三位一体的公安执法"昌平模式"。推动办案中心发展不停步，999医疗机构进驻运行，推行未成年人性侵案件"一站式询问"，创新伤情鉴定"随叫式"服务，"一站式"办案良性运转；圆满接待7个省（市）380余人参观交流，"引领性"示范日趋显现。以"高于规定标准"落实疫情防控措施，创建防控"七步"工作法在全市推广，实现防控零问题、工作零失误。打造涉财管理体系不畏难，推动25个基层所队涉案财物保管室建设，集中配装设施，规范运行流程；在完成涉财中心基建的基础上，积极谋划构建"4方面5统一8系统"涉案财物智能化保管系统。深化受立案改革不放松，坚持部门集成、警种协同，通过制度配套、考评追责等多方位施策，运用网上巡查、回访倒查、异地互查等全方位管控，全年自查受立案问题同比下降2.1%，案件入口关进一步把牢。

（五）科技支撑智慧办案，提升执法信息化水平

始终秉持"提质、增效、减负"原则，以智能化促进规范化，以智能化辅助实战化，以智能化便捷公开化。深化场所平台应用，以执法办案三期平台应用、"政法办案智能管理系统"试点和办案区智能化改造为抓手，建立"六个一"调度分析、双向会商通报等机制，推进开展远程收案、远程会见、远程指导，缩短办案时限、节约警力资源，实现向科技要人力、要效率、要成果的目标。强化信息技术支撑，推广应用智能语音识别、网上案管及考评、电子卷宗、智能证据审核，实现案件网上记载、审批、审核，确保监督管理及时、精准和高效。积极探索个性运用，研发"警务百度"APP，方便一线民警随时查询，提升办案效率和质量；研发应用执法办案中心预约APP，实现警务终端快速准确预约，提升入区效率。

七、2020年法治建设特色和亮点

（一）统筹全区法治资源，为疫情防控提供法治保障

一是明确责任细化分工。细化任务分解，确保措施落地，中共北京市昌平区委全面依法治区委员会出台了《关于〈中共北京市委全面依法治市委员会关于贯彻落实〈中央全面依法治国委员会关于依法防控新型冠状病毒感染肺炎疫情、切实保障人民群众生命健康安全的意见〉的措施〉的任务分解方案》，印发全区

要求落实。方案分为 3 大部分 23 条措施，牵头单位涵盖全面依法治区委员会下设 4 个工作小组 14 个部门。

二是以疫情防控为工作落脚点，进一步强化重点行业领域监管工作力度，严厉打击非法违法行为。年内多部门联合查处取缔黑诊所、非法行医 22 户，实施行政处罚 20 起，罚没款 101 万元，没收药品 821 公斤，没收医疗器械 7617 件，向公安部门移送涉嫌非法行医罪案件 1 件，开展各级各类医疗卫生机构疫情防控监督检查 9600 余户次、集中隔离医学观察点 499 户次、公共场所 6681 户次、学校幼儿园 458 户次、复工复产职业病危害企业 327 户次等疫情防控监督检查，为全区疫情防控工作的扎实有效开展打下坚实基础；公安昌平分局先后制定了关于参与突发疫情防治工作的适用法律法规的工作意见、打击惩治相关违法犯罪的工作规定、涉疫类案件分析指导等指导性文件，确保一线有据可依，稳妥规范处置，对所有涉疫案件给予全方位、全流程指导，并会同办案单位开展攻坚审查；共办理涉疫案件 77 案，刑事拘留 22 人，行政拘留 86 人；其中指导精准打击，成功打掉郭某某等人销售医用假口罩团伙案；会同办案单位快侦快办，成功办理支某某驾车冲撞防疫人员案，有效震慑了涉疫违法犯罪活动。

三是坚决做好疫情防控普法宣传。开展疫情防控"云普法"，开展线上普法点单志愿活动；将疫情防控同日常工作相结合，用足"报、网、端、微、屏"多终端探索实行"网络全覆盖、普法多形式、宣传零距离"，不断提升普法宣传实效，提高全民依法防疫意识。强化"以案释法"工作，引导民众聚集共识，共同维护社会秩序的安全稳定。

（二）推动法治建设领域改革，落实司法责任制

认真贯彻区委关于改革工作指示，制定完善全区政法领域全面深化改革工作方案。推动法院院庭长办案常态化，涉恶、涉众、涉疫情等重大、疑难、复杂案件由院庭长直接审理，落实法官等级按期晋升、择优选升，推进法官助理、书记员、司法行政人员和司法警察职务序列改革，进一步激发了队伍活力，完善审判制约监督机制，用制度规范法官自由裁量权行使。推动区检察院落实全面提升办案质效的决策部署，从案件数量、质量、效率、效果四个维度，设置涵盖司法办案和检察监督两大主线的指标体系，有效缩短了办案周期，节约了司法资源，认真开展检察官履职绩效考评工作，落实检察官在刑事诉讼中的主导责任，检察长带头办理重大、疑难、复杂案件，强化捕诉一体机制优势，推动审查逮捕工作向后延伸、审查起诉工作向前推进，强化审查引导侦查，积极推进认罪认罚从宽制度，实现公正与效率统一。推动公安分局规范执法水平再上新台阶，研究制定关于行政案件快速办理的相关实施细则，完善办案系统办案留痕和节点监控机制，制定各项规范指引，让一线办案有章可循、有法可依，圆满完成公职律师履职的

角色职责。统筹推动全区政法办案智能管理系统试点工作，建立联席会议机制，实现智能化辅助功能深度应用，大大提高了工作效率。

（三）抓关键重落实，全力推进法治政府建设

充分发挥党的领导核心作用，坚持运用法治思维和法治方式推动工作。严格依法依规决策。区委、区政府贯彻落实《重大行政决策程序暂行条例》，提高决策质量，保证决策效率。全区各镇街、各部门、各单位进一步建立健全法律顾问工作体系。着力建设法治化干部队伍。把宪法法律和党内法规列为区委党校、行政学院必修课，在全区干部教育培训课程中融入法治教育。以上率下坚决维护司法权威，区委、区政府主要负责同志带头遵守宪法法律，支持本级人大、政府、政协、法院、检察院依法依章程履行职能、开展工作；严格遵守《领导干部干预司法活动、插手具体案件处理的记录、通报和责任追究规定》，并通过谈心谈话等方式督促领导班子其他成员和各单位党政主要负责同志严格依法办事，不得违规干预司法活动、插手具体案件处理。认真落实行政机关出庭应诉、支持法院受理行政案件、尊重并执行法院生效裁判的制度。

（四）围绕法治社会建设，深入培植全社会法治意识

一是把握重要节点开展行业法规宣传教育活动。在重要时间节点，积极组织"线上线下"主题法治宣传活动。加大新颁布的法律法规宣传力度。针对新颁布实施的《中华人民共和国社区矫正法》《北京市生活垃圾管理条例》等法律法规加强宣传解读。组织昌平区《民法典》学习宣传活动启动仪式，印制 8000 册《民法典》宣传读本在全区范围内发放，联合区普法志愿者联盟开展"跟着法官学法典四十讲"线上公益活动，截至 11 月底，已在"法治昌平"微信公众号刊发 31 期。

二是全力做好"12·4"国家宪法日暨宪法宣传周系列宣传活动。城区主要大街、各镇街、各公园电子显示屏高频次播放宪法宣传公益广告，滚动播放宪法宣传标语口号，全区张贴、悬挂主题海报、横幅 1200 余份；制作播出"《法治昌平》——弘扬宪法精神 建设法治昌平"特别节目，以宪法在我们身边，宪法与人民群众生活密切相关为主题，选取典型案例，讲述老百姓的宪法故事，呈现"七五"普法以来，全区上下深入开展宪法学习宣传的主要成果；在"法治昌平"微信公众号开展宪法知识竞赛，积极宣传昌平区各部门、各镇街宪法宣传活动；各镇街在"12·4"当天以设置宣传台、发放宣传资料、解答法律咨询等形式，向群众宣传《宪法》《民法典》《法律援助条例》等法律法规；全区各单位、各镇街采取宪法宣传、主题讲座、知识竞赛、模拟法庭等方式积极开展宪法进机关、进校园、进社区、进企业等主题宣传活动 70 余场次，发放《宪法》《民法典》等法治宣传材料 50 000 余份，接受群众咨询 260 余人次。

三是圆满完成"七五"普法验收工作。召开昌平区"七五"普法总结验收暨部署迎接市级检查工作会议，区司法局汇报了昌平区"七五"普法工作情况，区法院、区检察院、区统计局、区市场监督管理局、北七家镇、霍营街道主管领导分别汇报了本单位"七五"普法工作情况。区人大对"七五"普法期间法治宣传阵地、公共法律服务平台建设，以及"谁执法谁普法"普法责任制落实情况进行了调研。区委常委会、区人大常委会分别听取审议了昌平区法治宣传教育第七个五年规划实施情况工作报告。

平谷区法治建设报告

2020年，是全面建成小康社会和"十三五"规划收官之年，在市委市政府和区委区政府的坚强领导下，在区人大及其常委会和区政协的监督支持下，在全区人民共同努力下，扎实推进法治建设，为建设法治中国首善之区做出了应有贡献。

一、人大法治保障和监督工作

2020年，全年共召开人大常委会会议6次，听取和审议区"一府两院"工作报告24项，依法作出决议、决定8项；召开主任会议19次，听取和审议区"一府两院"落实人大常委会审议意见报告11项；任免国家机关工作人员77人次；组织代表活动52次；督办代表议案2件、代表建议144件、为民办实事工程35件；完成25名代表补选工作，区委推荐人员当选率100%，圆满完成区五届人大六次会议确定的各项目标任务，为统筹推进全区疫情防控和经济社会发展，提供了坚实的民主法治保障。

（一）尽心竭诚，坚持党对人大工作全面领导

1. 坚持区委集中统一领导。不折不扣贯彻执行区委决策部署，切实将区委各项指示批示精神落到实处。加强规范，严格执行重大事项请示报告制度，坚持每半年报告一次全面工作，2020年向区委报送重大活动、重点工作等请示报告文件19件，确保人大工作始终处于区委的集中统一领导之下。

2. 提升党组核心领导能力。认真贯彻落实《中国共产党党组工作条例》，首次制定《平谷区人大常委会党组工作要点》。全年召开党组会议31次，研究议题133项，党建议题占比61%；落实党组理论中心组学习计划，组织学习20余次、集中研讨5次；严格落实《平谷区党委（党组）意识形态工作责任制实施意见》，定期学习研究意识形态工作；人大常委会邀请区委副书记作平谷区推动"两体系一机制"建设工作情况介绍；首次制定《2020年老干部工作要点》，提升老干部工作水平。

3. 落实全面从严治党主体责任。严格落实党组书记党风廉政建设第一责任人"四个亲自"[1]要求、党组成员"一岗双责"要求;高度重视巡视问题整改工作,2019年全面从严治党考核问题全部整改落实到位;严格落实党组工作规则和议事规则,严格抓好廉政纪律和作风建设,严格执行党建工作巡视检查机制;主动支持区纪委监委派驻组工作。确保全面从严治党各项任务有效落实。

(二)尽责履职,法治建设护航经济社会发展

1. 加强经济运行监督。听取和审议区政府预算执行情况、国民经济和社会发展计划执行情况报告,审查批准了2019年决算、2020年预算和计划指标调整方案;听取和审议区政府2019年度企业国有资产管理情况专项报告。

2. 加强审计查出问题整改情况监督制度建设。制定《平谷区人大常委会关于进一步加强对审计查出突出问题整改情况监督的实施办法》,听取和审议区政府关于审计查出突出问题整改情况的报告,提出整改建议,形成人大监督和政府审计监督合力。

3. 加强财源税源监督。先后听取区财政局、税务局、驻区金融企业专项工作报告,提出"关注新业态、新消费,培植有效税源,制定税源中长期发展计划,发挥金融优势助力区域发展"等意见建议。

4. 优化营商环境,推动绿色发展。听取和审议区政府关于制定实施平谷区推动绿色发展三年行动计划议案办理情况的报告;围绕营商环境,调研区发改委、财政局、市场监管局、政务服务中心、投促局、税务局、科信局等27家相关部门和十余家重点纳税企业,听取区政府关于联合执法、政务服务、一网通办、接诉即办等工作汇报,提出"深化改革推动政府职能转变,以信息化平台建设对接企业群众需求,加大宣传和监督力度"等意见建议;听取和审议区政府关于"两区"建设情况的报告,推动服务业扩大开放综合示范区和自由贸易区建设。

5. 加强疫情防控监督。听取和审议区政府关于新冠肺炎疫情防控工作情况的报告;组织调研了应急管理体系、防疫物资发放、市场供应保障、复工复产等工作情况;结合北京市突发公共卫生事件应急条例立法工作,监督本区完善突发公共卫生事件应急处置工作机制。

(三)坚持依法治区,加强民主法治建设

1. 依法行政和司法监督同力。听取和审议区政府关于开展公共法律服务工作情况的报告、落实"七五"普法推进工作审议意见情况的报告,听取区法院关于推进辖区诉源治理工作的报告、落实充分发挥审判执行作用推进区域诚信体

---

〔1〕 四个亲自:重要工作亲自部署、重大问题亲自过问、重点环节亲自协调、重要案件亲自督办。

系建设的审议意见落实情况的报告，听取区检察院关于落实认罪认罚从宽制度依法履行公诉职能审议意见情况的报告，对以上报告提出"关口前移构筑源头治理科学防线，加大普法宣传推动形成良好社会风尚，多方协作构建执法司法守法一张网"等意见建议。

2. 执法检查与条例推进同步。根据市委、市人大和区委工作部署，从严从实抓好《北京市生活垃圾管理条例》《北京市物业管理条例》《北京市街道办事处条例》三项条例执法检查，开展千名人大代表身边路边周边"三边"检查，将此项工作作为人大围绕中心工作、推动法治建设、密切联系群众、助力城乡精细化治理的一项重要工作抓紧抓实。建立"1+5+18"[1]的区镇两级人大全覆盖联动执法检查机制，开展执法检查100余批次，镇街村居执法检查覆盖率100%；坚持思想认识到位、信息核实到位、人员名单到位、与政府沟通到位、电话督促到位、与代表本人联系到位，人大代表"三边"检查参与率100%；加强与政府沟通督导，检查发现问题整改率100%。

3. 立法调研与区域发展同向。立足平谷"三区一口岸"功能定位，高位推动《北京市生态涵养区生态保护与绿色发展条例》立法调研工作。区委、区人大、区政府主要领导组织召开不同层面专题会议10余次，区人大组织调研广泛征集意见建议，提出的"给予生态涵养功能经济林建设管护补偿、加强地下水超采治理、制定点状供地和设施用地政策"等19条建议被市人大采纳。配合全国人大、市人大到平谷区开展了畜牧法、院前医疗急救体系建设等执法检查和立法调研工作。协助市人大开展了《中华人民共和国家庭教育法》《北京市医院安全秩序管理规定》《北京市住房租赁条例》等9部法规立法征集意见建议工作。

二、法治政府建设

2020年，在市委、市政府和区委的坚强领导下，在区人大、区政协的监督支持下，平谷区紧扣"三区一口岸"功能定位，坚持"生态立区、绿色发展"，积极应对宏观经济下行、产业结构调整压力和新冠肺炎疫情的冲击与挑战，全区上下凝心聚力、奋发有为推进改革、治理、发展各项事业，圆满完成全面建成小康社会任务目标，实现了"十三五"胜利收官。

（一）小康社会全面建成，民生福祉显著提升

1. 平安建设基础更加牢固。高质量完成党的十九大、"两会"、"国庆70周年"等重大活动期间的安全服务保障工作。严厉打击电信诈骗犯罪，打掉犯罪团伙7个，抓获违法犯罪人员388名。加强区域警务合作，严格进京卡口管控，发

---

〔1〕 1+5+18：成立区人大常委会主任为组长的领导小组，5个人大常委会副主任牵头包片的执法检查分组，18个镇街人大执法检查小组。

挥"护城河"作用。实施诉访分离、领导接访包案等制度，全区上访批次和上访人次分别下降76.57%和82.84%。持续打造智慧平安小区（村），社会环境和谐安定。

2. 安全发展基石不断夯牢。在全市首创安全生产专责专章，各类生产安全事故起数下降60.87%，死亡人数下降66.67%。完成食品安全示范区创建，获评"国家农产品质量安全县"。排查整改城市安全隐患1.55万项，确保城市安全运行。持续抓好"五防"[1]工作，加强人民防空建设和地下空间综合整治，实施军警地应急联动机制，有效保障人民生命财产安全。

（二）社会治理系统推进，深化改革成效显著

1. 依法行政水平明显提升。严格落实"三重一大"[2]"五加一"决策法[3]、政府法律顾问等制度，建立实施重要政策、文件合法性审查机制。落实行政执法三项制度[4]，进一步严格规范公正文明执法。依法公开政府信息12.6万条，及时向社会公开部门审计结果、财政预决算等事项，政府决策透明度和公众参与度不断提升。"三协同"[5]综合执法链入选第一批全国法治政府建设示范项目。依法行政考核排名持续保持全市前列。

2. 基层法治建设取得实效。坚持府前街棚改（一期）依法强拆，推动形成鲜明的坚守公平正义导向，培育良好法治风气，有力促进后续征拆工作，实现棚改（二期）、"南大门"签约率100%。宣传贯彻"一法四条例"[6]，实施法治乡村三年星火工程，推广"说事评理议事普法中心"，推动群众法治意识持续。

三、审判工作

2020年，平谷区人民法院"坚持把非诉讼纠纷解决机制挺在前面，从源头上减少诉讼增量"，2020年收案14 795件，较去年降低27.6%，案件结收比100%，多项审执指标位居全市前列，审判管理良性运转，审执质效不断提升。

充分发挥审判职能，努力维护公平正义：

1. 刑事审判打击犯罪，守卫平安平谷。审理各类刑事案件333件。一是依法严惩危害人身安全犯罪，守护百姓生活安宁。审理故意伤害、危险驾驶、寻衅滋事等犯罪48件，对51名犯罪分子予以惩处。二是严厉打击涉众型经济犯罪，保

---

[1] 五防：防火、防汛、防疫、防灾、防险。
[2] "三重一大"制度：重大事项决策、重要干部任免、重要项目安排、大额资金的使用，必须经集体讨论做出决定的制度。
[3] "五加一"决策法：公众参与、风险评估、专家论证、合法性审查、集体讨论加多方案比选。
[4] 三项制度：行政执法公示制度、执法全过程记录制度、重大执法决定法制审核制度。
[5] 三协同："街乡吹哨、部门报到"，"一门主责、其他配合"，"部门要求、乡镇落实"。
[6] 一法四条例：《民法典》和《北京市文明行为促进条例》《北京市生活垃圾管理条例》《北京市物业管理条例》《北京市街道办事处条例》。

护群众财产安全。妥善审理赵某某等 57 人电信诈骗案和艾某某等 24 人非法吸收公众存款案，涉及 1700 余名受害人，涉案金额 6 亿余元。三是依法惩办职务犯罪，以高压态势打击贪腐。审理贪污腐败等职务犯罪 14 件，如国家机关工作人员刘某面对持续发生的非法采矿行为，怠于履职，造成国家损失 1260 余万元，平谷区人民法院以玩忽职守罪对其判处三年六个月有期徒刑；与区纪委监委共同设立"平谷区预防职务犯罪警示教育基地"，开展庭审式教育，全区 500 余名机关工作人员参与旁听，受到警示。

2. 民商案件定分止争，护航友善平谷。审理各类民商事案件 8227 件，涉案总金额 36.13 亿元。民事审判，高效处理民间借贷、买卖租赁等合同纠纷，在审理中促成当事人当场清偿欠款 5300 余万元，有效维护债权人合法权益；人性化处理婚姻家庭纠纷，调解成功 798 件，挽回 300 余个濒临破碎的家庭；深入现场联动调处相邻关系纠纷 171 件，促进和谐友善邻里关系；耐心细致解决物业供暖纠纷，促使 80% 的当事人即时履行义务，维护诚信有序社会生活。商事审判，持续助力优化营商环境，疫情期间，出台《助力优化营商环境实施意见》，发布《民营企业法律风险防控白皮书》，召开"助力中小微企业战疫"和"正确处理劳动关系"线上新闻通报会；复工复产后走访多家民营企业，及时送上司法服务。与区工商联、市场监督管理局建立"民营经济领域纠纷诉调对接机制"；商事案件平均审理天数仅为 70 天，全部适用网上直接立案，电子送达率 100%；开通诉前保全绿色通道，保全标的达 1.5 亿元，保证企业及时高效兑现合法权益；平谷区人民法院 4 名干警在北京市优化营商环境"千人千题"竞赛中单项及总成绩均获全市第一。

3. 行政审判实质解纷，助力法治平谷。一是强化"平谷路径 5.0"行政审判职能作用，审理各类行政案件 286 件，行政机关负责人出庭应诉率 100%；妥善审理征收拆迁、河道治理等案件 42 件，维护行政相对人合法权益的同时，保障区域发展大局。二是有效发挥"行政争议实质性化解工作室"作用，成功化解纠纷 67 起，化解率达 30%，促进社会和谐发展。三是充分利用司法大数据，研判行政行为法律风险点，形成万余字调研报告，持续发送"三书二报一案一建议" 17 份，发布行政拆违案件法律白皮书，与多家行政单位开展云座谈，在多个乡镇街道举办法治课堂，增进府院联动。

4. 执行攻坚保障民生，推进诚信平谷。有效运用多种强制措施，执行案件 5895 件，执行到位金额 4.6 亿元，有财产可供执行案件法定审限内执结率 99.6%，无财产可供执行案件终本合格率 100%。一是精准实施惩戒机制，运用执行一体化系统，实施查冻扣强制措施 1.6 万余次；建立网络司法拍卖集约管理制度，运用京东、淘宝等平台，司法网拍 392 次，成交额 1.97 亿元，为当事人节约佣金 473 万元；采取线上、线下双审批制，依法纳入失信被执行人名单 1026 人，限制高消费 2636 人，与相关单位联合曝光失信被执行人 120 人次，同时加强善意文明执行理念，建立失信修复机制，对履行完毕的 205 名当事人，及时删除失信名单。二是服务保障"六稳""六保"，开展涉民生案件专项执行，妥善执结 1200 余件，在区委有力领导、各部门通力协作下，执结某集团 700 多名职工欠薪 4000 余万元，依法对 7000 余平方米土地进行先予执行，保障重点工程推进。三是完善综合治理格局，在区委政法委主导下，平谷区人民法院与全区 28 家单位携手联动，形成破解执行难强大合力，让失信被执行人无处遁形。

四、检察工作

2020 年，区人民检察院坚决落实区人大五届六次会议精神，组织各类联络活动 60 余场，面对面联络代表百余次，确保深度参与、实质联络常抓不懈、久久为功，切实将人大监督转化为推进检察工作发展的不竭动力。

（一）聚焦公平正义，持续强化法律监督

1. 做优刑事诉讼监督。紧盯有案不立、不当立案，监督立案 9 件、撤案 44 件，同比分别上升 12.5% 和 41.9%。强化涉农领域行刑衔接工作，建议移送非法捕捞水产品案件 3 件，全部移送并立案，均获有罪判决。加强侦查活动监督，制发《侦查活动监督通知书》48 份；制发《纠正违法通知书》5 份，同比上升 66.7%；开展"财产强制性措施专项监督"，依法纠正违法查封、扣押、冻结案件 28 件。坚持在办案中监督、在监督中办案，提出继续侦查取证意见 180 件，追捕追诉漏犯 9 人，改变公安机关移送审查起诉罪名 14 件 21 人，制发《线索移交函》25 份。深化羁押必要性审查，累计变更强制措施 20 人。加强刑事执行监督，通过"网络调解系统"APP、现场交接等方式监督交付执行罪犯 87 名，确保社区矫正对象不漏管、社区矫正管理活动合法合规。

2. 做强民事和行政诉讼监督。受理各类民事检察案件 39 件，同比上升 105%。常态化开展虚假诉讼监督，提请抗诉 2 件；提出再审检察建议被采纳并改判 1 件；针对审判程序瑕疵、执行不规范等问题提出书面检察建议 4 件，灵活运用口头检察建议纠正轻微审判程序违法等问题 12 件。办理的虚假诉讼监督案被评为北京市检察机关"民事诉讼监督优秀案件"，制发的检察建议被评为"民事诉讼监督优秀法律文书"。深入推进"加强行政检察监督促进行政争议实质性化解"专项活动，办理的吴某、吴家某与某镇人民政府履行法定职责执行监督案被评为北京市检察机关"行政诉讼监督精品案件"。

3. 做好公益诉讼检察工作。严格贯彻执行区人大常委会《关于支持公益诉讼检察工作的决议》，积极构建"三诉两支"公益诉讼格局，办理的古树保护行政公益诉讼案被评为北京市检察机关"精品案件"。以"守护平谷母亲河"为主题，成功支持区农业农村局办理平谷区首例生态环境损害赔偿磋商案，促成 7 名违法捕鱼者与区农业农村局签订《渔业生态环境损害赔偿协议》，缴纳生态修复费 6000 余元，增殖放流鱼苗 1000 多斤 5000 余尾，有效保护沟河生态环境。以"保护平谷文化"为主题，对遍布 16 个乡镇的 35 处不可移动文物点位进行现场调查，督促相关单位对文物加强监督管理；开展烈士纪念设施保护专项活动，捍卫英烈荣光，营造尊崇历史、铭记英烈的良好氛围。

4. 全面提升案件办理质效。突出"案-件比"的导向作用，引导检察官在案件办理和检察监督中"求极致""过得硬"。突出审查引导侦查，助力公安机关提高侦查质效；严格"三延两退""建议法院延期审理"必要性审查，有效降低"案-件比"，提升案件办理质量、效率和效果。平谷区人民法院自行补充侦查案件 19 件，上一年度为 2 件；退回补充侦查 57 件、延长审查起诉期限 82 件、建议法院延期审理 21 件，同比分别下降 41.8%、46.4% 和 16.0%；"案-件比"由上一年度 1∶1.65 下降至 1∶1.48，无一错案。

（二）聚焦中心工作，在服务为民上体现检察担当

1. 办好民生实事兜住民生底线。坚持民有所呼，检有所应，群众来信件件有回复，接诉即办群众来信来电 286 件，接待群众来访 226 批次 301 人次，妥善处理 12345 政府服务热线市检察院派单 8 件，检察长带头接访，促进矛盾就地化解，连续 12 年实现进京越级"零上访"。严格落实习近平总书记关于食品药品安全"四个最严"要求，针对违规经营生食产品、保健品以及违规销售处方药等行为，制发诉前检察建议，督促相关单位加强食品药品监管，守护老百姓舌尖上的安全。全力保障律师执业权利，疫情期间协助区域律师办理跨省异地阅卷 3 次。维护弱势群体合法权益，成功支持 11 名农民工追回拖欠三年的劳务费 3 万余元，与区法院共同帮助 9 名甘肃籍"建档立卡"贫困户农民工申请到司法救助金 4 万余元，为决战决胜脱贫攻坚提供检察助力。

2. 全面加强未成年人司法保护。持续抓好最高人民检察院"一号检察建议"监督落实，起诉性侵、虐待未成年人等案件 14 件 19 人，提出"从业禁止令"获判决采纳。加强对涉罪未成年人的教育、感化、挽救，决定附条件不起诉 6 人，精准观护帮教，促进全部回归社会。坚持双向保护，为所在家庭为建档低保户的未成年被害人发放司法救助金 8 万元，防止因案致贫，传递司法温度。检察官在疫情期间组建"向日葵"讲师团，开设"法治 e 课堂"在线讲好"开学第一课"，10 名法治副校长开展"法治进校园"20 余次受众 8000 余人，助力平安校园建设。为更好地发挥学校在预防犯罪、家校衔接等方面的积极作用，向区教育委员会制发检察建议，推动构建齐抓共管的未成年人保护大格局。

3. 护航民营企业健康发展。秉持"法治是最好的营商环境"理念，加强对

民营经济的平等保护。积极与区工商联、中小企业商会搭建线上沟通平台，实地走访小微企业并编制手册，为辖区内100多家中小企业隔空当好法治"指导员"。统筹推进涉民营企业"挂案""积案"清理，监督撤案2件，坚决纠正以刑事手段插手民事纠纷、经济纠纷。坚持慎捕慎诉，综合考虑犯罪嫌疑人认罪认罚、积极复工复产、努力保就业岗位等情况，依法不批准逮捕民营企业负责人4人、不起诉5人，最大限度减少办案对民营企业的影响。

五、司法行政工作

2020年，区司法局强化党建引领，夯实一基础，围绕一主线，抓实三项重要工作，在推进"法治平谷"建设，疫情常态化防控、乡村治理体系建设中充分发挥了基础性法治保障作用。

（一）夯实依法治区基础，推进"法治平谷"建设不断向前

坚持党对依法治区工作的组织领导，认真履行议事协调机构的统筹职能。一是全面做好依法治区基础工作。筹备召开平谷区委全面依法治区委员会第二次会议，组织召开区委依法治区办第二次会议，根据领导职务调整情况，对依法治区组织机构成员进行对应调整；组织召开依法治市法治调研、法治政府督察、法治乡村三年星火工程、《民法典》相关法律条款梳理等全区法治问题专题会4次；制定依法治区文件13项，建立依法治区工作制度4项，按照法治工作备案办法向依法治市办报备法治文件4份，备案数量全市第一。二是统筹推动依法治区重点工作。围绕"六稳""六保"提供法治保障，制定印发《中共北京市平谷区委全面依法治区委员会办公室关于贯彻落实加强首都公共卫生应急管理体系建设的若干意见及法治保障措施的措施》，指导推动公、检、法、司及全区执法部门共同发力，为全区公共卫生应急体系建设工作提供有力法治保障；依法做好疫情防控常态化工作，制定印发《中共北京市平谷区委全面依法治区委员会关于进一步提升司法质效的具体措施》《中共北京市委全面依法治市委员会关于贯彻落实〈中央全面依法治国委员会关于依法防控新型冠状病毒感染肺炎疫情、切实保障人民群众生命健康安全的意见〉的措施》的任务分解方案，以及《平谷区关于加强综合治理从源头切实解决执行难问题的落实方案》疫情防控法治保障文件，并形成相关工作报告呈报至区委依法治区委和依法治市办。

（二）围绕疫情常态化防控主线，坚持提供有力法治保障

一是坚持对全区疫情防控规范性文件进行合法性审核把关。二是为优化疫情期间营商环境提供法律服务。抽调20名骨干律师成立中小微企业法律服务团，先后为北京万家瑞医疗器械有限公司的口罩等防护用品购销合同审查把关，为区内部分韩企疫情期间职工休假、隔离、待遇等提供法律意见；为中小微企业开通绿色通道，提供网上咨询、预约等公证服务72次；在"法治平谷"微信平台开

通"云律通中小企业法律风险检测系统"，线上已注册企业23家，可享受企业设立、企业经营、劳动用工、资本运作、诉讼仲裁、知识产权、综合测评等七大法律风险的免费智能检测。此外，在20个商会成立人民调解组织，通过人民调解对借贷借款、售后服务、产品质量等消费经营类纠纷进行专项化解。三是法治保障基层治理。围绕全区中心工作，组织律师、调解组织、公证机构成立专项法律服务团队，在棚改、拆违、河道治理等工作中，解答群众法律咨询120余次，参与行政诉讼172件；为乡镇政府提供法律意见60余条，提供拆除现场的法律咨询和服务300余人次。组织律师参与依法化解煤改气信访户、农民工信访群体、劳动纠纷群体等的重大信访问题，积极引导涉及御马坊、由山由谷房地产纠纷涉访人员，通过法律途径解决问题并提供法律援助。四是围绕"七有""五性"法律服务助民生。在劳动人事争议仲裁委员会设立农民工法律援助工作站，及时解答农民工法律咨询，对符合法律援助条件的农民工维权申请进行初审；组织开展"法援惠民生、助力农民工"专项维权活动，扩大惠及范围，提供农民工法律援助200余人次，避免和挽回经济损失100余万元。此外，全区村居法律顾问入村1100余次，为村居提供法律意见70余条；办理全区法律援助案件667件，接待群众咨询8975人次。1月至9月，全区律师代理案件610件，担任法律顾问121家，业务收入2324万元。公共机构办理公证357件，收入330万元，免费办理70周岁以上老年人遗嘱公证37件。为群众减费112余万元。

（三）以法治政府创建示范为契机，抓实推进法治政府建设

一是及时固化法治政府建设成果。作为全国首批法治政府创建示范项目，对"街乡吹哨、部门报到"三协同执法链机制经验成果进行全面梳理，按照中央依法治国办、市委依法治市办统一部署，做好宣传报道工作。同步，收集整理全区五年法治政府建设成果，全面做好2020年度重大行政决策案例和北京市法治政府创建示范项目的评审工作，固化相关经验，推进全区法治政府建设。二是全力助推科学民主依法决策。制定《北京市平谷区行政规范性文件管理办法》，构建规范性文件的全生命周期管理制度。坚持行政规范性文件合法性审核，保障政府部门依法履职。三是在综合执法改革中发挥主导力量。制定《平谷区司法局关于向街乡下放部分行政执法职权并实行综合执法的实施方案》，组织开展3批次150余名执法人员及司法所工作人员进行专项培训，指导街乡建立执法责任制、评议考核制度、综合执法效能考核体系，协调各相关单位完成职权、装备、人员划转工作。组织新任执法人员进行资格考试，通过率为84%，高于全市标准。1月至9月，全区行政执法人均检查量307，全市排名第3；人均处罚量11.63，全市排名第8。组织开展行政处罚权力清单、行政调解职权清单梳理工作，下发《向街道乡镇下放的区级、街乡共有行政执法职权执法范围目录》，厘清79项共

有职权执法范围；配合《北京市文明行为促进条例》实施，梳理不文明行为执法职权清单 351 条。此外，围绕疫情防控，梳理村委会权责 57 项；编制《平谷区街乡综合执法指南》，作为规范各街乡综合执法工作的指导性用书；围绕《民法典》实施，对相关部门的权责梳理工作业已正式启动，10 月 10 日已与检察院、法院、律协召开第一次协商研讨会，确立了工作基本框架。四是做好行政复议工作当好法治后盾。2020 年共受理行政复议案件 106 件，涉及行政处罚、土地确权、违建拆除各方面；承办区政府作为行政诉讼被告方的应诉案件 6 件。

六、治安工作

2020 年，在区委、区政府和市公安局党委的坚强领导下，平谷公安分局坚持以习近平新时代中国特色社会主义思想为指导，牢牢把握"十六字"总要求和训词精神，把疫情防控作为首要政治任务，统筹抓好防风险、护安全、战疫情、保稳定各项措施的落实，为全区始终保持疫情防控"零感染"记录贡献了力量，有力维护了全区社会大局安全稳定，全区群众安全感始终位于全市前列。

平谷公安分局，坚持以打促防，结合辖区实际突出自主警务，不间断开展社会面治安清理整治，做到"应查尽查、应检尽检、应整尽整、应管尽管"。同时，全力落实"守边把口，以面保点"的工作职责，强化警务合作等工作机制落实，健全派驻警力机制和与卫生防疫人员协作配合机制，依托首都外围防线智慧管控系统，全面加强了 5 个检查站和乡村道路卡口查控机制的落实。平谷公安分局全力贯彻大数据发展战略，按照"祥云计划"的决策部署，积极推进智能警务建设，为培育新的战斗力增长点提供了强有力的保障。

七、法治建设特色和亮点工作

（一）全方面维护社会稳定筑牢基层治理基础

1. 全面加强"两类"人员的日常管控。利用"平法 e 联平谷法院网上法律服务系统"，与区法院、区公安分局、区检察院和矫正对象五方同时在线无缝交接；对 28 名刑满释放重点人员全部落实"必接必送"制度，做到"一人一档，专人管理"。通过，手机、微信、信息化监管平台，对 164 名社区矫正对象进行 24 小时不间断网上监管；通过电话、微信、网上学习教育平台和北京社矫 APP 等途径，不间断向社区矫正对象宣传疫情防控知识，强化教育管理。

2. 指导推进说事评理议事普法中心妥善化解社会矛盾。结合疫情防控要求，指导镇、村说事评理议事普法中心升级使用"和风调解"微信小程序，全面培训人民调解员线上受理、线上调解等技能。同步，在各镇、村全面推广微信议事群模式，通过"云调解"化解百姓矛盾问题。1 月至 9 月，通过说事评理议事普法中心化解矛盾 1325 件，调解成功率达 98% 以上。其间，调解涉疫情纠纷 100 余件，成功调解一起因冲撞卡点引发的人身损害赔偿纠纷。此外，以"说事评理议事普法中心"为平台，引导乡贤力量积极参与疫情防控工作，协助村两委做好疫情防控政策及法律法规宣传，并收集群众矛盾线索 50 余条，协助处理"12345"事项 30 余项。

（二）始终坚持人民中心，满足群众司法期待

1. 积极推进一站式诉讼服务，提升群众司法体验。全年通过"12368"诉讼服务热线及诉服大厅为群众提供法律咨询、诉讼引导、案件查询等线上线下服务 20 余万次。认真落实"接单即办、联系法官"工作机制，接单平台收到的千余件事项全部及时办结，并做到回访全覆盖。通过"移动微法院"网上立案 612 件，通过跨域立案平台完成异地立案 33 件，减少群众诉讼奔波。

2. 积极推进一站式多元解纷，畅通矛盾解决渠道。进一步扩大调解队伍，积极与区域行政及行业专业调解组织协作，15 名人民调解员对接 11 个速裁团队，调解案件 1901 起，调解成功率 45%，将 61% 的民商事案件化解在前端，两个速裁团队和两名调解员获北京法院"十佳调解速裁团队""十佳特邀调解员"等称号。积极推进小额诉讼案件审理改革试点，与区检察院、区律协联合建立小额诉讼协作机制，创新与执行工作专项衔接机制，小额诉讼适用数量较去年增长近 11 倍，平均结案周期仅 19 天，审限缩短 20%。

（三）紧扣服务发展大局，提供有力司法保障

坚持和发展新时代"枫桥经验"，依托"吹哨报到"及"12345 接诉即办"工作机制，积极构建"一平台三网格五机制"诉源治理工作格局，努力推动"党委领导、政府负责、法治保障、多方协同"下的诉源治理工作体系建设，从源头上预防和减少矛盾纠纷。自主开发"平法 e 联"网上法律服务平台，整合在线讲法、网上立案、案件查询、在线调解、乡镇对接等 20 多项功能，对接区三级"说事评理议事普法中心"，提供线上法律服务 2500 余次。织密"三张法律服务网"，努力将矛盾就地化解。如某小区开发商将产权抵押给银行，导致业主无法办理产权登记证，引发群体矛盾，区法院法官通过法律服务站点，积极协调区规自委、住建委等部门，启动代表人诉讼，判令解除抵押查封，通过一案解决 300 余名业主诉求，维护社会稳定。平谷区人民法院持续推进"百案巡回审判"，深入开展"送法进百村"，编写疫情防控、扫黑除恶、《民法典》宣传、友善平谷建设案例集，全年开展各类普法宣传 330 余次，万余名群众接受教育，提升法治意识。

怀柔区法治建设报告

2020 年是全面建成小康社会和脱贫攻坚的决胜之年。怀柔区以习近平新时代中国特色社会主义思想为指导，深入贯彻党的十九大和十九届二中、三中、四中、五中全会精神和习近平法治思想，认真落实中央全面依法治国决策部署，围绕重点工作，务实创新，为怀柔区经济社会建设取得新成效提供有力法治保障。

一、人大法治保障和监督工作

（一）依法履职，增强监督实效

1. 回应社会关切，扎实开展法院执行工作调研。

全年，在主管主任带领下，监察和司法委员会及法制办公室采用听取报告、问卷调查、致电询问、抽查案卷、座谈等方式，对区法院执行工作进行了深入调研。对各方反映集中的"执行工作联动不畅、规范化水平有待提升、执法为民意识需强化"等问题，监督指导区法院建立健全长效机制，发挥执行合力；完善执行工作操作规程，规范执行权运行体系；改进工作作风，树立亲民、负责、务实、公正、高效、廉洁的执法形象。区人大常委会听取审议工作结束后，区法院认真落实审议意见，狠抓执行制度、规范化和队伍建设，执行工作的能力和水平整体提升。

2. 围绕区域经济社会发展，深入开展优化营商环境工作调研。

为促进国务院《优化营商环境条例》、《北京市优化营商环境条例》在怀柔区全面贯彻实施，针对优化营商环境工作发展不平衡、政务服务能力水平有待提升等问题，特别是疫情防控期间企业复工复产缓慢、中小微企业难以存活的现状，带领调研组与部分行政机关、公共服务部门、企业及行业协会负责人座谈交流，组织常委会组成人员、各专委会委员及区人大代表共计 64 人，深入开展调研走访和问卷调查，走访企业 202 家，回收调查问卷 890 份，收集对优化怀柔区营商环境工作的意见建议 130 条。通过深度分析，抓住问题关键，监督指导有关部门以市场主体需求为导向，进一步提升政务服务水平，结合本地实际，制定原创性、差异化的优化营商环境的具体措施；关切中小微企业，以抓大护小的原则落实惠企政策，保障各种所有制经济共同发展；加强法治政府建设，实施包容审慎的市场监管，提高化解矛盾能力，营造更加规范公正的法治环境。区人大常委会听取工作结束后，一方面以区人大常委会党组的名义形成向区委的专项工作报告，另一方面，围绕优化营商环境工作继续征求代表委员意见建议，并收集整理成册交区政府，为区委、区政府决策提供参考。

3. 加强执法检查，推进法规条例在全区落地落实。

一是对"两条例"（《北京市生活垃圾管理条例》《北京市物业管理条例》）开展实地调研，推动"两条例"在全区的贯彻实施。二是进一步加大检查力度，推动《北京市养犬管理条例》的实施，检验区政府执行《北京市怀柔区人大常委会关于进一步加强和改进怀柔区养犬管理工作的决议》情况。

4. 开展普法工作调研，全面检验"七五"普法成效。

区人大常委会对普法工作始终给予高度关注，为进一步检验"七五"普法成果，围绕"七五"普法工作开展了视察、调研、座谈，收集了各方对"七五"普法实施情况的意见和建议。针对"普法责任制需进一步落实、学用结合需进一步深化、普法均衡性需进一步提升"等问题进行深入研究，监督指导政府及相关部门进一步强化考核，深入推进"谁执法谁普法"责任制的全面落地；抓住领导干部和国家工作人员这些普法的"关键少数"，着力提升公职人员的法治素养；针对不同群体的不同需求，进一步分层次、分行业、分人群开展内容丰富、形式多样、针对性和实效性强的法治宣传教育活动，促进全区普法工作均衡发展。

（二）履职尽责，扎实做好法制办日常工作

1. 认真做好规范性文件备案审查工作。

备案审查办公室顺应备案审查工作新形势、新要求，积极探索，主动作为，大力加强备案审查制度和能力建设。坚持主动审查与报备审查相结合，严格按照审查标准，提高审查质效。注重关口前移，加强与文件制定机关沟通，在文件制定过程中开展共同调研，从根源上规范文件的制定出台。12月14日，怀柔区在全市人大备案审查工作会议上作典型发言，市人大主管领导在讲话中对怀柔区的备案审查工作给予了充分肯定，特别强调怀柔区创新工作举措、率先向常委会报告工作等方面在全市起到了示范引领作用，与会兄弟区人大的有关领导和同志们也给予了充分认同。

2. 依法做好区、镇乡两级人大代表补选工作。

法制办认真组织代表补选工作，通过开展专题培训、规范文书格式、投票现场巡视等方式，加大对各个环节的监督和指导力度。今年，对11名区人大代表进行补选，同时，对镇乡代表补选做好工作指导。

3. 认真做好代表建议督办工作。

法制办高度重视代表建议意见的办理，将此项工作作为深化监督、服务代表的重要形式，通过电话催办、召开督办会议等形式，抓紧抓实，督促办理。法制办负责督办的 7 件区五届人大六次会议期间代表建议均已办结。

4. 严格履行任前考试制度。

按照《怀柔区人大常委会关于对人大常委会任命的干部进行任前法律知识考试的办法》要求，全年共组织任前考试 4 次，对 12 名拟任"一府一委两院"提请任命人员进行任前法律知识考试。考前认真编制试题，精心组织，加强对拟任职人员的考前教育，经过严格的考试，12 名参加考试人员成绩合格。

5. 协助、配合市人大调研和立法征求意见工作。

协助市人大对《北京市医院安全秩序条例（草案征求意见稿）》征求意见工作，按照市人大《关于对区、乡镇人大换届选举工作开展调研的通知》要求，法制办组织各委室、镇乡人大、人大街工委进行了认真研究，结合 2016 年换届选举工作中存在的问题，就明年人大换届选举工作提出了工作建议。

二、法治政府建设

（一）主要工作情况

1. 切实强化组织领导。召开区委依法治区委第二次会议和法治政府建设领导小组会议，开展法治政府建设与责任落实督察，推动各项工作落实。编制完成《"十四五"时期怀柔区法治政府建设行动计划》初稿。

2. 依法全面履行政府职能。推进镇乡机构改革，形成"6 室 1 队 5 中心"组织架构。推进"放管服"改革，承接下放事项 980 项，清理取消证明 17 项、"零办件" 42 项。建立"一次性告知"制度，推动"告知承诺"落地。

持续优化营商环境。开展优化营商环境 3.0 版政策宣传培训。落实"亲清管家"服务企业机制。组织政务事项标准化梳理。推进社会信用体系建设。通过信用怀柔网站公示行政许可和行政处罚信息。实现区级信用平台数据与市级归集共享。

创新基层社会治理机制。建立一站式综合性服务管理平台。实现城市社区议事厅全覆盖。深入推进社区减负。创建农村管理服务创新示范社区。健全社会救助体系。加强养老服务顶层设计。推进婚登、殡葬等服务体系建设。完善社会动员平台建设。开展社会工作岗位建设和文明实践志愿服务活动。打造社会组织培育孵化系统。

3. 依法科学民主决策。区政府重视合法性审核工作，制发加强行政规范性文件合法性审核和备案监督工作文件，对 76 件次行政规范性文件和重大协议

（合同）进行审核，提出法律意见 753 条。开展合法性审核机制落实情况专项督查。完成《民法典》实施涉及的行政规范性文件清理工作。

4. 坚持严格规范公正文明执法。推进基层综合执法体制改革。制定镇乡街道承接部分行政执法职权工作方案。组建街乡综合行政执法队并增加编制。明确部分职权执法范围，建立案件指定管辖制度，加强工作指导，稳妥有序下放 431 项行政执法职权。

行政执法效能显著提升。行政检查量、处罚量较 2019 年大幅增加，行政执法队伍建设逐步加强。4 家行政执法机关向公安机关移送涉刑案件 8 件。加强执法协调监督。指导街乡建立健全行政执法岗位责任制等内部管理制度，对重大行政执法活动进行现场监督，开展行政处罚案卷评查及质量抽验。完成行政执法信息公示专栏升级改版，组织开展行政执法"三项制度"落实情况专项督查。

5. 强化对行政权力的监督。自觉接受人大、政协监督，104 件代表建议和 1 件议案全部办复。主动接受司法监督，区人民法院 6 份司法建议，均已整改并函复。区检察院 17 份检察建议，已整改并函复 11 件，6 件正在整改中。

加强财政管理与审计监督。规范政府债务和政府债券管理工作，持续深化政府购买服务改革，完善预决算信息公开制度。拓展审计监督广度深度。实现预算执行审计全覆盖，推进领导干部经济责任审计，扎实开展专项审计。加强政府重点投资项目审计。推进公共资源交易平台整合共享。完成与市级电子开评标系统、市级金融担保系统、市级交易平台和开评标场地系统的对接。推进政府信息和政务公开，及时更新政府信息公开指南、目录和年报，增加重点公开领域覆盖面，形成全面完善的公开目录。全年共受理申请 298 件，均已依法答复。

6. 有效化解社会矛盾纠纷。提升行政复议应诉工作质量。全年受理行政复议申请 95 件，审结 71 件，纠错率 31%，制发行政复议建议书 3 份。市政府审结以区政府为被申请人的行政复议案件 4 件，无被纠错案件。法院审结以区政府为被告的一审案件 36 件，败诉率 25%，区政府负责人出庭 3 次。

加强矛盾纠纷排查化解。开展行政调解 10 011 件，成功 9098 件，涉及金额 480 余万元。开展人民调解 561 件，成功 523 件，涉及金额 730 余万元。完成人民陪审员选任工作。强化公共法律服务供给。编制《"十四五"时期怀柔区公共法律服务体系建设行动计划》，全年受理法律援助案件 336 件，提供法律帮助 417 人次、刑事辩护 58 人次。

7. 切实提升依法行政能力。开展区政府常务会会前学法 5 次，组织开展专题法治讲座 2 期、领导干部依法行政研讨班 2 期。做好公职人员学法考法工作，组织《民法典》学习 358 场次，更新考法平台题库，开展年度测法 15 870 人次、提职考法 222 人次。落实"谁执法、谁普法"责任制，制发第三批普法责任清单。推进公职律师备案申报工作。

（二）党政主要负责人履行推进法治政府建设第一责任人职责情况

1. 切实做到党政主要负责人对法治政府建设重要工作亲自部署。区委书记戴彬彬主持区委常委会，审议 2019 年法治政府建设年度情况报告，听取普法工作汇报。区长于庆丰就编制法治政府建设规划、加强行政执法队伍建设、推进严格规范公正文明执法和行政规范性文件合法性审核工作提出明确要求。通过区委理论学习中心组、区政府党组会学习和政府常务会会前学法等多种形式，深入学习习近平法治思想，专题学习《民法典》等法律法规。

2. 依法全面履行政府职能。按照综合化、扁平化方向，推进镇乡机构改革。稳步推进事业单位改革。推进"放管服"改革。持续优化营商环境。稳妥有序下放 431 项行政执法职权，开展行政执法"三项制度"落实情况专项督查，促进严格规范公正文明执法。将"足不出村"办政务工作模式作为法治政府建设示范项目进行申报，为首都乡村善治提供怀柔样本。

3. 坚持依法科学民主决策。制发专门文件，健全合法性审核机制，并组织开展专项督查。完成《民法典》涉及的行政规范性文件清理，并向社会公布清理结果。

4. 主动接受监督。自觉接受人大、政协监督，主动接受司法监督，落实行政机关负责人出庭应诉制度。主动公开区政府关于 2019 年度预算执行和其他财政收支的审计工作报告。

三、审判工作

（一）紧紧围绕中心工作，在服务发展、保障大局上展现担当

1. 筑牢疫情防控司法墙。一是下沉防疫一线。主动向区委请战，下沉社区值守，保障人民群众的身体健康和生命安全。2 月 5 日以来，21 批 297 名"怀法志愿者"，在泉河街道北园社区、龙山街道南城社区等 16 个居民区 25 个岗点，坚守值勤 198 天，询问排查、测温登记 12 万余人次，妥善处理 2 起不配合疫情防控的事件。8 名干警不畏风险，赶赴顺义新国展，参加境外返京人员排查、移转工作。二是推动依法防控。研判疫情对劳资关系、行政执法等领域的影响，向区委、区政府报送《关于在疫情防控期间减少劳资纠纷的具体建议》等 4 份法律建议，确保防控措施在法治轨道上推进。三是做好内部防控。成立防控工作领导小组，制定防控工作预案，配齐防控设备，实行防控通告和"日报告""日消杀"制度，坚决切断病毒传播渠道。允许线下审判后，来院参与诉讼人员 23 782 人次，确保了执法办案与当事人"双安全"。

2. 织密高质量发展保障网。一是妥善处理涉科学城等重点工程案件。深化"怀柔就是科学城，科学城就是怀柔"的思想认识，把"科学一百年、奋斗每一

天"贯穿于审判工作全过程。审结涉"京沈客专"、怀柔科学城等重点工程案件44件，有效保障建设进程。二是继续优化营商环境。以诉讼全流程提质增效为核心，切实提升商事案件审判质效，为创新发展营造优质的营商环境。商事案件法定审限内结案率100%，电子送达覆盖率67.13%。三是从速办理各类涉疫案件。从严从快惩处涉疫犯罪，对4起妨碍疫情防控的7名刑事案件被告人，判处6个月至4年不等的有期徒刑。稳妥审理涉疫情防控、复工复产民商事案件763件，努力降低疫情对人民群众生产生活的冲击和影响，助力稳民生稳企业稳经济稳发展。

（二）牢固树立职责意识，在司法为民、公正司法上不忘初心

1. 加强刑事审判，保障社会平安。审结刑事案件241件，判处罪犯283人。一是坚决打击侵害民生民利的金融犯罪行为。依法严惩非法吸收公众存款、集资诈骗等涉众型经济犯罪，审结4件6人，其中1人被判处12年有期徒刑，全力维护经济秩序及人民群众财产安全。二是持续深化刑事诉讼制度改革。适用认罪认罚从宽制度审结刑事案件205件，占全部结案数的85.1%。通知司法行政机关为219名被告人提供法律帮助、指定辩护律师，刑事辩护工作继续保持三个100%。

2. 加强民事审判，化解矛盾纠纷。审结民商事案件7337件，解决标的金额3.98亿元。一是加强涉民生案件审判。以百姓关心的"头等大事""关键小事"为重点，妥善审结婚姻家庭、物业供暖、交通事故、"三农"等案件2553件，充分保障人民群众安居乐业。二是推进繁简分流改革。将繁简分流改革试点与"一站式"多元解纷建设协同推进，全面提升非诉讼与诉讼对接、前端速裁与后端精审对接的实质化水平。民商事案件简易程序适用率80.77%，多元调解和速裁结案5641件，全市基层法院考核第一。三是深入推进诉源治理工作。主动融入辖区诉源治理大格局，在全市法院率先推动民事（行政）案件万人成讼率纳入平安建设考核体系。探索打造巡回审判2.0版，为基层治理和人民群众提供"量身定做"的司法服务，努力让纠纷"化于未发、止于未诉"。巡回审判45次，开展"守好钱袋子·护好幸福家"等普法宣传124次；万人成讼率1.71%，同比下降0.68%。

3. 加强行政审判，促进依法治区。审结行政诉讼案件117件，审查行政非诉执行案件43件。一是保护行政相对人的合法权益。对23件行政诉讼案件做出撤销具体行政行为、责令行政机关履行法定职责、确认行政行为违法的判决，对13件行政非诉执行案件，依法裁定不准予强制执行。二是实质化解行政争议。树立"行政诉讼无小案"的"大协调"理念，全力促进案件协调处理。行政案件调撤率57.8%，同比上升32.5%。三是延伸职能，助推行政机关提高依法行政

水平。发布年度行政审判"白皮书"，就审判中发现的问题，向行政机关发送司法建议 6 件，反馈率 100%；邀请行政执法人员参加区法院组织的法治培训、庭审旁听活动，共计 1652 人次。

4. 加强执行工作，兑现胜诉权益。执结执行案件 4410 件，执行标的到位金额 5.72 亿元。一是进一步深化执行综合治理格局。与区检察院、区公安分局联合制定《关于联动查控被执行人及其机动车辆、打击拒执罪的实施办法》，与区委宣传部联合出台《关于对失信被执行人实施联合惩戒的意见》，最大限度激发执行联动的合力与效力。采取拘留、罚款、限制高消费、纳入失信名单等惩戒措施 2703 人次，765 名被执行人主动履行法律义务。二是实施专项行动。以"做好'六稳'工作，落实'六保'任务"为主题，开展执行飓风第三季专项行动，执结涉民生、优化营商环境等六类案件 659 件，执行到位金额 7237 万元。三是落实善意文明执行理念。对受疫情影响，生产经营困难的 60 家企业依法快速解除保全措施，对 49 家中小企业有条件地暂不纳入失信名单，"放水养鱼"促企业发展。

（三）强化信息科技支撑，在革新模式、提升质效上与时俱进

1. "云"服务，立案诉服不关门。一是网上立案。网上立案 24 小时"不打烊"，当事人可登录北京法院审判信息网、北京移动微法院小程序申请立案，或者通过邮寄方式寄送立案材料。网上立案、邮寄立案 7478 件。二是网上诉服。设立 9 条立案、诉服热线，深化 12368、诉讼服务公众号的应用，联系法官、案件查询等事项实现一网通办。办理"12368"及诉讼服务平台工单 1094 件，办结率 100%。三是网上缴费、接收法律文书。深度推进电子送达工作，当事人可通过邮箱、北京法院审判信息网、诉讼服务微信公众号等途径接收法律文书，扫描电子送达缴费通知书上的二维码，缴纳诉讼费用。全部案件电子送达 13 262 次，电子送达覆盖率 51.7%，全市法院排名第四。

2. "云"办案，审判执行不中断。一是"云"审判，庭审无障碍。法官、诉讼参与人分处多地，通过"云间网上视频庭审系统"，零接触完成庭审全程。诉讼参与人可在线举证质证，可电子签名庭审笔录。庭审过程，通过语音识别全程记录。二是"云"调解，在线解纠纷。对适合调解的案件，采取视频、电话、微信等形式，开展方式灵活、时间机动的在线调解工作。三是"云"执行，效果不打折。变通网上拍卖方式，以微信议价方式解决价格评估问题，以"云"上看样、电话微信答疑等方式满足竞买者看样需求，快速推动被执行财产变现；实施线上发款，让当事人不跑一步即可享受"云"执行的便捷。"云"办案以来，区法院"云"审判 3939 次，"云"调解 1109 次，"云"执行 2085 件。其中，"云"查控 3289 次；"云"拍卖 399 件，成交金额 6785.58 万元；"云"发

款 693 万元。

3. "云"辅助，质效提升不停摆。一是辅助执法办案。深度应用智能辅助办案系统，有效减轻法官负担。全年，案件繁简分流自动化处理 7108 次，案件信息自动回填 6124 次、语音录入 6160 次，电子卷宗全部随案同步生成。二是辅助审判监督管理。将审判监督管理系统嵌入网上办案平台，办案流程节点清晰明了，法官办案、全程留痕、动态监督同步推进，审判运行态势和审执质效一键生成，有效规范了司法行为。一审服判息诉率 89.21%，高于基层法院平均值 4.4个百分点。

（四）坚持全面从严管理，在固本强基、锻造队伍上步履不息

1. 全面从严治党。一是坚持党的绝对领导。制定《中共北京市怀柔区人民法院党组重大事项请示报告规定》，定期向区委汇报党组、意识形态等工作开展情况，始终将法院工作置于党的领导之下。细化 38 项全面从严治党具体任务，明确主责领导、主责部门，精心部署、狠抓落实、强化督查，不断压实主体责任。二是加强党的政治建设。组织十九届四中、五中全会精神专题研讨班、政治轮训班，扎实开展"两个坚持"专题教育，组织习近平新时代中国特色社会主义思想、习近平法治思想专题读书活动，确保干警在思想上政治上行动上始终同党中央保持高度一致。三是坚持特色党建引领。组建"追光者青年理论学习小组"，引导青年干警增强"四个意识"、坚定"四个自信"、做到"两个维护"。行政庭党支部"小课堂"推动党建"大事业"党建案例，被评为北京法院党建工作优秀创新案例。

2. 全面从严治院。一是履职监管从严。出台《关于审判权力和责任的清单》《执行团队责任清单》，规范自由裁量权和审判监督管理权；对院庭长行使审判监督管理权情况予以专项督查，督促院庭长依法履职；开展"院庭长办案月"活动，院庭长结案 5477 件。二是案件管理从严。建立未结案件审限管理月监督制度，开展审限专项评查，有效解决"隐性"超审限问题。最后一次开庭至结案平均天数、平均审执天数同比分别下降 2.98%、14.1%；3 年以上长期未结案与延审案件全部清零，无超审限结案案件。三是评比考核从严。制定《2020 年度目标责任制考核实施办法》，切实发挥审判绩效考核正向激励、反向鞭策的作用。

3. 全面从严治警。一是严格业务培训。制定《人才培养工作计划》，确定"从严治训、逢训必考"的培训要求，以考试检验学习培训成果。组织"民法典"专题辅导等培训 230 期 3534 人次，其中网络培训 224 小时，参训干警均通过考试。二是严格廉政纪律。开展"以案释德、以案释纪、以案释法"等警示教育，组织干警算好"廉政四本账"，严格执行防止干预司法"三个规定"等铁

规禁令，推动随机分案全覆盖，从源头堵住关系案、人情案、金钱案漏洞。三是严格审务督察。明察暗访与线上监督相结合，对庭审纪律、司法礼仪进行综合督察，发现问题及时纠正。明察暗访 16 次，线上监督 5 次，纠正提醒 22 人次。

（五）自觉主动接受监督，在依法履职、阳光司法上争创一流

1. 全面接受人大及其常委会监督。向区人大常委会专题汇报执行工作，根据意见建议，从完善综合治理格局、加强执行规范建设等方面认真加以整改；组织拟任命干警参加任前考试，提请人大任免院庭长、审判员以及人民陪审员 104 人；邀请代表参与线上新闻通报会、来院视察指导 9 次，走访市、区、乡镇街道人大代表 16 次，接受日常监督；逐条研究、全部办结区五届人大六次会议提出的 20 条意见建议。

2. 主动接受政协民主监督。充分认识接受政协民主监督对于推进司法民主、推动法院工作的重要意义，主动向政协委员、统战人士通报法院工作，并邀请区政协社法农村委员会视察巡回审判工作，认真征求意见建议。

3. 自觉接受社会各界监督。完善人民陪审员随机抽选参审机制，保障人民陪审员参审权利，更好地接受人民群众监督。人民陪审员陪审率 52.38%。推动司法公开工作覆盖法院各领域各环节，全面接受公众监督。审判执行流程信息全部依法公开，裁判文书上网 8874 份，庭审直播 2940 场，召开新闻通报会 8 次，在新媒体平台公开审执信息 3524 条。

四、检察工作

（一）强化检察机关政治担当，主动作为服务区域发展

1. 全力以赴疫情防控。疫情暴发初期主动请缨参战，第一时间组建检察战"疫"先锋队，全体党组成员、部门主任带头下沉社区，全院 80% 党员加入社区防控，7 名检察干警赴国门一线值守，青年党员李渊获评全市抗击新冠肺炎疫情先进个人。坚持依法战"疫"，成立专案组，全面启动"云提讯"等信息化办案模式；依托行刑衔接职能提前介入销售伪劣防护用品案，48 小时内批准逮捕犯罪嫌疑人，有力震慑借疫情牟利的不法分子。

2. 服务打好三大攻坚战。高质效办理非法吸收公众存款等一批涉众型经济犯罪案件，累计涉案金额近 4 亿元。坚持惩防并举，扎实开展"防范非法集资宣传月"活动，入社区、进乡村宣讲法律知识，帮助群众守好"钱袋子"。助力脱贫攻坚，研究制定《司法救助线索移送衔接工作流程》，为因案"失独"家庭争取司法救助金。推动绿色发展，全面启动"河长+检察官"工作机制，构建"行政+检察"的生态环境保护网。生态环境领域公益诉讼线索受理数同比翻了一番。

3. 服务保障科学城建设。出台《关于充分发挥检察职能服务保障"五态"发展的实施细则》《2020 年服务保障怀柔科学城建设发展计划》，构建与原始创

新承载区定位相匹配的检察服务保障体系。深入 20 余家科研院所、企业走访调研 30 余次；对侵犯科学城企业合法权益行为监督立案，对犯罪嫌疑人依法批准逮捕；前往中国证监会学习"取经"，组织法学家论证解决企业股份发行回购等发展难题，真正做到护航科学城、倾力办实事。

4. 营造优质营商环境。开展优化营商环境专项调研，为区域营商环境贡献法治"服务包"。举办"服务'六稳'、'六保'、护航民企发展"公众开放日活动，"零距离"对接，"面对面"服务。依法审慎办理民营企业涉罪案件，帮助企业堵塞监管漏洞、全面复工复产。

5. 助推治理违法建设专项行动。充分发挥专业优势，积极协助区委区政府厘清责任划分、案件定性、法律适用等问题，为拆违工作打通司法路径、打开突破口。快速锁定开发商违法主体责任，共监督立案 5 件 7 人。妥善办理张某非法经营等典型案件，促使被告人积极退赔，购房人撤回信访，形成强大司法震慑和良好司法导向。相关工作获区委区政府高度肯定，中央政法委、最高人民检察院、北京市检察院均将怀柔区人民检察院服务保障违建别墅清查整治工作作为检察机关服务大局的典型案例，在政法系统内交流推广。

6. 参与社会治理创新。落实普法责任制，推进"十进百家、千人普法"主题活动，通过视频录制送法进军营，通过"云课堂"送法进校园，防疫普法课直播浏览量达 28 万次，制作的《民法典》宣传视频在全区 16 家单位及万米公园等室外电子屏播放。通过新媒体平台发布信息 1733 条，民事诉讼监督微动漫作品荣获全市检察机关一等奖，单位获评优秀组织奖。举办"同舟共济、检护明天"等主题公众开放日活动，针对侵害未成年人案件强制报告制度落实不力问题制发检察建议，依托法治副校长对全区近 200 名幼儿教师进行法治培训，全力呵护未成年人成长。

（二）深耕主责主业为民司法，全面履职推进依法治区

1. 强化司法办案。从厚植党执政基础的政治高度出发，办好群众身边的多发性刑事案件，共受理审查逮捕案件 213 件 277 人，批捕 184 人；受理审查起诉案件 238 件 276 人，起诉 261 人。保持惩腐肃贪高压态势，高质效办理左某受贿案，并就廉政风险防控弱化等问题，向案发单位宣告送达检察建议。严把案件出入"两大关口"，无一起经复议、复核改变原决定案件，无一起因不起诉上访案件。办理的刘某受贿案获评全国职务犯罪检察精品案例、杨某等人寻衅滋事案获评全市普通刑事犯罪优秀精品案件。怀柔区人民检察院获评全国、全市检察机关精品案件数同比增长 1.3 倍，实现历史性突破。

2. 优化刑事检察。持续做强派驻中心检察室首都品牌，纵深推进立案监督和监督调查工作，共发出监督立案、监督撤案等监督文书 80 份，监督立案数同

比上涨70%。抓实刑事审判监督，同步审查裁判文书219份，成功办理怀柔区人民检察院司法改革以来首例依职权提请抗诉案件，并获改判。深化羁押必要性审查，对当事人刑事和解、认罪认罚、患有严重疾病等案件依法提出释放或变更强制措施建议15人，最大限度保障人权。办理的吴某羁押必要性审查等案件被最高人民检察院、北京市人民检察院作为指导性案例刊发推广。

3. 深化民事、行政检察。深入开展虚假诉讼领域深层次违法行为专项监督，针对民间借贷纠纷监督案件制发检察建议，实现近年来再审检察建议零突破。扎实开展行政争议实质性化解工作，与相关单位建立常态化沟通联络机制，共同营造政通人和的执法环境。怀柔区人民检察院办理的某公司建设工程纠纷执行监督案获评全市民事诉讼监督优秀案件。

（三）聚焦时代要求深化改革，推动检察工作提质增效

1. 捕诉一体改革有成效。发挥捕诉一体改革制度优势，整合两项审查、突出实质审查、审查引导侦查，建立信息通报、案件会商等工作机制，捕前提前介入侦查案件数同比增长5.6倍，捕前适时介入引导侦查率同比上升10.24个百分点，对170人提出继续侦查取证意见，占批准逮捕案件总人数的92.39%。与区法院通力协作，形成区域"确定刑量刑建议系列工作指引"，合力保障法律统一正确实施。怀柔区人民检察院"案－件比"、确定刑量刑建议采纳率等核心数据持续居于全市前列。

2. 认罪认罚从宽制度落实有提升。从国家宽严相济刑事政策具体化、制度化的战略高度，用足用好认罪认罚从宽制度。认罪认罚从宽制度适用率91.73%，同比上升16.6%，确定刑量刑建议提出率87.8%，同比上升51.2%，采纳率达100%。在办理虚开增值税发票案件中，依托认罪认罚从宽制度适用促进追赃挽损，为国家挽回税款损失94万余元。应邀参与编写最高人民检察院《认罪认罚从宽制度司法适用指南》，为制度顶层设计贡献怀检智慧。怀柔区检察院办理的肖某某合同诈骗案被评为全市检察机关认罪认罚从宽优秀典型案件。

3. 公益诉讼检察有突破。积极稳妥探索公益诉讼"等"外范围，线索受理数、立案数同比涨幅均超过90%。迅速办理水源地垃圾堆放等案件，保障群众饮水安全。依法办理服刑人员违规领取养老金系列案件，向相关单位送达检察建议。针对媒体报道的黄花城长城文物损害现象，第一时间调查了解情况解决问题，有效维护怀柔良好对外形象。与北京军事检察院联合开展英烈纪念设施保护专项监督工作，梳理核对全区1000余名英烈名录，排查英烈纪念设施16处，努力维护英雄尊严、守护民族精神。

五、司法行政工作

（一）坚持党建先行，提升党建队建工作质量

一是积极应对"新冠"疫情。成立怀柔区疫情防控法律服务律师团，通过

线上方式为政府、中小微企业、个人提供法律咨询和法律帮助百余次。组织开展疫情防控法治宣传教育专项行动，发布涉疫宣传视频、法治动态信息100余篇次。抓好疫情防控十大领域重点行政执法任务落实，强化对各类妨碍疫情防控行政处罚行为的监督力度。先后有59名班子成员、机关干部和90余名司法所工作人员投入一线疫情防控工作，50余名机关干部积极承担社区党组织分配的疫情防控卡点工作任务；40余名党员利用个人休息时间参与防控值守150余次。

二是全面从严治党持续深化。制定《关于加强和改进机关党的建设的工作办法》，强化局党组领导机关党建、机关党委负责机关党建、党支部落实机关党建的工作机制。以问题为导向，制定《怀柔区司法局2019年度全面从严治党（党建）考核反馈问题整改方案》，确保整改工作推进有序有力、取得实效。全年局党组共研究党建工作10次17项内容，切实做到党建工作和业务工作同谋划、同部署、同推进、同考核。深入开展"以案为鉴、以案促改"集中教育整顿活动，通过加强政治理论学习、组织专题民主（组织）生活会等形式，强化思想武装，全面查找梳理工作存在的问题，有针对性制定整改措施，加强全系统"四个能力"建设，切实增强全系统党员干部敬法畏纪、遵规守矩的意识，提高拒腐防变、抵御风险的能力。开展律师行业党建引领"四大工程"活动，顺利完成律师行业党总支的选举及下设6个党支部的设置，无党员律所选派了党建指导员，清理失联党员，进一步激发行业党组织活力。

三是全力完成司法所管理体制改革任务。按照积极稳妥、保证队伍稳定的要求，根据全区各镇乡街道的区域特点、人员分布、工作任务量等情况调整司法所编制。结合全系统干部队伍情况和司法所管理体制下沉以及新增的法治监督等工作职能要求，统筹考虑局机关各科室岗位职责、各司法所工作人员的年龄结构、性别结构和专业结构，主要领导主持召开数次专题会议进行研究和深入的谈心谈话，综合各方面因素，对工作方案进行了多次调整，将因改革引发的难题自行消化。改革分三步组织实施，现已基本完成司法所管理体制下沉的改革任务，保障每个司法所有1名正式在编人员具备国家法律职业资格和1名男性正式在编人员。

四是着力发挥党员先锋模范作用。精准掌握社区需求，先后参与望怀社区"清洁家园助创城""文明祥和迎国庆 志愿服务靓怀柔"、结对帮扶等活动，同时发挥司法行政职能作用，为社区提供法治讲座、法律咨询等服务。落实"机关进社区、党员进网格"参与基层社会治理活动，在职党员主动回社区报到，利用个人休息时间积极参与社区疫情防控、桶前值守、环境清洁等活动，自觉做缴纳物业费、垃圾分类、文明养犬等居民公约的示范者和带动者。严格制度规范管理，组织学习研讨《公职人员政务处分法》等，真正把党员的思想政治建设抓在日常、严在经常。

（二）牢固服务大局意识，法治保障中心工作取得新成效

一是扎实推进全面依法治区工作。提升政治站位，依据工作实际，及时调整了委员会的组织机构和人员。委员会及"三组一办"及召开会议5次，印发法治工作重要决定和方案备案工作办法、工作细则等16个文件，进一步完善全面依法治区工作机制和流程。认真履行法治督察职责，在全区范围内开展法治政府建设与责任落实督察，在16个镇乡街道、33个执法单位对本单位法治政府建设责任落实情况自查基础上，督察组对8个单位进行了实地督察。督察结束后，及时全面总结督察整体情况，向各被督察单位反馈存在问题清单，并要求按期整改。

二是聚焦区域重点中心工作。积极参与拆违工作全过程，局主要领导带领主管副局长、业务科长多次到怀柔镇、桥梓镇、九渡河镇对拆违过程中可能存在的法律风险进行现场指导。组织开展相关法律培训3次112人，配合有关镇乡全力做好违建别墅拆除、财产清登公证和执法监督工作，并向介入拆迁的代理律师明示拆违政策和法律风险。积极与法院、市司法局等相关部门沟通协调，妥善应对涉及违建别墅拆除的复议应诉和相关事宜的善后工作。围绕怀柔科学城建设，出台《深化法律服务保障科学城建设实施方案》，科学城司法所工作人员及律师进驻怀柔科学城政务服务中心，为入驻企业提供法律咨询、审查合同等免费法律服务。全力做好接诉即办工作，共收件7件，完成7件，响应率100%，办结率100%，满意率100%。

三是做好"七五"普法收官。做好"七五"普法迎检验收，编制"八五"普法规划。严格落实"谁执法谁普法""谁主管谁负责"普法责任制，推动《民法典》《北京市物业管理条例》《北京市生活垃圾管理条例》《北京市文明行为促进条例》等与群众切身利益密切相关的法律法规落地实施。紧抓"关键少数"学法用法，组织区政府常务会会前学习《民法典》等5部法律法规，开展全区专题法治讲座和领导干部依法行政研讨班4期，修改完善领导干部学法考法网络平台试题库，全区学法考法平台注册15 874人，共有15 127人参与线上学习，15 870人通过年度测试，全区拟提拔的48名处级干部、174名科级干部在公示期内通过学法考法平台进行了提职考法。

（三）坚持依法履职，助推法治政府建设取得新进展

一是履行好政府法制机构职责。基本完成向镇乡（街道）下放部分行政执法职权工作，通过下发制度性文件、监督指导、加强培训和列入考核等措施，确保各项改革任务落地落实。完成行政执法信息公示专栏升级改版，指导各部门规范配备行政执法记录设备，组织相关培训6次以及开展专项督查，推进行政执法"三项制度"落实。组织3批次行政执法资格考试，252人取得行政执法资格。

加大行政执法监督力度，督促指导各执法单位积极规范履职，29 家区属行政执法部门开展行政检查 204 822 件，作出行政处罚 11 076 件，同比增长 180% 和 89%，行政执法总量已超过 2019 年全年水平。

二是法律参谋助手持续发力。组织召开法治政府建设领导小组会议，开展北京市法治政府建设示范综合及专项创建，激励各相关部门找差距、补短板。组织区政府职能部门和各镇乡街道开展 2019 年度法治政府建设情况报告报送和向社会公开工作，主动公开率达 96%。组织开展"十四五"时期怀柔区法治政府建设行动计划和公共法律服务体系建设行动计划编制。完成《民法典》涉及的行政规范性文件清理工作。提请区政府印发《加强行政规范性文件合法性审核和备案监督工作的意见》，全年共法制审核行政规范性文件、重大协议（合同）76 件次，提出法律意见 753 条；对政府性投资项目合同核心条款出具审核意见 250 份；办理区长批示件 24 件次，提出法律意见 56 条；参加区政府各项专题会议 81 次，提出法律意见 155 条，为区政府依法决策提供法治保障。

三是复议应诉不断规范。坚持个案跟进、业务培训等手段加强业务指导，积极引导各级行政机关在规范前端执法行为上下功夫，努力从源头上减少和化解法律风险。全年共接待行政复议咨询 360 人次，接收行政复议申请 136 件，同比增长 29.5%，受理 95 件，同比增长 25%，审结 71 件，行政机关被直接纠错 22 件，占审结案件的 31%。承办以区政府为被告的行政诉讼案件 57 件，同比增长 11.8%。收到行政赔偿申请 6 件，5 件作出赔偿决定，1 件不予赔偿决定。向怀柔镇、九渡河镇、桥梓镇、区人力资源社会保障局等单位开展个案指导 27 次、参与吹哨报到并出具法律意见 4 次。

四是公共法律服务体系三大平台融合发力。立足需求导向，全区"实体平台、网络平台、热线平台"共接待咨询 18 141 余人次。优化村居公益法律服务方案，21 家律师事务所 46 名律师担任 319 个村居的公益法律顾问，走村入户 921 次，提供点对点的"顾讲询调训"等法律服务 2500 余次。受理法律援助案件 336 件，累计为 189 名农民工挽回经济损失 388.74 万余元。全年累计为 417 名犯罪嫌疑人、被告人提供法律帮助；为 55 名公检法通知辩护的犯罪嫌疑人、被告人提供刑事辩护。通过每日督导通报、约谈调换律师等多种手段，严格落实"七有""五性"工作，满足群众公正性需求。

（四）坚持国家总体安全观，维护社会和谐稳定做出新贡献

一是特殊人群管控防线全面筑牢。严肃刑事执行，手机北京社矫 APP 定位 83 人，开展社会调查 78 人次，居住地核实 5 人次，给予社区矫正对象警告 4 人次，训诫 1 人，审批社区矫正对象请销假 77 人次，请销假手续履行率达 100%。严格落实"七包一"管控措施，在重点时期排查 700 余人次，入户走访 705 人

次，开展个别教育 1535 人次。配合 9 家监矫单位开展视频会见，协助法院与相关监所开展视频庭审活动 8 次。强化矫正督察，加大心理辅导力度。组织 50 余场次《社区矫正法》学习宣传贯彻活动，印发万余册宣传材料，召开公检法相关部门座谈会，为做好新旧管理规定无缝衔接、促进新法顺利施行打好基础。

二是法律服务行业服务管理日益完善。强化法律服务行业监管，开展执法检查 561 次，依法受理并按期回复行政投诉 11 件，高效办理律师类行政许可 49 件。指导律师行业开展了"重点问题专项整治行动"和"强化服务意识，提高服务质量"建设年活动，各律所集中学习 63 次，清理兼职律师 1 名。指导公证行业开展了专题学习教育整顿，公证处自查问题 24 项，整改措施 51 条，建立和完善各项规章制度 20 个。全区法律服务行业无代理重大敏感案件、无个体（群体）访事件、无涉及敏感时期参与舆论炒作问题发生。全年全区律师承办诉讼类案件 662 件，同比下降 24.26%；公证处办理国内外公证业务 3544 件，同比增长 0.4%。

三是加强人民调解规范化建设。制定《关于加强人民调解员队伍建设的实施方案》，优化调解员队伍结构，加强业务能力培训。继续实施各项保障措施，坚持为人民调解员投保人身意外保险、发放调解卷宗补贴等制度。推动建立"互联网+调解"新模式，推行"和风调解"APP 应用，提高人民调解信息化水平。全区各调委会共计排查矛盾纠纷 22 000 余次，调解成功 523 件，涉及金额 730 余万元，一大批矛盾纠纷化解在基层，化解在源头。完成 100 名区人民陪审员选任工作。

六、公安工作

（一）加强组织领导，提升执法人员依法行政能力

为提升依法行政水平，强化履职能力，分局建立了由党委书记、分局长为组长，分局政委为副组长，其他党委成员为成员的领导小组。同时，分局研究制定了法治政府建设的工作目标、考核标准，确保行政执法责任制层层分解，步步落实。严格落实《北京市行政机关领导干部学法办法》，制定年度领导干部学法计划，充分利用分局党委会、局长办公会等，定期开展会前学法和法治培训，形成崇尚法律、学习法律、遵守法律的风尚，营造良好的学法环境。

（二）加强行政规范性文件的审核管理

2020 年，怀柔分局对于拟以区政府名义出台的行政规范性文件，强化层级审核，严格落实重大执法决定法制审核制度，并按要求及时报送相关部门进行合法性审查，确保行政规范性文件出台的程序规范。为切实保障行政规范性文件的合法有效，充分发挥对全局行政执法工作的规范和保障作用，及时按要求对行政规范性文件开展清理工作。

（三）严格落实法律顾问制度，提升执法公信力

北京市公安局怀柔分局及时聘请专业的律师作为分局的法律顾问，围绕公安执法工作，为分局提供全方位的法律服务，维护公安机关及民警的合法权益，对重大法律事务提出合理的法律意见和建议，参与草拟、修改、审查规范性文件，以便正确决策，防止"法律漏洞"。加强维权案件、疑难问题研究，精细化管理，参与公安法制宣传及执法培训教育，切实防范执法风险。

（四）深入推进政务服务和放管服改革，提高依法行政效率

北京市公安局怀柔分局结合职责任务，对于行政执法、行政许可等领域的职权事项进行全面梳理，实现职权清晰。进一步深化怀柔区政务服务公安分中心各项职能的优化，推出简化办证手续、专人咨询指导、网上提前预约等20余项便民措施，大大提升了服务效率和水平。

（五）健全纠纷化解机制，加强行政复议、应诉工作

北京市公安局怀柔分局依法规范办理复议诉讼案件，按要求填报各种统计报表和分析报告，规范履行复议诉讼过程中各个环节的工作要求。在办理行政复议诉讼案件中，分局有效化解行政争议，不断规范行政执法行为。切实贯彻落实民警旁听庭审制度和主要领导出庭应诉制度，开辟执法练兵第二课堂，增强民警的程序意识、证据意识和诉讼意识。

（六）加强法治宣传，营造良好的执法环境

北京市公安局怀柔分局扎实开展主题宣传活动，不断丰富宣传内容。充分利用"1·10"主题宣传日、"4·15"国家安全日、"6·26"国际禁毒日、"12·4"宪法宣传日，创新宣传方式，开展了形式多样的法治宣传活动，积极开展法律宣传进社区，进一步深化了"平安怀柔"建设。

2020年，北京市公安局怀柔分局法治政府建设工作在区委、区政府和市局党委的正确领导下稳步开展，取得了一定成绩。在2021年的工作中，分局将继续提炼升华法治政府建设工作的成功经验，继续坚持民意主导和问题导向，攻坚克难，开拓创新，充分发挥主观能动性，深入推进分局法治政府建设工作向纵深发展，为各项中心工作提供强有力的法治保障。

七、2020 年法治建设特色和亮点工作

坚持把领导干部带头学法、模范守法作为全面依法治国的关键，推动领导干部学法"经常化、制度化"要求，狠抓领导干部这个"关键少数"，以打造普法品牌为抓手，以创新普法方式为重点，以提升普法实效为目标，搭建网络学法考法平台，全面推行领导干部和国家工作人员日常学法、年度测法、提职考法制度，切实提升其运用法治思维和法治方式深化改革、推动发展、化解矛盾、维护稳定的能力，在深化学法用法考法方面进行了积极的探索和创新。一是坚持"日

常学法"，注重增强学法守法意识。为促进自觉学法，实现常态化学法的目的，平台还设立与测法考法题库相匹配的学习题库，学习内容与试题一一对应。为方便各类人员随时上线学法，学法载体设置为怀柔区领导干部学法考法平台网页、怀柔区统一认证 OA 系统平台、"怀柔普法"微信公众号以及手机 APP 四种形式。同时还设置了学法满 8 小时才能进行年度测法的前置条件，今年已有 9511 人上线学法，6988 人已达到 8 小时在线学习时长。二是实施"年度测法"，努力提高依法履职能力。全区行政事业单位对所有在职在编干部在学法考法平台上进行了实名注册，每名工作人员必须在"12·4"国家宪法日前，通过平台进行年度测法，测法成绩与个人年底考核、奖励挂钩，凡测法成绩不合格者，取消本人当年考核评优资格和奖励。2020 年全区在册的 15 372 名国家工作人员通过了年度测法，今年已有 6897 人通过了年度测法。三是创设"提职考法"，不断强化依法决策水平。区属各党政机关、事业单位和国有企业凡提拔副科级以上干部时，必须在确定提拔人选之后，在公示期间通过平台组织法律考试。处级干部由区委组织部和区司法局统一组织考试，科级干部由本单位负责组织考试并报区人保局审核备案。该项制度自实施后，全区新提拔的 75 名处级干部和 295 名科级干部全部通过了提职考法，国家工作人员"凡提必考"在怀柔区已成常态。

密云区法治建设报告

2020 年，面对突发新冠肺炎疫情的严峻形势，密云区深入贯彻落实习近平全面依法治国新理念新思想新战略，在市委、市政府的坚强领导下，将法治贯穿到疫情防控、生态保护、经济社会发展各项工作中，人大法治保障和监督工作、法治政府建设工作、审判工作、检察工作、司法行政工作和治安工作均取得了良好效果。

一、人大法治保障和监督工作

1. 及时开展执法检查和立法调研。对《中华人民共和国野生动物保护法》落实情况，全国人大、市人大疫情防控相关决定执行情况开展视察检查。同步做好《突发事件应对法》《北京市文明行为促进条例》《北京市医院安全秩序管理规定》等立法意见征求工作。支持镇人大在疫情防控工作中发出倡议、作出决定。总结凝练好的做法和成效，为防控措施有效实施提供法律支持，推进常态化防控机制建立。

2. 推动"扫黑除恶"长效机制建立。以督办扫黑除恶专项报告审议意见落实为抓手，突出规自等重点领域、关键环节，强化综合治理。区政府完善考核奖惩体系，建立行政部门与政法部门行刑衔接、联席会商等多项工作机制，全面开展"行业清源"专项整治，推进实体化综合执法中心建设。

3. 推进诉源治理与沟通互动机制建立。聚焦保障人民合法权益，对区政府三级公共法律服务体系建设进行视察，听取审议区法院行政审判工作情况报告，打通服务群众"最后一公里"，助推矛盾化解在基层。区法院从主动争取党的领导、更新审判理念、做好争议化解等方面强化审议意见落实，完善常态化良性互动机制，推进依法治区建设。

4. 推动形成社会良好新风尚。与市人大联动开展《北京市文明行为促进条例》、制止餐饮浪费行为专题调研，三级代表踊跃填报调查问卷，把握"小切口"立法，形成对策建议 16 条，推进教育引导与法律约束相结合，营造浪费可耻、节约光荣的良好氛围。

5. 完善"民有所呼，我有所应"落实机制。人大常委会统筹协调，各专委会分头督办，分级分层分类推进意见建议办理，把握过程、引导结果，及时向代表反馈。建立办理前沟通、办理中协商、办理后交流的"三见面"工作机制。2020年代表提出建议107件，交由36家承办单位办理。代表对办理过程满意率100%，对办理结果满意率92%，推动了一批实际问题的解决。

二、法治政府建设

在市委、市政府和区委的坚强领导下，在区人大常委会的有力监督下，密云区政府将法治贯穿到疫情防控、生态保护、经济社会发展各项工作中，全面推进依法行政，加快建设法治政府，有力促进了全区经济社会平稳健康发展。

1. 依法开展疫情防控，加快经济社会恢复发展。对重要疫情防控措施和惠企政策进行合法性审查，确保源头规范。对违法行为坚持依法严厉打击和审慎包容并重，减少行政执法对企业正常生产经营活动的干扰，实现了既依法惩治违法行为又维护市场稳定的良好效果。组建疫情防控法律服务团，为中小微企业提供咨询、代理、"法治体检"等法律服务，印制《打赢防疫保卫战，服务中小微企业法律问题汇编》1300册，助力各类市场主体渡过难关，生产生活在依法科学有序的调度中全面恢复。

2. 高标准履行保水首要政治责任，强化依法保水。进一步完善三级保水体系，增强区、镇、村三级保水队伍力量。制定保水责任清单，形成责任清晰、层级负责、覆盖全域、重点突出的大保水格局。与市级部门建立联合执法机制，形成监管合力，提高整体执法效能。推动上游流域"两市三区"生态环境联建联防联治。开展密云水库百日整治行动。促进执法与管护密切配合、无缝衔接，严厉打击涉水违法行为，形成有法必依、执法必严的强大震慑。全年共清退钓鱼、游泳、游人6683人，制止放牧5起，清出车辆879辆，罚没物品2105件，价值599 390元，立案381起，罚款476 600元。密云水库和潮河、白河入库断面水质保持国家地表水Ⅱ类标准。

3. 健全落实重大行政决策制度。严格贯彻落实国务院《重大行政决策暂行条例》，坚持把公众参与、专家论证、风险评估、合法性审查和集体讨论作为区政府重大行政决策的法定程序。2020年，密云区《"绿水青山就是金山银山"实践创新基地建设实施方案》重大行政决策案例被抽选参加全市区政府重大行政决策案例评审，该决策调研全面细致、程序依法齐全、执行坚决有力、优化及时有效、社会反响良好，得到了评审专家的充分肯定和认可。

4. 把好行政决策法律关。全年区政府常务会176个上会议题、区政府及镇街、部门41份协议全部进行了合法性审查。充分发挥政府法律顾问作用，积极参与重大、疑难涉法事项办理，对檀州家园项目历史遗留问题、水源路南侧 BC 地块征收项目非宅补偿主体问题、古北口司马台二标段道路建设工程纠纷案件、中医院迁址新建工程剩余资金追缴问题等重大涉法事项进行研究论证，为这些问题的依法、妥善解决提供了法律支撑。

5. 加强行政规范性文件审查、备案工作。严格落实国家和北京市关于行政规范性文件合法性审查和备案的制度规定，始终坚持"有件必备、有备必审、有错必究"。全年以区政府及区政府办名义下发行政规范性文件 10 件，均进行了合法性审查，并及时向市政府及区人大常委会进行了报备。在全区范围内开展部门、镇街行政规范性文件专项清理，对 4 件以部门名义制发的行政规范性文件进行了审查备案。办理市政府法规规章草案征求意见 8 件，提出意见建议 20 余条。

6. 加强行政执法协调监督力度。定期在区政府常务会通报全区行政执法情况，督促执法部门依法履行执法权。继续开展行政执法案卷评查工作，采取先部门自查、再抽卷督查的方式，对部门、镇街执法规范化及执法"三项制度"落实情况进行监督检查。加大"行刑衔接"案件移送办理力度，全年办理涉刑案件 5 件。加强重点、疑难执法问题的研究力度，违建别墅清理、"基本无建区"创建等工作依法顺利完成。

7. 自觉接受人大、政协监督。共办理市人大代表建议、市政协委员提案 11 件，其中市人大代表建议 6 件，市政协委员提案 5 件，按照市政府办公厅的统一部署，上述 11 件建议提案于 9 月 30 日前全部办复，并将有关办理情况上传至北京市人民政府办理建议提案信息管理系统，办复率 100%。共办理区人大代表建议 107 件，办理区政协委员提案 109 件。接待市级以上人大、政协领导来密云调研 5 次。

8. 加强多元调解、法律援助及服务工作。积极探索区、镇（街）矛盾纠纷多元化解体系建设，进一步完善访调、诉调对接工作机制。2020 年，各级调解组织调解民事纠纷 962 件，行政纠纷 10 211 件，诉前调解 7885 件，成功率分别为 97%、66% 和 36%。健全公共法律服务体系，积极推进区、镇街、村居三级实体化法律服务平台建设，共接待电话咨询 19 583 人次，受理法律援助 838 件，办理各类公证 1001 件。纳入"七有""五性"考核的"法律咨询现场接待总人次"和"街道、乡镇占全区现场接待人次比例"两项指标考核排名均位于生态涵养区首位。

9. 不断强化行政复议应诉工作。进一步畅通行政复议渠道，完善行政复议应诉机制。区政府全年共受理行政复议案件 153 件，依法审结 135 件，直接纠错率 20%。自觉接受并主动配合办理区政府被复议案件 5 件。全年区政府出庭应诉行政案件 62 件，胜诉率 81%。

三、审判工作

2020 年，密云法院全年共受理各类案件 17 600 件，审执结 16 495 件，结案率为 93.7%。

1. 依法为疫情防控提供司法保障。审结妨害疫情秩序犯罪、因疫情引发的劳动争议、合同纠纷 76 件。开展"云庭审"和"无接触式"诉讼服务，全年网上立案 2997 件，线上开庭 1550 件，线上谈话调解 5563 次，电子送达 10 699 次。

2. 着力加强民生司法保障。审结人格权、物权、侵权责任等传统民事案件 7016 件，依法维护人民群众合法权益。深入推进家事审判方式改革，审结婚姻家庭案件 1507 件，依法适用人身安全保护令、指定监护等制度，坚决反对家庭暴力、遗弃虐待老人儿童等丑恶现象。

3. 切实巩固基本解决执行难成果。全年执结案件 6010 件，执行到位金额 9.98 亿元，有财产可供执行案件法定期限内执结率 99.02%，无财产可供执行案件终本合格率 100%，首次执行案件执结率 94%。提升财产查控处置效率，全年网络查控 5628 次，网络拍卖成交金额 1.97 亿元。开展"六稳六保"专项执行行动，公布失信被执行人信息 1755 条，拆除违法建设 6900 平方米，对 2090 人次采取限制高消费措施。开展农民工工资专项执行行动，为 789 名农民工追讨欠薪 1174 万元。

4. 全力服务保障绿色发展。制定《为保水保生态和绿色发展加强司法服务保障的若干措施》，出台水库生态环境联防联治等服务举措 20 项。推进环境资源案件专业化审判，严厉惩处非法采矿、非法捕捞水产品、非法倾倒垃圾等犯罪行为，确保受损生态环境得到及时修复，保护好密云的绿水青山。

5. 大力推进法治营商环境建设。审结借款合同、买卖合同、土地承包、公司企业等各类纠纷 2224 件。加强商事案件全流程管理，全面推行随机分案、推广电子送达、规范在线庭审，限定延期开庭次数，提高庭审一次成功率。对疫情影响下企业面临的法律风险进行梳理，为 25 家企业负责人"线上普法"，助力企业复工复产。防范惩处侵害企业合法权益的违法行为，依法纠正虚假诉讼案件 7 件，对妨害诉讼行为人罚款 20 万元。

6. 全面落实司法责任制。完善审判监督管理体系，制定规范文件 8 项，明确院庭长、合议庭、法官的权限和责任，压实院庭长职责。院庭长共审结案件 8084 件，占结案总数的 49.19%。严格案件审判质量管理，上诉案件、发回改判案件分别减少 25.82% 和 9.09%，当事人服判息诉率为 92.23%。持续推进司法公开，上网公开裁判文书 6836 份，应公开文书上网率 100%，完成庭审网络直播 3318 次。

7. 加强一站式多元解纷和诉讼服务体系建设。深入推进多元调解加速裁工作，全年调解成功 3998 件，速裁结案 3080 件，占同期民事结案总量的 60.5%。将 12345 民生热线、12368 诉服热线的诉求统一汇总，共办结 556 件，办结率为 100%。办理各类咨询信访事项 1919 件，回复率为 100%。全面推进送达工作，商事案件电子送达覆盖率为 53.19%，同比增加 35 个百分点，电子卷宗扫描率和生成率达到 100%。

8. 扎实开展司法体制改革。试点推行民事诉讼程序繁简分流改革，适用小额诉讼程序审理案件 1657 件，平均审理期限为 18.11 天，适用率为 16.09%，在全市法院排名第三。简易程序适用率为 76.63%，位列全市法院第一。加强审判团队管理，根据立审执不同需求建立多类型团队，实行团队任务定量化、考核差异化，充分激发团队内生动力。进一步扩大司法民主，新选任人民陪审员 300 名，邀请人民陪审员参审案件 262 件 310 人次。

四、检察工作

1. 维护社会大局和谐稳定。全年共批准逮捕各类刑事犯罪嫌疑人 238 人，提起公诉 439 人。依法起诉危害国家安全和邪教组织等犯罪 4 人。依法起诉故意杀人、故意伤害等严重暴力犯罪 21 人，依法起诉"两抢一盗"、诈骗等多发性侵财犯罪 61 人；依法起诉毒品犯罪 5 人。对应逮捕而未提请批捕、应起诉而未移送起诉的，依法追捕追诉 12 人、追诉漏罪 17 起；监督核查纠正社区矫正漏管 16 人。

2. 呵护未成年人健康成长。积极贯彻落实最高人民检察院"一号检察建议"。重拳打击侵害未成年人犯罪，依法起诉 13 人；秉持"宽容不纵容"原则，依法惩戒、精准帮教涉罪未成年人 24 人，对涉嫌轻微犯罪并有悔罪表现的未成年人，作出相对不起诉 7 人、附条件不起诉 3 人。7 名检察官兼任中小学法治副校长，积极开展法治巡讲进校园活动，讲授预防校园欺凌、性侵害、网络陷阱、毒品陷阱等预防知识百余次，让法治阳光伴随孩子们成长。

3. 推进检察风险防控化解。对不应当立案而立案的依法监督撤案 10 件；对事实不清、证据不足的依法不批准逮捕 34 人，不起诉 12 人；排除非法证据 2 份；就侦查机关延长侦查羁押期限不规范制发检察建议。对涉嫌犯罪但无社会危险性的决定不批准逮捕 35 人，对犯罪情节轻微、依法不需要判处刑罚的决定不起诉 57 人；对 31 件发生在亲属和邻里间的轻微刑事案件，依法促成当事人双方达成和解。积极对接 12345 市民热线。

4. 精准惩治环境资源犯罪。持续开展专项监督，重点打击倾倒固体废物、非法采砂、非法捕捞等领域的违法犯罪，监督移送立案 2 件 3 人，依法批准逮捕 4 件 8 人、起诉 5 件 8 人。成功办理本区首例非法填埋生活垃圾污染环境案。

5. 纵深推进生态公益诉讼。落实河长制机制措施，积极服务创建"基本无违建区"工作，排查出涉及公益诉讼案件线索 15 件、发出诉前检察建议 6 件，有效促进了行政机关依法行政、严格执法，一批违法建筑、固体废物、生活垃圾问题得到解决。11 月，经区委全面深化改革委员会审议通过，区委、区政府正式印发了《关于支持检察机关依法开展公益诉讼工作的意见》，检察机关维护生态公共利益的地位及作用得到进一步彰显，机制及保障得到进一步优化。

6. 助力营造良好营商环境。完善信息共享、联动协调等常态化工作机制，依法起诉阻碍京沈客专等项目建设、干扰企业正常经营施工行为犯罪 13 人，形成"办理一案、治理一片、震慑一方"的联动效应。针对民间借贷、劳动争议等领域虚假诉讼多发现象，开展虚假诉讼领域深层次违法行为专项监督，向有关部门和企业提出检察建议 4 份。

7. 护航民营经济健康发展。积极适应统筹推进疫情防控和经济社会发展的新形势新任务，依法、审慎、稳妥办理涉及民营企业案件，严格区分经济纠纷与经济犯罪、企业违规与个人犯罪、企业正当融资与非法集资等"罪"与"非罪"的界限，依法不批捕、不起诉 3 人，坚决防止"办了一个案子，垮掉一个企业，下岗一批员工"。严厉打击侵害企业合法权益的犯罪，对合同诈骗、职务侵占、挪用资金、侵犯知识产权等犯罪果断亮剑，依法起诉 9 人。

8. 细化疫情防控落实，全面激发检察硬核力量。及时会同侦查机关建立涉疫案件实时通报、快速办理等绿色通道，充分利用行政执法与刑事司法衔接机制，提前介入寻衅滋事、妨害公务等涉疫情刑事案件 5 起，依法从严从快批捕 4 件 4 人、起诉 3 件 3 人；出台以《密云区人民检察院疫情防控工作方案》为中心的"1+N"制度体系，建立健全疫情防控快速传导和应急机制，确保落实各项疫情防控措施不留死角。深化智慧检务运用，统筹网络办公、电子卷宗、视频接访、远程提讯、远程开庭等"无接触"手段隔空办案、"云"上联动，在充分保障案件当事人各项诉讼权利的前提下，有效排除线下聚集接触隐患，做到受理、提讯、出庭、接访等工作不缺位、不间断。

五、司法行政工作

1. 统筹谋划，扎实推进依法治区各项工作。起草了《密云区 2019 年度法治政府建设情况的报告》，审议通过了《区委全面依法治区委员会 2020 年工作要点》《密云区加快推进公共法律服务体系建设的若干措施》等文件。协调推进法治政府示范项目创建及区政府重大行政决策案例评审活动，《太师屯镇建立释法评理机制》及《北京市密云区"绿水青山就是金山银山"实践创新基地建设实施方案》被市依法行政办确定为密云区当年评审项目，开展了"十四五"时期密云法治政府建设路径研究。

2. 强化合法性审查，把好法律关口。审核区政府常务会上会议题 176 个，上会文件 161 份，审查区政府及镇街、部门各类协议 41 份。认真办理区政府交办的重大涉法事项，牵头并协助相关部门对檀州家园项目历史遗留问题、水源路南侧 BC 地块征收项目非宅补偿主体问题、古北口司马台二标段道路建设工程纠纷案件、中医院迁址新建工程剩余资金追缴问题、中医院建设占用北京金鑫国华农机公司土地问题等进行研究，分别形成报告，提出了法律意见和解决方案。

3. 认真办理行政复议、行政应诉案件。共接待行政复议来访 214 批次，300 余人，调解成功 72 件，依法立案 164 件，审结 138 件。办理区政府为被告的行政诉讼案件 58 件，办理市政府受理的行政复议案件 5 件，积极落实行政机关负责人出庭应诉制度，全年副区长出庭 4 次。

4. 深化改革，积极推进司法所下沉和行政执法权下放。完成了 20 个司法所的下沉工作，加强培训，推进司法所整体职能的转变和提升。落实执法权下放镇街工作职责，制定《机构改革期间行政执法工作衔接规则》《镇街行政执法责任制》《镇街行政执法配套制度》等制度文件，积极推进 431 项行政执法权顺利交接。

5. 夯实责任，严格落实司法行政管理职能。严格监督教育，落实日报告、周见面制度，利用手机 APP 电子监管软件、微信视频、电子定位、微信报到等多种形式，对社区矫正人员及刑满释放人员进行有效的动态管控。在两类人员中深入开展涉黑涉恶线索摸排，发现线索 3 件，全部清零。压实律师行业管控责任。组建 18 名骨干律师为主的法律服务团，为中小微企业提供咨询、代理、"法治体检"等法律服务。牵头组织法律服务团梳理疫情防控期间各类法律问题，编印《打赢防疫保卫战，服务中小微企业法律问题汇编》手册，引导企业依法复工复产。

6. 健全公共法律服务体系，积极推进区、镇街、村居三级公共法律服务体系建设。2020 年三级公共法律服务平台共接待电话咨询 19 583 人次，受理法律援助 838 件，办理各类公证 1001 件。纳入"七有""五性"考核指标的"法律咨询现场接待总人次""街道、乡镇占全区现场接待人次比例"均排在生态涵养区第一位。认真办理区人大常委会对三级公共法律服务体系的视察建议。在全市率先完成了 300 名人民陪审员的选任和培训工作。

7. 圆满完成"七五"普法工作。围绕疫情防控，创新宣传形式，营造依法科学有序开展疫情防控阻击战的社会氛围。围绕无违建拆除等重点工作和关键节点，制作播出"法润密云"电视节目 25 期，"法润密云"公众号发布文章 1000 余篇，总阅读量 30 万人次。牵头组建接诉即办普法宣传团及宣传小分队，深入 20 个镇街及各村开展普法宣讲活动，通过"以案释法"等方式宣讲恶意拨打12345 所要承担的法律责任。

8. 深入开展矛盾纠纷排查化解。指导各镇街司法所和各级调解组织围绕疫情防控、重大节日活动安保、无违建区创建等中心工作，对辖区内矛盾纠纷开展"滚动式"排查，调解民事纠纷 962 件，行政纠纷 10 211 件，诉前调解 7885 件，成功率为 97%、66% 和 36%，有力地维护了社会和谐稳定。

六、公安工作

1. 牢牢把握总体国家安全观的深刻内涵，坚决维护社会稳定。全面保障"基本无违建区"创建，全区拆违任务超额完成，"拔钉子"行动顺利推进，确保了一批停滞多年重点民生工程顺利开工。认真落实"接诉即办""吹哨报到"机制，推动被动办理向"未诉先办"转变。

2. 统筹推进疫情防控和维护安全稳定工作。①全警动员"守好门"。第一时间搭建"一办十一组"指挥架构，设立外围防线前沿联勤指挥部，创新"1+1+1"工作措施，分局领导一线驻站指导外围查控工作，启动战时密承区域警务合作机制，抽调机关警力充实外围防线力量。准确把握查控政策，严格落实"三必""四个一律""五知"和进出京查控要求，切实筑牢疫情防控外围屏障。②全员参与"控住面"。健全完善涉疫案件执法标准和执法指引，保持对涉疫违法犯罪严打高压态势，妥善处置涉疫警情，侦办涉疫违法犯罪案件，及时发现处置网上有害信息，稳妥处置涉疫敏感舆情。③全力以赴"看住点"。牵动落实密云区集中隔离点、境外隔离观察点、临时集中核酸检测点周边秩序维护，切实筑牢"外防输入、内防反弹"坚固防线。抓紧抓实监所疫情防控硬措施，严格执行封闭式管理，落实每日消毒、体温普查措施，建立全体民警、工勤人员、医护人员身体健康档案和工作档案，形成"真空闭合"。严把收押隔离关，在外设立待收押人员隔离区，确保了监所疫情风险"零输入"。严格单位内部管理，采取最高标准最严要求，坚决落实环境消杀、分散就餐等各项措施，切实落实内部防控主体责任。

3. 牢牢把握影响人民群众安全感的突出问题，严厉打击各类违法犯罪，确保全区安宁。打击整治实现新提升。健全完善分局合成打击新机制，切实提升打击效能，重拳打击涉黄涉赌突出问题，持续强化扫毒攻坚，健全完善分局反诈工作体系，着力推进区级反诈联席机制，扎实开展"断卡"专项行动，严打涉众型经济犯罪。生态警务实现新提升。以学习贯彻习近平总书记重要回信精神为动力，以密云水库建成 60 周年为契机，发挥生态警务机制和环安专业队伍作用，健全完善行刑衔接机制。社会面防控实现新提升。深化 110 接处警专项整治，发挥区域警务合作优势，持续保持高等级外围查控方案。扎实推进智慧平安小区建设，充分发挥社区警务队、"穿警服副书记"作用，全面加强社区基础防控，创新开展"全民反诈密云无诈"网络直播。扎实做好涉外管理，高效完成出入境证照办理工作。加强医院、学校、金融等单位内部安全管理，组织开展防恐防爆演练，有效提升内部单位防范能力。

4. 牢固树立安全发展理念，打好公共安全治理攻坚仗。聚焦交通安全。始终紧盯"减量控大"核心目标，发挥新建交通指挥中心功能作用，持续推进"两打击一整治""一盔一带"专项行动，充分利用电子警察、移动"鹰眼"等多种方式，对涉酒、涉牌、涉证和大货车违法等重点，开展常态化精准打击。聚焦危爆物品安全。以"三重大排查"整治为牵动，对全区危险物品列管单位开展地毯式检查，对涉及使用爆炸物品单位逐一开展重点检查。聚焦旅游安全。紧盯旅游景点及周边安全秩序，加强古北水镇、云蒙山等重点景区安全监管，全力维护全区良好的旅游秩序。加强民俗民宿场所监管，加大安全培训和安全检查，确保经营秩序良好。圆满完成了密云水库建成 60 周年纪念活动、鱼王文化节、蔡家洼荧光夜跑等全区重大活动安全监管工作，助力密云区被命名为"绿水青山就是金山银山"实践创新基地。

七、2020 年法治建设特色和亮点工作

（一）人大法治保障和监督工作特色亮点

1. 坚持做法治思想的传播者。牢牢把握民主法治建设的根本任务，将"法治思维、法治方式"贯穿于工作始终。注重将执法检查作为推进普法宣传的有力手段，同部署、同实施，推进民主法治深入人心。优化疫情期间任免人员见面、宪法宣誓流程。注重加强备案审查制度和能力建设，做好规范性文件备案审查工作。

2. 坚持做法治思维的践行者。及时开展执法检查和立法调研，对《中华人民共和国野生动物保护法》《全国人大常委会关于全面禁止非法野生动物交易、革除滥食野生动物陋习、切实保障人民群众生命健康安全的决定》落实情况，全国人大、市人大疫情防控相关决定执行情况，深入社区、村、企业开展视察检查，支持和保障疫情防控各项工作依法、科学、有序开展。协助市人大开展《突发事件应对法》修订立项论证，就《北京市文明行为促进条例》《北京市医院安全秩序管理规定》等，做好意见征求工作，助推疫情防控依法、科学、有序推进。

3. 坚持做法治建设的推动者。保证宪法、法律、行政法规的遵守和执行，对相关法律法规进行执法检查，并与集中视察、专题询问等监督方式有机结合，提升监督综合效应。推进诉源治理与沟通互动机制建立，聚焦保障人民合法权益，对区政府三级公共法律服务体系建设进行视察，听取审议区法院行政审判工作情况报告，打通服务群众"最后一公里"，助推矛盾化解在基层。区法院从主动争取党的领导、更新审判理念、做好争议化解等方面强化审议意见落实，完善常态化良性互动机制，推进依法治区建设。支持法治政府建设和司法体制改革，推动"一府两院"依法行政、公正司法。

（二）审判工作特色亮点

1. 开展"云庭审""无接触式"诉讼服务。坚持将疫情防控与审判执行工作同步推进，结合疫情防控要求，将办公方式由现场办公转变为"线上线下"并行，开展"云庭审"和"无接触式"诉讼服务，切实做到诉讼服务"不停摆"，司法服务"不打烊"。全年，网上立案 2997 件，线上开庭 1550 件，线上谈话调解 5563 次，电子送达 10 699 次。

2. 出台服务保障绿色发展措施。深入贯彻落实习近平总书记给建设和守护密云水库的乡亲们的回信精神，制定《为保水保生态和绿色发展加强司法服务保障的若干措施》，出台水库生态环境联防联治等服务举措 20 项，推进环境资源案件专业化审判，严厉惩处非法采矿、非法捕捞水产品、非法倾倒垃圾等犯罪行为。

3. 助力基本无违建区创建。坚持"未诉先办"，精准服务"基本无违建区"创建工作，实行专案专办，建立"立审执"专门团队 5 个，出台服务保障举措 16 项。建立与创建单位对接机制、通报会商机制，及时跟踪了解创建工作动态和工作进展。向 20 家创建单位发放《法律风险提示函》，对于 20 家创建责任单位进行逐一走访，精准对接，指导规范强拆程序，优化拆除工作方案，对纠纷隐患及时预警提示。全年，开展行政执法疑难问题座谈研讨 36 次，诉前稳控 200 余人。

4. 深度参与社会治理创新。积极对接党委政府"12345"接诉即办工作，四个人民法庭在辖区镇村设立法律服务站、巡回审判点，包片法官深入镇村访民情、解民忧，做到"村内吹哨、法官报到"，每月开展普法宣传、法律咨询、案例培训、判后回访等"六个一"活动，形成以人民法庭为中心、以巡回审判点为延伸、以网格法官为纽带的调解网络。全年，共参与化解相关纠纷 2000 余件，依法快审快结各类案件 56 件，为人民调解员普法 500 余人次，全区有 18 个村未发生诉讼。

（三）检察工作特色亮点

1. 坚持政治建检。坚持党对检察工作的绝对领导，正确把握检察工作既是政治性极强的业务工作，也是业务性极强的政治工作的深刻内涵，以党的政治建设为统领，把深入学习宣传贯彻习近平法治思想及党的十九届五中全会等重要会议精神作为首要政治任务，不断深化认识、细化制度、优化方法，将学习成果转化为推动密云检察事业发展的强大动力和具体行动。

2. 坚持改革强检。贯彻最高人民检察院以"案-件比"为核心的办案质效评价体系，强化引导侦查，提升移送审查起诉案件质量，减少了约 160 个不必要的空转环节，办案质效评价位居全市前列。落实市检察院以全面提升办案质效为主题的 14 个制度规范，健全数据监测、研判、调查、评查系列配套机制，对接检察官业绩考评工作，将"求极致、办好案、多办案"的价值导向转化成看得见、摸得着、感受得到的 131 个鼓励性指标、40 个限制性指标，推动办案质效全面提升。

3. 坚持从严治检。切实履行主体责任、监督责任，严格执行过问或干预、插手检察办案"三个规定"记录报告制度，认真开展"以案为鉴、以案促改"专项警示教育，围绕落实中央八项规定精神和市委实施细则开展常态化督察，支持派驻纪检监察机构依法依纪依规开展监督，以永远在路上的坚韧和执着，将全面从严治党、全面从严治检不断推向深入。

4. 坚持公信立检。自觉接受人大及其常委会监督，向区人大常委会专题报告依法履行检察职能维护食品药品安全工作，认真落实审议意见，制定突出查办重点、加强协作配合、提升执法能力等 20 条长效机制，全力组织实施，不断改进工作。

（四）司法行政工作特色亮点

1. 精准发力，疫情防控法治保障和服务取得阶段性成果。积极为疫情防控期间全区中心工作提供法律服务，抓实做好规范性文件审核工作，统筹推进做好疫情防控期间行政执法监督、行政复议和应诉工作；组建法律服务团，为中小微企业提供法律服务；围绕疫情防控，创新宣传形式，营造依法科学有序开展疫情防控阻击战的社会氛围。

2. 强化监督，法治政府建设纵深推进。狠抓行政执法三项制度落实落地，定期对全区 37 个执法部门执法状况进行"体检"。完成司法所下沉及职能转变工作，推进 431 项行政执法权顺利交接。严把区政府重大事项法律关，列席参加区政府常务会议，对重点工程项目、规范性文件进行审核把关。推进行政复议、行政应诉工作，全年接待办理行政复议及代理区政府行政应诉案件数量"双提高"。

3. 坚持党建统领，司法为民工作稳步推进。强化队伍建设，教育引导全局干警"学理论、悟原理"。深刻汲取"郭某某减刑案"教训，举一反三，压实责任，健全完善权力运行制约监督机制，防止违法违纪问题发生。践行初心，围绕"七有""五性"抓好民生保障，考核指标中"法律咨询现场接待总人次"及"街道、乡镇占全区现场接待人次比例"排在生态涵养区第一位。

（五）公安工作特色亮点

1. 健全完善"执法办案管理中心+基层案管组"闭合监督管理体系。2020年以来，执法办案管理中心充分运用网上巡检与实地检查相结合的方式对各单位案管组的工作进行指导、监督和考核，以提升基层自我监督和规范管理的水平。坚持每日巡检和通报制度相结合。依托执法办案平台案管组工作模块以及分局每日执法问题通报制度，坚持每日对各办案单位案管组的运行情况进行巡检；坚持专题培训和实地指导相结合，通过集中培训、送训到岗、案例讲评等培训方式，并制作规范执法小视频和系统操作小视频等培训教材下发全局，持续提升基层执法办案单位监督管理水平。客观考核和约谈教育结合。执法办案管理中心围绕案管组的"五大核心工作要素"，制定了客观的案管组考核办法及计分标准，通过对每个月案管组各方面的工作状况进行考核，掌握案管组的履职状况和激发案管组工作积极性，同时建立三级约谈工作机制，并与执法质量考核评议挂钩，全力促进基层规范执法监督和管理水平。

2. 推广集成智能，强化电子卷宗应用，全面深化执法信息化建设。在新冠疫情防控期间，为最大限度避免人员聚集情况，积极响应市局的要求，根据市局对远程提讯、远程律师会见的要求，北京市公安局密云分局经前期精心筹备，积极协调分局看守所以及各办案部门，大力推进远程提讯、律师远程视频会见工作的开展。采取每日巡检的方式督促各单位的电子卷宗、智能语音笔录工作，并对已经上传的卷宗质量进行全面检查；利用周例会时间通报分局各单位执法信息化应用情况，并将纳入分局执法质量考评。

3. 强化执法主体培训，全面提升执法队伍规范化建设水平。一是积极开展二级培训。坚持会前学法机制，为全面加强各级领导干部法治思维能力培养，坚持党委会前学法机制，开展涉疫警情案件规范办理培训。围绕中心工作开展法律讲座，先后开展了涉疫案件执法规范专项视频培训会、扫黑除恶专项培训会、行政案件网上单轨审批电子卷宗培训会、律师远程视频会见工作培训会。二是积极推进考学比武制度。依托智慧办案 APP 开展抽考抽测，为进一步落实全警规范执法实战大练兵工作要求。积极开展公安民警《练兵大纲》《练兵手册》学习应用工作。按照实战化练兵工作要求，结合法制支队主责大纲、手册知识要点，采取"百问百答"标准，建设专业岗位练兵基本知识题库。三是扎实推进包所制度。为切实做好疫情防控工作，最大限度减少人员聚集，降低安全风险，支撑基层单位办案工作开展，坚持法制民警包所制度，对基层单位遇到的执法难题和问题，进行一对一、点对点的培训，增强培训的针对性，切实提高基层执法业务水平和办理涉疫案件能力。

延庆区法治建设报告

2020 年，延庆区深入学习贯彻党的十九大和十九届二中、三中、四中、五中全会精神，坚持以习近平新时代中国特色社会主义思想和习近平法治思想为指导，聚焦冬奥会服务保障和高质量绿色发展两张答卷，主动融入地区发展稳定大局，扎实开展执法、司法、守法普法等各项工作，全面提升法治服务能力，为冬奥会筹办和地区高质量绿色发展提供强有力的法治保障。

一、人大法治保障和监督工作

2020 年区人大常委会认真贯彻区二届人大六次会议精神，依法履行职责，加强对依法行政、公正司法的专项监督力度，做好规范性文件备案审查工作，对"七五"普法及法律法规在本地区贯彻执行情况进行调研和检查。

（一）持续开展对政府依法行政工作的监督，助推法治政府建设

听取区人民政府依法行政工作情况的报告，根据近年区政府依法行政工作情况，对区依法行政工作进行了调研和检查，针对发现问题，提出意见和建议：进一步加强法治宣传与培训，提高领导干部的依法行政意识与能力，要围绕生态环境、绿色发展、重点工程项目建设等中心工作，牢固树立依法行政理念，为冬奥会筹办和区域发展提供有力的法治保障。要进一步健全完善监督制约机制，完善执法责任制、错案责任追究制和考核评价机制，明确考核标准及奖惩办法，推进严格规范公正文明执法；围绕区中心工作，进一步加大重点领域执法力度。加强对执法数量较少的执法部门的考核监督，解决行政执法部门执法数量和质量不平衡问题，切实提高延庆区依法行政的能力和水平。

（二）深入开展对司法专项工作的监督

跟踪检查区检察院落实区人大常委会关于行政执法与刑事司法衔接工作报告审议意见落实情况，对区检察院开展公诉工作情况进行检查。针对区人大常委会关于行政执法与刑事司法衔接工作报告审议意见：立足延庆"生态涵养区"功能定位，持续强化法律监督；加强环境等重点领域的"两法衔接"专项监督力

度，对违法建设用地、盗采沙石、倾倒有毒有害垃圾等环境违法行为形成震慑；加大对执法单位怠于履职监督力度，进一步落实部门责任，加大推进实施力度，促进有案不移、有案难移、以罚代刑问题得以解决，全面推进行政执法与刑事司法衔接工作。

（三）加强对法律法规在本地区贯彻执行情况的检查

对贯彻执行《中华人民共和国监察法》进行检查。"七五"普法以来，延庆区大力完善法治宣传教育长效机制，充分发挥普法责任效能，为服务保障冬奥会、世园会筹办举办和建设国际一流生态文明示范区营造良好法治环境。建议普法工作：一要创新工作方式方法，加大对普法工作的宣传力度。严格按照"谁执法、谁普法"原则，运用多种方法，采取多种形式，积极开展普法宣传工作，使普法工作落实到全社会。二要围绕全区中心工作，结合部门工作实际，有针对性地开展普法工作。特别是要围绕延庆区当前在拆迁、征地、违建拆除和扫黑除恶等方面工作，开展有针对性的普法活动。行政机关要结合依法行政对工作人员开展普法教育，乡镇街道要结合《民法典》的实施对居民开展普法教育，教育他们在用法律维护自身合法权益的同时，履行好个人义务。三要加强对普法工作的检查指导和考核监督，发现问题及时纠正，同时做好档案存留工作。

（四）开展法律监督，加强规范性文件备案审查工作

按照《北京市各级人民代表大会常务委员会规范性文件备案审查条例》《北京市延庆区人大常委会规范性文件备案审查办法（试行）》的要求，坚持有件必备、有备必查、有错必纠的原则，进一步完善制度、畅通渠道、严格程序，主动审查、依法审查，全面推进规范性文件备案审查工作，促进政府依法行政，维护国家法制的统一。全年规范性文件备案审查共5件。

（五）深入调研并做好意见建议征求

对区法院开展"诉源治理"专项工作情况进行调研并提出意见和建议：要进一步落实《北京市延庆区人民法院关于深入开展诉源治理工作的意见（试行）》，以人民法庭、法官工作站、法官联系点为阵地，广泛开展诉源治理工作，积极借助社会各界力量，努力构建"大调解"纠纷解决机制，优化诉调对接工作流程，有序分流化解诉中案件，凝聚治理合力，使诉源治理工作质效最大化。同时，认真做好法律法规征求意见，积极做好代表联系工作，积极主动与代表进行工作沟通，以座谈会、走访等形式听取基层代表意见，并积极协助代表发现问题、了解情况，聚焦问题、分析原因、提出建议，为提出高质量的议案和建议掌握第一手资料。

二、法治政府建设

2020 年，延庆区深入贯彻《法治政府建设实施纲要（2015—2020 年）》，

全面落实市委、市政府关于法治政府建设各项决策部署，扎实推进依法行政，加快建设法治政府，为冬奥会筹办和地区高质量绿色发展提供有力法治保障。

（一）坚持统筹推进，强化服务保障

抓好法治政府建设年度工作要点 8 方面 28 项任务落实，完成法治政府建设示范项目创建和法治政府建设专项考评工作。建立国家工作人员提职考法机制，组织 8 次，48 人参加。落实区政府各部门、各街乡镇领导班子年度集中学法不少于 4 次考评任务，举办 2 期全区领导干部依法行政专题培训研讨班。统筹全区法律资源，强化疫情防控决策和措施合法性审查，加大对妨害疫情防控行为的执法力度，编发《新冠肺炎疫情防控期间法律知识手册》1000 余册。发挥区委区政府法律顾问团作用，服务中小微企业复工复产，为延庆赛区高山滑雪世界杯赛事筹办和取消后相关事宜提供法治保障。

（二）全面履行职能，严格依法决策

在全市率先完成乡镇机构改革，先行先试完成 10 个事业单位改革，进一步促进政事分开、事企分开、管办分离，动态调整区政府部门 123 项行政职权事项。开展涉营商环境文件清理，全面推行"双随机"抽查机制，完成 183 项"放管服"改革任务，取消各类证明 292 项，"一窗"受理率达 100%，网上可办率达 95%。落实新时代街道工作年度 35 项重点任务和 12 项实事项目，对 15 家"枢纽型"社会组织实行分级、分类管理，依托"信用延庆"归集公示信用信息 3 万余条，发布 4 期诚信红黑名单。严格落实重大行政决策程序，制定《延庆区行政规范性文件合法性审核和备案实施办法》，完成 260 余件区政府重大行政决策、行政规范性文件和协议的合法性审查，向市政府和区人大报备行政规范性文件 4 件。

（三）深化执法改革，提升执法质效

组建 18 支街乡综合行政执法队，下放 431 项行政执法职权至街道乡镇实行综合执法。印发《延庆区乡镇街道行政执法责任制工作办法》《关于向街道办事处和乡镇人民政府下放部分行政执法职权并实行综合执法工作方案》，完成 112 名执法人员转隶和 40 学时岗前培训。编印《行政执法规章制度文件汇编》，对"社区"和"市场"领域行政执法职权事项进行梳理并汇编成册。全面落实行政执法"三项制度"，及时调整设置行政执法公示专栏，做好执法信息公示，规范街乡检查单制作和联合检查工作。聚焦物业服务、垃圾分类和文明行为管理等重点领域加大执法力度。严格按照"月统计、季分析、半年总结报告"工作机制对全区行政执法情况进行统计分析和通报，人均执法量 647.36 件，全市排名第三。

（四）强化制约监督，规范权力运行

向区人大常委会报告工作 6 次，29 项，向区政协常委会通报工作 6 次，9

项，邀请 121 人次代表、委员列席区政府常务会议 33 次。制定《防范化解政府隐性债务风险若干措施》，建立风险项目台账，推进财政信息公开透明和预算行为规范有序，制定下发内部审计工作指导意见，实现区级冬奥基础设施和服务保障投入资金审计调查全覆盖。制定《延庆区政府投资工程建设项目招标投标监督管理办法（试行）》，推进公共资源交易平台整合共享，招投标全流程电子化系统基本建成，远程异地评标实现"零突破"。建成区级政务服务大厅，健全三级政务服务体系，实行全时自助服务、周末预约服务、审批容缺服务，全年区政府主动公开信息 302 条，完成依申请答复 208 件。

（五）加强依法治理，有效化解纠纷

办理行政复议案件 70 件，区政府应诉行政诉讼案件 130 件，无败诉案件。圆满完成"七五"普法各项任务和总结验收，在全市首推"谁执法谁普法"履职报告评议机制，在 2020 年复核检查中延庆区"民主法治示范村"综合评价位列全市第一名。持续深化"法律门诊我来选"村居法律顾问"坐诊"机制，为街乡镇委政府和村居民提供双向法律服务，累计服务 5 万余人次，新华社、中央电视台等进行了专题报道。国家信访局交办的 3 件重点信访件全部结案，市级交办的 10 件区级重点矛盾和 16 件积案已全部化解，网上信访占比 82.26%。梳理区级行政调解职权清单，建立知识产权纠纷联合调解机制，全区各调解组织共调解纠纷 2930 件，行政调解化解矛盾纠纷 272 件，调解成功率 79%，儒林街道人民调解委员会获评全国模范人民调解委员会称号。

三、审判工作

2020 年，延庆区人民法院认真履行宪法和法律赋予的职责，依法公正高效审理各类案件，聚焦疫情期间审判职能的发挥，持续深化司法体制改革，全面服务区域经济社会发展大局，各项工作均取得新的进步。全年受理案件 13 918 件，同比下降 20.1%，审结 13 610 件，结收比 97.8%，法官人均结案 252 件，法定审限内结案率 99.51%。

（一）创新方式、科学求变，确保审判职能充分发挥

疫情期间，延庆法院切实提高政治站位，以最高标准、最严要求、最好效果落实疫情防控各项任务的同时，为确保法院审判职能的充分发挥，延庆法院应势而谋，按下"云"审判"启动键"，网上预约立案"不打烊"，让人民群众在疫情期间享受到了足不出户的司法服务，全年线上开庭谈话调解 2077 件次，网上立案 2612 件。

（二）依法惩罚犯罪、保护人民，坚决维护社会稳定

全年审结刑事案件 214 件。严厉打击危害食品安全犯罪，审结生产、销售不符合安全标准的食品罪案件，如邱某某在自制烧饼中使用含铝食品添加剂出售一

案，坚决守住"米袋子""菜篮子""药瓶子"安全红线；疫情防控期间，坚持重拳出击，维护防疫秩序，依法审结销售伪劣产品罪案件，如齐某、耿某某销售伪劣口罩案，切实保障人民群众生命健康安全。坚定不移惩治腐败，保持"打虎""拍蝇"高压态势，依法审理徐某某、闫某某贪污罪案件，孟某某向公司、企业人员行贿罪一案，坚决斩断"围猎"与被"围猎"利益链。

（三）依法公正审理民商事案件，优化良好的营商法治环境

全年审结民商事案件9759件，主动对标世界银行营商环境评价指标，与区司法局签署《关于疫情防控期间应用互联网平台参与诉讼活动的备忘录》，就推广电子诉讼、电子送达等开展深度合作，着力营造便捷化营商环境。加大普法力度，开展"延法在线课堂"26期，邀请专家学者开展《民法典》宣传培训3期，取得了良好的普法效果。

（四）依法公正审理行政案件，推进行政争议实质化解

依法保护行政相对人合法权益，监督行政机关依法行使职权，新收行政案件178件。更加审慎办理涉区域重点工程行政案件，确保案件处理政治效果、法律效果和社会效果的有机统一。针对社会广泛关注的重点案件，深化司法与行政良性互动，加大沟通交流、行政协调力度；向区政府发布行政审判白皮书，切实推进法治政府建设；提升行政机关负责人出庭应诉实效，让老百姓"告官又见官"，让行政机关负责人"出庭又出声"。

（五）巩固提升攻坚战果，向"切实解决执行难"目标迈进

坚持巩固扩大"基本解决执行难"三年攻坚战果，确保执行力度只增不减、核心指标只升不降。全年受理执行案件3445件，执结3451件（含旧存6件），有财产可供执行案件法定期限内结案率超过98%。着力加强长期未结案清理工作，执行长期未结案由原来的130件清理到12件。

积极参与区域社会综合治理，先后发送司法建议15篇，收到回函15篇，回函率100%。

（六）持续深化司法体制改革，健全公正高效的司法体制

1. 深化司法责任制改革。制定《关于审判权力和责任的清单》，压实院庭长监督管理职责，细化院庭长权力清单和应当主动监督的"十类案件"，正确处理充分放权与有效监管的关系，健全完善权责明晰、权责统一、监管有力、运转有序的审判权力运行体系。充分发挥审委会对重大疑难复杂案件定性把关和法官会议参谋咨询作用，推行类案和关联案件强制检索制度，着力防范"类案不同判"，切实统一裁判尺度。全面落实随机分案要求，坚持随机分案为主、指定分案为辅的案件分配制度，实现法官办理案件类型的多样化，提高法官案件办理能力，有效防止法官挑选案件，从源头上堵住"人情案""关系案"。

2. 深入推进民事诉讼程序繁简分流改革试点工作。大力开展民事诉讼程序繁简分流改革试点工作，按照部署要求设立诉调对接中心，加大对人民调解指导力度，全年办理调解协议司法确认案件 1145 件，加大诉源治理力度，新收案件同比下降 20.1%；落实民事案件小额诉讼程序适用要求，年内适用小额诉讼程序案件 1217 件，优化了诉讼程序，提升了审判效能。

（七）全面深化司法公开，促进公正司法

进一步完善司法公开四大平台建设，全年裁判文书上网率达 100%，坚持主动公开，疫情防控期间，通过微信群、微博直播，开展线上新闻通报会 5 期；坚持及时公开，及时更新"两微一端"、官方网站、抖音、快手等自媒体平台信息，及时回应人民群众关切，全年发布各类信息 1100 余条。

四、检察工作

2020 年，区检察院充分发挥法律监督职能，主动服务疫情防控大局，在依法战疫中守初心、担使命，在冬奥会筹办中出专项、聚合力，在狠抓基层建设中找差距、抓落实，讲政治、顾大局、谋发展、重自强，各项检察工作取得了新的进展。积极发挥检察职能保安全护稳定，批准逮捕 174 人，提起公诉 273 人，同比分别下降 30.7% 和下降 17.8%。

（一）依法履行法定检察职责，维护司法公正公信

区检察院立足实际提出 10 项提升刑事办案质效的具体措施，定期剖析刑事办案质效指标数据，实现案件实质审查率 100%，行刑衔接立案率、纠正漏捕漏诉判处有期徒刑以上刑罚率 100%，认罪认罚适用率为 96.8%，量刑建议采纳率为 100%。

1. 深化刑事诉讼监督。贯彻宽严相济刑事政策，依法决定不批捕 33 人、不起诉 14 人。紧盯有案不立、有罪未究和不当立案、越权管辖等问题，监督侦查机关立案 15 件，撤案 9 件；重点对证据不足不批准逮捕、存疑不起诉、排除非法证据等案件开展电子卷宗同步审查机制。实地走访全区派出所，对发现的违法行为及时纠正。妥善办理行刑衔接案件，建议行政机关移送侦查机关的案件均立案。

2. 不断加强刑事执行检察工作。疫情期间通过"日通报"，形成派驻看守所检察动态日志，对发现的问题进行口头纠正。通过"五步工作法"，对患有严重疾病有生命危险的在押人员，提出变更强制措施的建议，依法维护在押人员的生命健康权。

3. 精准开展民事、行政诉讼监督。受理民事监督案件 10 件，依法提出再审检察建议。受理行政诉讼监督案件和行政非诉执行案件。线上、线下与区法院、区司法局共享培训；设立专门办案组，与冬奥会、延崇高速、棚户区改造等领域

的相关部门开展常态化联系，扩大虚假诉讼案件线索来源。将化解矛盾作为民事监督案件结案前的前置程序和检察官考核范围，成功促成一起执行阶段债权纠纷监督案件达成和解。

4. 围绕区域发展做好公益诉讼检察。聚焦"两山"理论实践创新基地建设、山水林湖草一体化保护修复机制建设和以"河长制"为统领的水环境治理体系建设，受理公益诉讼线索41件，办理案件9件。先后开展"守护美好生活""守护母亲河专项行动""垃圾分类专项监督"等检察工作专项。就办案中发现的餐饮具集中消毒企业长期失管问题，向区委、区政府进行专报，督促行政机关履职，让百姓吃得放心。认真贯彻英雄烈士保护法，联合中国人民解放军北京军事检察院针对区25处英烈纪念设施进行调查，对英烈纪念设施保护不力等问题向有关部门发出检察建议，维护了英烈尊严，营造崇尚历史、褒扬英烈的氛围。

（二）认真落实全面从严治党要求，狠抓自身建设

1. 将党的政治建设摆在首位。深刻领悟学习习近平法治思想和以人民为中心的要求，坚持党对检察工作的绝对领导，向区委报送重点检察工作、重要案件。以创建"三色"党建品牌为契机，不断推进基层党建工作标准化、规范化、特色化。以党建带队建促业务，农村饮用水源井保护案获评上一年度全市公益诉讼检察"优秀案件"；延庆区检察院获评全国宣传先进单位；在京津冀三地检察机关服务保障京津冀协同发展交流会上作典型发言。

2. 压实权力清单，持续深化司法体制改革。根据实际工作需要设立专业办案组，专业化建设又有加强。完善检察官员额选入、考核机制，有6名干警通过层层选拔担任检察官，全院30名检察官分布在8个岗位担责履职。担任领导职务的检察官带头办理扫黑除恶等重大疑难案件。突出检察官办案主体地位，同步强化检察长、业务部门负责人监督责任。

3. 将业务能力建设摆在突出位置。将思想政治学习与业务培训相结合，开展各类专题研讨6次、组织干警参加各类培训60余期，做到学习培训全覆盖、常态化。用好检察业务交流平台"检答网"，借力专家咨询委员会"智库"作用，促进干警专业能力不断精进。

4. 坚持全面从严治检。深化专项警示教育活动和经常性纪律教育，以身边事教育身边人，推动以案促改、以案促教、以案促建、以案促管。逐月报告过问或干预、插手司法办案等重大事项情况，要求"逢问必录"，不让"零报告"架空好规定。坚持实事求是，充分发挥检务督察，全年开展各项督察36次，同比上升38.4%，抓早抓小，防微杜渐，坚持严管就是厚爱。

（三）不断强化内外部监督，让检察权在阳光下运行

1. 自觉接受人大监督。自觉向人大报告重点检察工作，全面梳理人大代表、

政协委员提出的意见建议，精心办理，办前联系、办中沟通、办后回访。邀请人大代表参与公众开放日、庭审观摩、案件公开审查等活动，零距离接受监督。制发检察建议的同时抄送区委区政府、区人大法制委，获得有力监督支持。

2. 完善新型内部制约机制。积极推进检察官履职绩效考评审核工作，坚持以办案质效为重要参考，突出办案实绩；完善线索归口管理，加强对涉黑恶线索督办；落实批准逮捕和不批准逮捕案件的备案机制。执行流程监控案件392件，发现问题103件次，发起口头提示29件，纠正数据质量问题24类。

3. 以公开促公正、得公信。常态化开展公众开放日，将请进来与走出去相结合，让更多的百姓进检察门、看检察人、议检察事。持续推进"十进百家、千人普法"活动，将普法重点转移到冬奥场馆和基础设施建设的重点区域、重点企业。深化落实"一号检察建议"，为未成年人开设线上"防性侵"法治课，加强法治宣传，"两微一端"带着检察故事飞入寻常百姓家。

五、公安工作

2020年，延庆公安分局紧密围绕疫情防控和全国"两会"、冬奥会测试赛等重大活动安保，全面强化警务练兵、深入开展教育整顿，切实提升执法办案水平，圆满完成了各项工作任务，为维护延庆地区社会稳定贡献了积极力量。

（一）立足本职、主动作为，全面提升全局执法办案水平

公安分局以"万无一失、一失万无"的工作标准和"细致、精致、极致"的工作作风，主动贴近执法办案实际，制定指引，严格审核把关，提前介入指导，全面推进远程办案工作。

1. 制定执法指引。根据法律法规结合办案实际制定《办理刑事案件相关问题规定》《案管组监督考核办法》《关于处置、打击有关新型冠状病毒类案件工作法律指引》《新型冠状病毒肺炎警情处置流程图》《关于处置、打击有关新型冠状病毒类案件流程图》，为执法办案提供法律支撑。

2. 发挥打击处理效能。在严格坚持法律底线前提下，严厉打击各类违法犯罪。2020年，共刑事拘留414人，行政拘留695人，逮捕209人，起诉354人，强制戒毒15人，社区戒毒37人，社区康复15人，帮教未成年人21起。

3. 深入推进执法办案管理中心+建设。主动贴近执法办案实际，严格审核把关，提前介入指导，全面推进远程办案工作，确保各项工作顺利推进。2020年分局执法办案管理中心共接待各类人员1723人，核实成年人到场协助询讯问106个。按照"一案一回访、一案一叮问"的要求，对案件受立案情况开展网上巡检，共梳理110警情25 215件，发现疑似应受未受及降格处理警情1356件，认定应受未受（触碰红线问题）2件，认定各类执法问题共计127件，下发整改提示警情947件，已全部落实整改。

4. 深入推进远程办案。严格按照市局标准，全面推行行政案件网上单轨审批工作，开展审核把关和监督巡检工作，简化行政案件办理程序，实现了"无纸化"网上阅卷模式。

5. 扎实推进接诉即办线索梳理转办。高度重视"接诉即办"工作，保证民有所呼、我有所应，全年办理"接诉即办"工单 1576 件。

（二）查摆问题、跟进整改，圆满完成各项专项任务

严格落实市公安局要求，以强有力的工作措施，深入开展执法规范化和教育整顿专项活动。

1. 深入开展执法规范化建设活动。结合公安部执法规范化建设评估，对执法办案进行自查自纠，开展"一对一"式服务指导，解决相关问题 36 件，推动执法工作更加规范、更加高效。

2. 深入推进规范执法专项教育活动。以"牢记法治之责 强化使命担当"为主题，按照"因地制宜、分类分步推进"的总体思路，牢牢盯紧执法全要素、办案场所安全、民警执法能力提升等工作目标，围绕案管组运行、接处警、受立案、信息化建设等重点内容，开展实地检查和网上巡检 30 余次，发现问题 543件，下发执法通报 21 件，责令整改 135 件，已全部落实整改。

3. 教育整顿工作取得显著成效。作为全市首批教育整顿试点单位，全局上下高度重视，研提制定了 15 条细化措施，把教育整顿与日常工作统筹推进。组织开展刑事不予立案行政调解案件评查工作，评查了 70 卷调解案卷，梳理取保候审未结案件 56 案 90 人，及时发现问题隐患，及时堵塞执法漏洞，有效提高了规范执法能力。系统梳理近三年来制度机制，对与现阶段法律规定有冲突、办案中不实用、管辖有争议的制度机制，逐条、逐项进行修改完善，确保执法办案有章可循。

（三）多措并举、强化培训，全面推进警务实战大练兵工作

围绕 2020 年度"执法主体能力提升年"的战略定位，分局深入开展警务实战大练兵工作。

1. 全员执法培训深入推进。2020 年以来，依托警务实战大练兵，通过教方法、讲技巧、传经验，围绕执法办案、执法执勤等重点内容，组织开展各类专题培训 180 余次，累计参加人数 2050 人。为巩固学习成果，累计抽考抽测 520 余人次，达到了以考促学的良好效果。

2. 专项培训贴合实战。坚持以实战需求为引领，以岗位培训为基础，以能力提升为主线，以考核验收为牵动，开展立足岗位的专业培训，做到"干什么、练什么"。疫情期间，针对"两高两部"下发的关于打击疫情防控违法犯罪的文件规定组织干警进行集中学习，引导民警坚持依法防控、柔性执法，坚决防止过

度执法、引发炒作。

3. 开展送教到岗工作。结合"战时送教到岗"活动，分局业务部门带领业务骨干，实地到延庆、夏都、百泉等基层派出所，指导案管组工作。重点对日常管理、电子卷宗应用、接报警处置等易出问题的环节进行培训，提升一线执法办案单位的执法规范化水平。

六、司法行政工作

2020 年，区司法局聚焦疫情防控，围绕冬奥会筹办、地区高质量绿色发展等工作，统筹全面依法治区、法治政府建设、公共法律服务体系建设，顺利完成机构改革，为地区和谐稳定发展做出了积极贡献。

（一）坚持党建引领，全面做好疫情防控工作

疫情防控期间，司法局领导班子和处级干部带头深入社区一线，支援沈家营天成家园应急值守 375 人次，在职党员回社区执勤 589 人次，1 名干部获得全国司法行政系统疫情防控先进个人称号。开展"百千万"走访调查活动助力复工复产，组建中小微企业法律服务团，为 20 余家企业在疫情期间进行法治体检。发挥法治宣传优势，整合法律资源，系统梳理疫情防控相关法律法规，编印《新冠肺炎疫情防控期间法律知识手册》1000 余册，印制法律宣传册 11 万余份，第一时间分发到各防疫职能部门、街道、乡镇、各律师事务所，为延庆区全面落实"四方责任"提供有力法律保障。

（二）聚焦"七有""五性"，积极发挥法律服务保障职能

1. 深化"法律门诊我来选"机制。强化群众法治获得感。顾问律师通过"坐诊、出诊、巡诊、会诊"模式为基层党委政府、村居两委、村居民提供精准公益法律服务。全年共为政府和村居民服务 50 000 余次。2020 年 11 月 12 日，延庆"法律门诊我来选"工作机制在新华社、中央电视台新闻频道和农业农村频道、人民网、央广、法治日报、法治网等中央媒体刊发；今日头条、新浪、搜狐等媒体持续报道典型经验和做法，共刊载推广宣传 109 次，产生了良好的示范效应。

2. 完善公共法律服务体系。整合法律援助、律师与公益法律服务工作者资源，最大程度发挥法律援助惠民作用，2020 年累计无偿提供法律援助、代书、咨询 3.3 万余人次，办理法律援助案件 375 件，将法治为民落到实处。优化工作方法，强化公证便民利民，创新"面签+远程视频"公证办理模式，全年办理公证业务 295 件，解答公证法律咨询 2213 次，外出办证 33 件，公益便民服务位于全市前列。

（三）强化法治思维，不断深化依法治区和依法行政

1. 统筹推进法治延庆建设。组织协调召开重要会议 9 次，制定完善工作制

度6项，组织区委理论中心组学习1次，区委常委会学习党内法规7次，区政府常务会会前学法4次。

2. 强化合法性审查和行政执法监督力度。全年完成263件区政府重大行政决策、行政规范性文件和协议的审查工作，为延庆区高质量发展提供有力保障。完善行政执法监督"月统计、季分析、半年报告"制度，全区A岗人均执法量647.36件，全市排名第3位。做好行政应诉复议工作，完成行政复议案件73件，审结行政复议案件67件，同比增长48.9%，纠错率29.8%。全年一审行政诉讼案件209件，审结183件，督促全区机关负责人出庭应诉69件。

3. 圆满完成"七五"普法收官。创建4个国家级、57个市级民主法治示范村，建成119个特色普法阵地。在北京市民主法治示范村复核评价中，延庆区综合评价排名全市第一，其中一级指标"组织保障坚强有力"方面高出全市平均分10.04分。创新建立"谁执法谁普法"履职报告评议机制，作为北京市"七五"普法总结典型进行汇报发言。

（四）主动作为，围绕中心工作维护地区和谐稳定

1. 多举措开展社会矛盾纠纷有效化解。以"和风调解"微信小程序为平台，狠抓基层调解组织信息化建设工作，变群众"跑腿"为"数据跑路"。强化诉源治理，与法院联合出台《关于推动司法确认程序、电子诉讼工作的实施意见》。深化行政调解作用，与五部门共同签署《开展知识产权保护联合调解工作协议书》。全年受理行政调解案件272件，成功化解矛盾纠纷208件，调解成功率为79%。各调解组织共调解纠纷1874件。

2. 创新举措做好社区矫正管理工作。制定下发《新冠肺炎疫情防控期间刑满释放人员衔接安置工作规范》，严格执行"必接必送"工作要求，无缝衔接确保了65名刑满释放人员"零感染"。建立警示教育室，用身边人身边事开展警示教育，提高教育矫治效果。区政府常务会会前学法领学带动全区《社区矫正法》宣贯工作，制作宣传折页1万份，联合区检察院和市场监督管理局开展主题宣传活动，通过微信、微视频等方式开展"空中课堂"，为社区矫正对象"充电"。

七、2020年法治建设特色和亮点

延庆法院建立"源头预防为先，非诉机制挺前，法院裁判终局"的诉源治理格局。坚持在党委的领导下，有效发挥党委总览全局、协调各方的核心优势，充分借助行业协会、人民调解组织、"延庆乡亲"等各方力量，形成诉源治理合力，立足于矛盾纠纷预防层面，最大限度预防和减少纠纷的产生。

一是坚持党建引领保障，构建诉源治理新模式。延庆法院坚持传承红色基因，提升支部党建工作水平，积极探讨"党建+解纷"的诉源治理新模式。挖掘辖区特色资源，邀请德高望重、处事有办法的老党员、老红军参与调处案件，以

平北抗日精神、党性党情释法明理，让群众身边人来调处群众自身事，释放群众自治自理的智慧和力量。

二是立足辖区实际，以"共建"带"共治"就地化解纠纷。依托法官工作站、法官联系点加强与社区的共建，法官驻村镇当顾问，凝聚基层力量、就地化解纠纷，打造新时代"枫桥经验"实践站。

三是开展法律指导，推动乡村诉源治理方式创新。创新开展新乡贤治理，丰富治理方式，维护社会和谐稳定。挖掘新乡贤调解队伍，推动乡村"善治"。指导制定村规民约、行业规则作为调解依据。利用老党员、老干部、老代表、老军人、老教师等"五老"人熟、事熟、威望高的优势，化解土地、家事等纠纷。

四是打造特色法治社区，推动社区"善治"。积极打造法院和社区共建共促的"法耀社区 善治家园"法治社区，举办"法院开放日"，开办"法治诊所"，借助疫情防控执勤之机，法官及法官助理为居民开展"一对一"问诊和答诊200余小时。指导社区组建"法律工作室"，为社区工作人员培训法律知识，培育基层多元解纷力量，针对社区高发的简易民商事纠纷开展调处工作，将司法服务延伸到社会治理末梢，推动实现区域善治的最优化。

五是线上普法，利用网络拓展诉源治理范围。2020年延庆法院开展"延法线上讲堂"28期，为辖区群众、法律工作者等专题讲解《民法典》侵权责任、物权保护等方面的制度创新亮点，倡导群众自觉提升法治素养，宣传办事依法、遇事找法、解决问题靠法的法治文明理念；录制网络公开课，选取审执工作中贴近群众生活的真实案例，解析法律关系、强化规则意识、弘扬公序良俗，引导群众积极向善，让法治思想根植于心、履践于行，形成崇德向善的法治风尚。

六是充分利用大数据和联动机制完善诉源治理工作机制。完善诉源治理工作机制，推进落实延庆法院《进一步深化诉源治理工作实施方案》，充分利用司法大数据，发掘诉源治理重点领域，因案施策；就社区治理类案件构建递进式纠纷过滤机制，将该类案件纳入批量案件管理范围和专项审判管理范围，制作案件台账，构建涉案公司约谈制，及时发现苗头问题；与区住建委、区物业协会就物业类案件诉源治理进行座谈，建立会商机制，推进联动解决历史遗留、矛盾多发问题，探索将成讼量纳入考核范围；针对群体性案件，强化走访调查、府院联动等方式，推动就地化解纠纷，避免纠纷成讼。诉前减增量、速裁去存量的工作模式，走出一条多层次、多路径、多平台的矛盾纠纷多元化解新路径，切实增强人民群众安全感。

专题报告

北京市人民检察院关于依法履行检察职能维护食品药品安全工作情况的报告[*]

北京市人民检察院

民以食为天，病以药为先。食品药品安全是民生工程、民心工程。习近平总书记指出，要用最严谨的标准、最严格的监管、最严厉的处罚、最严肃的问责，加快建立科学完善的食品药品安全治理体系。最高人民检察院、国家市场监督管理总局、国家药品监督管理局联合部署开展落实食品药品安全"四个最严"要求专项行动。北京市检察机关坚持从政治上理解、在大局中把握，立足总体国家安全观，坚持以人民为中心，全面履职、统筹协调、标本兼治，加强食品药品安全司法保护，切实保障人民群众的身体健康和生命安全。

一、落实"四个最严"，全面履行保护食品药品安全检察职责

食品药品安全是人民群众美好生活向往的基本需求，也是实施健康中国战略的重要内容。对于涉及食品药品安全的违法犯罪行为，必须零容忍、出快手、下重拳，全领域发力、全链条整治，努力做到民有所呼、我有所应。

依法严惩危害食品药品安全犯罪。与公安、法院、司法行政、市场监管、药监等部门加强工作对接，联合印发《关于联合开展落实食品药品安全"四个最严"要求专项行动的实施方案》，推动各司其职、衔接配合、协同发力。坚持审查引导侦查，推动将事实证据瑕疵解决在侦查前端；充分运用量刑建议，对违法企业和责任人员要求从业禁止、终身禁业；加强典型案例指引，促进统一司法尺度，力求不枉不纵、罪责刑相适应。2017年以来，共批准逮捕生产销售有毒有害食品、不符合安全标准食品、假药劣药、不符合标准的医用器材等危害食品药品安全犯罪326件382人，提起公诉819件988人，严厉打击了一批"黑诊所""黑医美"以及侵犯知名餐饮品牌知识产权的犯罪行为。昌平院办理的"铝包子"案获评中央依法治国办等五部门联合发布的食药监管执法司法典型案例；通

---

    * 本报告是时任北京市人民检察院检察长敬大力2020年9月24日在北京市第十五届人民代表大会常务委员会第二十四次会议上所作。

州院办理的孙庆、白冬双非法经营、销售假药案，东城院、二分院办理的王爽、谷小伟生产销售假药抗诉案入选全国检察机关打击侵犯消费者权益犯罪典型案例，为依法从严惩处危害食品药品安全违法犯罪行为提供了示范和指导。

深入开展食品药品安全公益诉讼检察。坚持将食品药品安全领域作为公益诉讼检察的工作重点，探索构建"三诉两支"公益诉讼检察工作格局，切实保护千家万户舌尖上的安全，用公益诉讼守护美好生活。围绕农贸市场、校园周边、饮用水源地保护、医疗保健品虚假宣传、网络餐饮等领域开展专项行动，统筹运用行政公益诉讼、民事公益诉讼、刑事附带民事公益诉讼，将提起诉讼与督促履职、支持起诉有机结合起来，办理了一批食品药品安全领域公益诉讼案件。共办理行政公益诉讼诉前程序案件115件；提起民事公益诉讼案件5件，其中3件法院已作出判决且全部支持检察机关的诉讼请求。督促相关行政执法部门立案查处网络餐饮违法案件2167件，处罚现制现售饮用水违规经营主体387家，对涉嫌虚假宣传的美容机构罚款80余万元，督促在远郊区饮用水源地附近清退养殖户、清除垃圾。海淀院办理的网络餐饮服务第三方平台食品安全公益诉讼案，入选全国检察公益诉讼十大典型案例。四分院办理的"黑广播"案，就京外无线电广播电台向北京听众播放虚假药品广告的行为，联动河北检察机关立案行政公益诉讼案件6件，推动市广播电视局开展专项行动，净化了北京无线电广播环境，有效遏制了跨域医药广告乱象。

促进完善首都食品药品安全社会治理。坚持围绕中心、服务大局，制定实施《关于充分发挥检察职能服务保障首都经济社会发展的实施意见》，积极融入市域社会治理体系。聚焦批发市场检验检疫和食品药品市场监管中存在的漏洞，综合运用检察建议、白皮书、案例通报等方式，促进织密食品药品安全"防护网"。创新"检察+"工作模式，与市食品药品监督管理部门会签《关于加强协作配合协同推进食品药品安全工作机制的意见》，建立健全案件会商、线索移送等工作机制，与市消费者协会、北京食品药品安全法治研究会等社团协作，构建多元化保护格局。完善行政执法与刑事司法衔接机制，联合起草食品药品安全领域主要罪名证据移送参考标准，督促行政执法机关移送相关犯罪案件300人，监督公安机关立案295人，严防有案不移、有案不立、以罚代刑。对情节轻微不予起诉案件，建议行政执法机关作出行政处罚，形成闭环式打击，避免一放了之。加大食品药品安全领域行政诉讼、民事诉讼监督力度，办结39件，提出抗诉4件，促进定分止争、公正司法。扎实推进"十进百家、千人普法"法治宣传活动，充分运用"两微一端"、融媒体等新媒体渠道，发布典型案例、微视频、公益广告，提升打假维权意识，形成社会参与的良好氛围。

二、坚持问题导向，深刻认识检察机关保障食品药品安全的短板和不足

维护食品药品安全是一项系统工程。近年来，全市检察机关在党委领导、人大监督及政府相关部门的支持配合下，主动担当、积极作为，在维护食品药品安全方面取得了一定成绩。但是，我们也清醒地认识到，与新时代党和人民的新要求新期待相比，还存在一些亟待解决的问题和不足，需要统筹协调、攻坚克难、逐一破解。

一是办案效能有待进一步提升。虽然检察机关的各项职能都与维护食品药品安全有关，但关联度、契合度存在不均衡现象，主要集中在办理批捕起诉案件、公益诉讼检察领域，民事诉讼监督、行政诉讼监督办案规模较小，缺乏有社会影响力的典型案件，发挥作用的空间有限。就办理的危害食品药品安全犯罪案件来说，确有一定比例属小商贩所为，犯罪情节较轻，被不予批准逮捕或取保候审，造成批准逮捕数与提起公诉数差别较大，说明在具体刑事司法政策的把握上还不够清晰。此外，这类案件的被告人被判处资格刑相对较多，但如何保障从业禁止依法执行，还需要进一步探索监督的方式方法。

二是办案机制有待进一步完善。受制于缺乏统一、全面、同步的办案共享平台，食品药品安全领域主动发现监督线索渠道较为狭窄，基本局限于当事人申请监督，检察机关依职权监督不多。法律规定检察机关可以进行调查核实，但行使的范围、方式及程序不够明确，有的被调查人员或单位对此存在理解偏差，存在一定程度不配合、软抵制现象。涉食品药品安全个案制发的检察建议多，针对类案制发的检察建议少，有的检察建议内容针对性、说理性、可操作性不强，有的检察建议跟踪问效、督促落实不到位，影响了促进社会治理作用的发挥。

三是衔接配合有待进一步健全。保障食品药品安全需要各机关、各单位密切协作、无缝衔接，目前在总体协作框架下，配合的意识较高，但程序衔接上还有不足。如行政机关对于食品药品涉刑案件移送的标准不尽统一，区域之间存在差异，经过刑事处理之后能否再给予行政处罚也不乏争议，不起诉案件反向行政处罚还没有形成一般制度。部分行政机关职责交叉，难以确定履职主体。对于中央提出的探索建立食品安全民事公益诉讼惩罚性赔偿制度，因缺乏明确的法律依据，还需从实践层面加以推进。

四是专业能力有待进一步增强。涉食品药品安全领域法律法规体系庞杂，专业性强，加上社会发展日新月异，新问题层出不穷，出现了不少模糊地带及"规范打架"的情形，给司法办案带来了很大的挑战。检察人员既要精通一般检察业务，又要面对浩瀚的民事行政法律法规，在办案思维、知识储备、专业能力等方面还有不小的差距。食品药品生产交易呈网络化趋势，伴生的取证难、审查难问题，放大了办理涉食品药品安全案件的难度，而引入外部智力支持与技术人员辅助审查还不尽完善，需要在内外协同上下功夫。

三、推动长效常治，加快建立科学完善的食品药品安全治理体系

在全面建成小康社会、建设社会主义现代化国家的伟大征程中，食品药品安全是增进人民福祉、实现国家富强的重要一环。党和国家也把维护食品药品安全摆在更加突出的位置，提出"四个最严"的要求。但是，食品药品安全形势依然不容乐观，特别是今年突如其来的新冠肺炎疫情再次向我们敲响了警钟。全市检察机关将深入贯彻习近平总书记的重要指示，提高政治站位，坚持严字当头，加强工作统筹，推动源头治理，让首都人民群众吃得更放心、吃得更健康。

一是提升涉食品药品安全案件办案质效。加强市院对区域性、系统性危害食品药品安全案件的指导和督办，严格捕诉标准，加强类案指引，规范办案流程，着力推动案件定性、适用法律、裁量标准的统一，确保同案同诉。加强对涉食品药品安全案件的证据收集和运用研究，针对直播带货、海外代购等新业态中出现的新问题，结合互联网特点加强案源追踪、证据固定和法律适用研究，提高成案率。积极提出资格刑和财产刑的量刑建议，强化从业禁止的刑事执行监督，切实提高涉食品药品安全违法犯罪成本。持续开展"回头看"工作，强化检察建议的跟踪、督促、落实，排查食品药品安全领域行政公益诉讼诉前案件是否存在虚假整改、反弹回潮等问题，对未整改到位的依法提起公益诉讼。

二是优化涉食品药品安全案件办案机制。建立健全内外部沟通协作机制，保持与行政机关的良性互动，推动信息共享、加强协作配合、形成工作合力。探索完善联席会议制度，深化重大食品药品安全违法犯罪案件会商机制，及时解决办案中的难点疑点问题。健全完善行政执法与刑事司法衔接机制，加强检察监督与行政执法衔接平台建设，提升监督工作的信息化和智能化水平。协调市场监管、药监等部门，建立健全案件线索双向移送机制，依托 12345 政府服务热线、社会组织等，畅通线索来源渠道。发挥市院检察科技信息中心食品检测实验室的技术优势，加强同步辅助审查，对于符合起诉条件的涉食品药品安全案件做到应诉尽诉。以《民法典》有关惩罚性赔偿制度在知识产权、环境保护领域的适用为契机，依据授权探索在食品药品安全领域公益诉讼案件中提起惩罚性赔偿诉讼请求。

三是完善食品药品监督管理体系。紧紧围绕人民群众反映强烈的食品药品安全领域突出问题，依托所办案件向有关单位制发社会治理检察建议，堵塞制度管理漏洞，促进行政机关依法行政、自我纠错，督促被建议单位整改落实，推动提升前端行政监管水平和行业自律，充分发挥"监督一案、影响一片"的效果。树立整体观、协作观、共赢观，注重对外协作配合和平台建设，主动商请参加食品药品安全督查等执法活动，积极争取共享执法检查报告、控告举报材料等信息资源，形成执法司法合力，实现双赢多赢共赢。

四是持续推进检察队伍专业化建设。适应新形势新要求，持续优化办案组织和办案机制建设，组织开展以案代训、联合培训、挂职交流，培养一批熟练运用食品药品安全领域知识的检察人员，全面提高审查逮捕、审查起诉、公益调查、出庭公诉和检察监督的能力。积极研究、主动应对实践中出现的新情况新问题，依托检察官联席会、检察官协会、专家咨询库，加强对重点难点问题的研究攻关，对于需要通过立法、司法解释等予以解决的，发挥市院统筹作用，提出相关立法建议报送市人大、最高人民检察院，促进完善食品药品安全法律法规。

五是加大食品药品安全普法力度。及时通过新闻发布会、"两微一端"、融媒体等平台宣传专项行动开展情况和成效，建立涉食品药品安全案件办理情况通报机制，适时与市场监管、药监等部门联合开展宣传活动，充分运用典型案例、以案释法等方式加强普法宣传，震慑违法犯罪，提高人民群众自我防范和遵纪守法意识，有力回应社会关切，营造良好的食品药品安全保障环境和氛围。

附件：部分有关用语说明

1. 四个最严：2015 年 5 月 29 日，习近平总书记在主持中共中央政治局第二十三次集体学习时强调，要切实加强食品药品安全监管，用最严谨的标准、最严格的监管、最严厉的处罚、最严肃的问责，加快建立科学完善的食品药品安全治理体系。习近平总书记的重要指示，充分体现了中央对食品药品安全工作的高度重视，彰显了中央保障人民群众饮食用药安全的坚强决心。

2. 从业禁止：2015 年《刑法修正案（九）》增设了刑法第 37 条之一，确立了"从业禁止"的资格刑。因利用职业便利实施犯罪，或者实施违背职业要求的特定义务的犯罪被判处刑罚的，人民法院可以根据犯罪情况和预防再犯罪的需要，禁止其自刑罚执行完毕之日或者假释之日起从事相关职业，期限为三年至五年。全市检察机关注重发挥从业禁止制度功能，针对职业犯罪行为人的人身危险性，积极向法院提出禁止其在一定期限内从事食品药品生产经营活动的建议，限制、剥夺、阻止其再犯。

3. 黑医美：医疗美容行业乱象的一种通俗说法，指机构或者个人违法开展医疗美容治疗业务、非法销售及使用假药劣药。根据《中华人民共和国执业医师法》第 14 条第 2 款和《医疗机构管理条例》第 24 条之规定，任何单位或者个人，未取得《医疗机构执业许可证》，不得开展诊疗活动；未经医师注册取得执业证书，不得从事医师执业活动。北京市检察机关针对美容医疗机构存在的涉假药劣药违法行为制发检察建议，推动相关部门开展了为期三个月的"春风行动——打击非法医疗美容专项整治"，促进规范了医美行业市场管理秩序。

4. 三诉两支：2019 年，北京市检察院首次提出探索完善以"三诉两支"为基本框架的公益诉讼检察工作格局，即统筹运用行政公益诉讼、民事公益诉讼、刑事附带民事公益诉讼、支持社会组织提起民事公益诉讼、支持政府及其指定的部门作为赔偿权利人开展生态环境损害赔偿工作和提起诉讼的方式，凝聚公益保护合力，完善公益保护机制。2020 年，在保持食品药品安全、生态环境和资源保护领域办案规模的基础上，北京市检察机关还进一步加大国有财产保护、国有土地出让、英雄烈士保护这三个法定领域的线索排查和办案力度，积极、稳妥开展新领域案件的个案探索。

5. 网络餐饮服务第三方平台食品安全公益诉讼案：根据市检察院部署的"保障千家万户舌尖上的安全"公益诉讼检察专项监督活动，海淀区检察院以网络餐饮服务行业为切入点，经过调查取证，认定"到家美食会""回家吃饭"等网络餐饮服务第三方平台存在食品安全违法行为，依法向区食品药品监督管理局制发诉前检察建议，要求其依法履行监督职责，督促违法平台及商家尽快整改。区食药监局高度重视，开展网络餐饮服务领域专项治理行动，共下线网络餐饮问题商户 3000 余家、规范各种信息公示问题 5000 余家、立案 14 件。该案入选最高人民检察院 2018 年底发布的检察公益诉讼十大典型案例。

6. 白皮书：北京市检察机关探索建立年度工作报告制度，围绕监督与办案两条主线，聚焦司法改革、检察管理监督制约等重要工作，形成了检察监督、司法办案、检察管理监督制约、司法改革等四个年度工作报告（俗称"白皮书"）。"白皮书"分专题、全景式、制度化发布全市检察机关年度总体工作情况，在全国检察机关具有创新意义。

7. "十进百家、千人普法"：北京市检察机关深入开展法治宣传教育"十进百家、千人普法"主题活动的简称。该项活动自 2018 年 10 月正式部署，为期三年。"十进"指进入十大领域开展法治宣传教育，"百家"指在每个领域都要进入百家单位开展普法宣传，"千人普法"指普法责任落实到每一个检察官身上，全市 1200 多名检察官都将普法作为分内之事，切实践行"谁执法谁普法"的要求。

8. 食品安全民事公益诉讼惩罚性赔偿制度：惩罚性赔偿，是与补偿性赔偿相对应的概念，指法院判处侵害人向被侵害人支付超过其实际损失金额的损害赔偿。2019 年 5 月，中共中央、国务院发布的《关于深化改革加强食品安全工作的意见》提出，要"探索建立食品安全公益诉讼惩罚性赔偿制度。"在食品安全公益诉讼领域赋予检察机关惩罚性赔偿请求权，能够解决普通消费者举证证明难、诉讼成本高导致惩罚性赔偿难以适用的问题，提高行为人的违法成本，根除违法经营的经济动机，充分弥补社会公益所受损害，有效遏制食品安全违法行为的发生。

北京法院诉源治理需求响应机制研究*

北京市高级人民法院**

诉源治理是社会治理的重要组成部分，是人民法院主动融入社会治理格局，积极推进社会治理体系和治理能力现代化的重要机制。近年来，关于诉源治理相关工作的报道屡见报端，其中以人民法院为主体的宣传居多。然而，社会矛盾纷繁复杂、类型多样，基层社会治理形势严峻，法院现有的诉源治理工作举措，诸如建立纠纷联调、诉调对接工作机制，以人民法庭为主导、建站建点、法官下沉等方式虽取得了一定成效，但尚未能有效促进形成共建共治共享社会治理格局。如何创新机制，最大化地延伸司法审判职能，成为当下人民法院亟待思考解决的课题。本报告以北京法院依托 12368 诉讼服务热线参与诉源治理工作机制为视角，深刻理解诉源治理的内涵及人民法院在诉源治理中的角色及功能定位，充分调研当前法院推进诉源治理的路径模式及存在的问题，提出构建人民法院响应诉源治理需求机制的对策建议，以期破解难题，为人民法院开展诉源治理工作提供全新的思考路径。

一、诉源治理的发展脉络及内涵

2019 年 2 月，最高人民法院在《关于深化人民法院司法体制综合配套改革的意见——人民法院第五个五年改革纲要（2019—2023）》正式提出"诉源治理"，要求创新发展新时代"枫桥经验"，完善"诉源治理"机制，明确其为今后五年人民法院一项非常重要的改革任务。同年 7 月，最高人民法院出台《关于建设一站式多元解纷机制 一站式诉讼服务中心的意见》（以下简称《"两个一站式"意见》）进一步指出要"主动融入党委和政府领导的诉源治理机制建设"。"诉源治理"的正式表述虽然首次出现在人民法院相关文件中，但实质上并非法

* 该报告为北京市高级人民法院诉服办课题组的研究成果。
** 课题主持人：崔秀春；课题负责人：韩宇；课题执笔人：韩宇、冯琴菲；课题参与人：李卫华、吴杨。

院一家之事或完全孤立的存在。习近平总书记强调，"坚持把非诉讼纠纷解决机制挺在前面，从源头上减少诉讼增量""法治建设既要抓末端、治已病，更要抓前端、治未病。要推动更多法治力量向引导和疏导端用力，加强矛盾纠纷源头预防、前端化解、关口把控，完善预防性法律制度"。

何为"诉源治理"，课题组认为，"诉源治理"中的"诉"虽然指的是诉讼案件，但重在强调"源"，手段为"治理"，结合中央文件精神来看，诉源治理是从源头上预防和减少矛盾纠纷的系统动态治理过程，侧重于最大限度地将矛盾纠纷解决在基层、化解在萌芽。诉源治理本质上属于国家治理和社会治理的一部分，治理强调多元主体的参与，法院则需要主动融入党委领导的诉源治理机制建设，促进基层社会治理从化讼止争向少讼无讼转变。

二、人民法院在诉源治理中的角色与功能定位

（一）构建诉源治理工作格局的基本遵循

党的十九届四中全会指出，"必须加强和创新社会治理，完善党委领导、政府负责、民主协商、社会协同、公众参与、法治保障、科技支撑的社会治理体系，建设人人有责、人人尽责、人人享有的社会治理共同体。"诉源治理是社会治理在矛盾纠纷预防调处化解方面的具体体现，是社会治理的重要组成部分。因此，构建诉源治理工作格局的基本遵循，应将其放在社会治理视角下，坚持党委领导，整合各类社会资源、充分调动各类社会主体的积极性，实现政府负责、社会协同、公众参与等各方良性互动，共同治理。其中，党委领导体现为充分发挥党委的领导核心和政治保证作用；政府负责是指政府在矛盾纠纷预防调处化解中充分发挥作用，促进公正、高效、便捷、低成本的多元化矛盾纠纷解决机制全面形成；社会协同就是要充分发挥群团组织、各类社会组织的作用，积极参与诉源治理；公众参与就是引领和推动广大公民充分参与，实现自治。

（二）人民法院在诉源治理中的角色定位

2015年12月，中办、国办印发《关于完善矛盾纠纷多元化解机制的意见》，要求人民法院在多元化纠纷解决机制中要发挥司法引领、推动和保障作用，引导社会各方力量积极参与矛盾纠纷化解。2016年6月，最高人民法院印发《关于人民法院进一步深化多元化纠纷解决机制改革的意见》明确要求充分发挥司法在多元化纠纷解决机制建设中的引领、推动和保障作用。2019年7月，《"两个一站式"意见》明确要求切实发挥人民法院在诉源治理中的参与、推动、规范和保障作用。不难看出，人民法院在诉源治理中的角色定位从"引领、推动、保障"的"引领者"角色向"参与、推动、规范、保障"的"参与者"角色转变。

（三）人民法院在诉源治理中的功能定位

法院在诉源治理中的核心功能是司法审判，其延伸服务亦是围绕司法审判职能展开。立足于自身审判职能，法院主要承担着减少纠纷进入诉讼和诉讼纠纷的治理责任，同时发挥着司法助推前端基层治理和调和纠纷的作用。[1] 故法院在诉源治理中的功能定位，可以从以下几方面予以把握。一是立足审判职能本位，及时高效化解诉纠纷，抓好二审、再审、执行、涉诉信访等衍生案件的治理。二是发挥司法参与作用。融入党委领导的社会治理体系尤其是矛盾纠纷预防调处化解体系建设。法院要主动融入、积极参与，推动构建共建共治共享的诉源治理新格局。三是发挥司法引领、规范作用。立足于司法裁判的示范引领、规则之治和价值导向作用，一方面为其他社会纠纷化解渠道提供可复制的经验，另一方面推动强化知法、懂法、守法、用法思想理念。四是发挥司法推动、保障作用。助力提升多元治理主体矛盾纠纷预防调处化解能力。

三、人民法院参与诉源治理工作现状与困境

（一）各地区法院诉源治理工作现状

课题组通过调研浙江、北京、四川成都、湖南等部分代表地区法院的诉源治理工作实践，以探究当下人民法院"诉源治理"工作现状。[2]

1. 依托党委政府领导，融入社会治理、平安建设大格局。浙江法院主动融入党委政法委领导的县级矛调中心建设，92 家基层法院诉讼服务中心全部入驻矛调中心，形成"社会调解优先、法院诉讼断后"的递进式矛盾纠纷分层过滤体系。依托党委领导，凝聚最大诉源治理合力。据统计，2020 年，浙江省矛调中心受理矛盾纠纷 66.2 万件，化解成功率 94.9%。

2. 构建"多元调解+速裁"工作机制，化纠纷于诉外、止纠纷于诉内。北京法院推行"多元调解+速裁"工作机制，通过引入人民调解、行业调解资源，将多元调解促进会会员单位吸纳为法院特邀调解组织，将常驻法院特邀调解员纳入速裁审判团队，对一审民商事、知识产权案件在立案阶段进行繁简分流，实现简案快调快审、繁案细审精判。2020 年，北京市 17 家基层法院运用"多元调解+速裁"机制共结案 32 万余件，用两成的民事员额法官化解了近 7 成的民事纠纷。

3. 聚焦重点领域联合调处，减少纠纷成讼。成都法院联合公安部门、人民调解委员会、保险行业协会构建"四点三段一条线"的道交联调联动处理机制，形成交通事故的责任认定、诉前调解、司法调处和保险理赔于一体的"一站式"

---

〔1〕　四川省成都市中级人民法院课题组：《内外共治：成都法院推进"诉源治理"的新路径》，载《法律适用》2019 年第 19 期，第 15~23 页。

〔2〕　陈东升、王春：《诉源治理开创浙江社会治理新格局》，载《法治日报》2021 年 1 月 20 日，第 1 版。李阳：《北京法院"多元调解+速裁"机制让正义提速》，载《人民法院报》2020 年 11 月 9 日，第 1 版。张煜琦等：《诉源治理的探索与启示——以成都中院为中心的分析》，载《法制博览》2019 年第 17 期，第 43~44 页；湖南省高级人民法院：《关于全面建设诉源治理工作站的实施方案》，载"东方法律宝典"微信公众号，https：//mp.weixin.qq.com/s/tSWuvbAkYNaHqtzGFreHrQ。

纠纷处理流程。与成都市人社局、市司法局、市总工会、市工商联合会、市企业家协会等六部门联动，构建"六部门联调机制"，有力处理劳动争议。

4. 下沉司法资源，助力基层治理。湖南省高级人民法院专门出台《关于全面建设诉源治理工作站的实施方案》，要求各基层人民法院利用人民法庭面向基层的优势和纽带作用，广泛建立"诉源治理工作站""法官工作站""便民联络点"等，"站""点"联合化解矛盾纠纷，推进"无讼"乡村、社区建设，开展巡回审判、法治教育、法治讲堂等，促进矛盾纠纷源头治理，助力基层社会治理。

（二）人民法院参与诉源治理的困境与问题

1. 法院参与诉源治理的角色定位不清晰。一方面，过于强调法院在司法职能之外的诉源治理作用，与法院审判职能的被动性、中立性不相适应；另一方面，停留于"挂牌成立诉源治理机构"的层面，未在基层诉源治理中发挥实质性作用。

2. 法院参与诉源治理机制不完善。一方面，法院解纷端口前移，参与诉源治理，未形成良好的参与机制，或导致解决社区矛盾纠纷的时间成本、人员成本较高，消耗了过多的司法资源；另一方面，法院干警参与诉源治理基本属于诉外工作，人员参与及绩效考核机制不完善，难以充分调动干警参与的积极性，同时，对于法官参与的诉讼外矛盾纠纷化解，还存在有损法官"中立"角色的风险。

3. 诉讼与基层调解等机制衔接不畅。由于诉源治理与法院诉讼之间没有建立起体系化的运作流程，诉源治理与立案登记制的关系、基层调解案件进入诉讼的衔接、基层调解与诉讼中调解的界限、基层调解的可执行性等问题缺乏统一的协调和解决。

面对这些问题和挑战，人民法院如何在司法实践中创新角色定位，拓展职能方式，在参与诉源治理中突出作用，彰显法治精神和法治理念，是需要再度认真思考的命题。课题组认为，有必要转变人民法院参与诉源治理的工作理念，将其放在社会治理大格局、大框架中予以考虑，在做好司法裁判工作和适度主动开展诉源治理工作的同时，探索以需求为导向，构建司法服务基层社会治理响应机制。

四、构建诉源治理需求响应机制，服务基层社会治理

前已述及，当前人民法院参与诉源治理工作的现状，虽取得一定治理成效，但囿于共建共治共享社会治理格局尚未形成，社会主体对诉源治理工作认识的偏差，矛盾纠纷前端预防化解主体工作缺位、解纷能力不足等问题，一味从有限的司法资源中专门分出力量开展主动治理，过多地介入纠纷前端，甚至法官亲自参与一线解纷,有违司法"中立性",偏离司法工作本位和诉源治理司法工作定位,不是长久之计。因此,课题组建议,探索新时期诉源治理工作路径,应以需求为导向,构建司法服务基层社会治理响应机制,提供精准化、定制化服务,激发基层社会治理主体和各类解纷主体的积极性、主动性,促进提升其源头预防调处化解矛盾纠纷的能力。

(一) 实现路径——以北京探索为视角

如何构建诉源治理需求响应机制,课题组建议,法院可以根据本地区基层社会治理实践和机制建设情况,建立对应机制与其对接。以北京探索为例,基于北京市"街乡吹哨、部门报到"(以下简称"吹哨报到")、"接诉即办"基层社会治理改革实践,北京法院建立依托 12368 诉讼服务热线(以下简称"12368 热线"),融合各区网络平台、各业务庭、人民法庭的"线、网、庭"诉源治理需求响应系统。由于在实际运行中,着重以 12368 热线为牵引建立规范、完整的诉源治理需求响应、办理、反馈、评价等流程,故本文在接下来的部分主要围绕12368 热线,详细介绍其与北京市基层社会治理机制对接的情况。

1. 北京市党建引领"吹哨报到""接诉即办"机制[1]。2018 年初,北京在全市范围推广党建引领"吹哨报到"改革。具体做法是:以党的建设为统领,将党建和治理相结合,发挥党组织在基层治理中的引领作用,形成统筹协调的工作合力;建立"吹哨报到"机制,针对基层治理中需要市区相关部门协同联动的事项,由街道乡镇提出工作需求、发出集结号("吹哨"),相关部门迅速响应,到基层一线解决实际问题("报到")。2019 年,在总结"吹哨报到"经验成效的基础上,开始实行"接诉即办"群众诉求快速响应新机制。主要做法是:合并 68 个服务窗口热线,推出 12345 新市民热线,市民诉求由政务服务局直接向 333 个街道乡镇派单,街道、社区完成对接服务,重点难点问题由街道乡镇"吹哨"、相关部门"报到"予以研究解决。实践中又进一步提出"未诉先办",抓住共性事项,研究一类问题,解决一片矛盾。2020 年,12345 全年受理量突破1100 万件,环比增长 55%,[2] 在推进治理体系和治理能力现代化中交出了"北京答卷",打造了"北京样板"。

2. 北京法院以 12368 热线为牵引的诉源治理新机制。北京法院 12368 热线开通于 2014 年 12 月,向当事人、律师、社会公众提供诉讼咨询、联系法官、案件查询、投诉举报、意见建议等服务。同时,12368 热线专设工作人员,对上述联

---

〔1〕 北京市委编办:《创新"吹哨报到""接诉即办"机制,完善超大城市基层社会治理工作体系》,载《中国机构改革与管理》2020 年第 2 期,第 18~20 页。

〔2〕 李泽伟:《北京:2020 年 12345 受理量突破 1100 万件 环比增长 55%》,载北京头条客户端,ht-tps://m.gmw.cn/uctt/202101/08/1302014473.html。

系法官、投诉举报、意见建议等工单进行审核、督办、质检，确保人民群众反映的问题得到及时解决。12368 热线运行 6 年来，切实搭建起了人民法院与当事人沟通的桥梁，群众满意度不断提升。2020 年，累计接听来电量达 56.1 万通。

2020 年 7 月以来，北京市高级人民法院基于 12368 热线运行的成熟经验和重要作用，结合全市法院一体推进诉源治理工作方案和任务分解要求，着手对 12368 热线进行升级，通过增加功能、改造流程和试点运行，初步形成了以 12368 热线为牵引的北京法院参与诉源治理工作新机制。

3. 工作机制对接的方式。北京法院依托 12368 热线参与诉源治理，构建司法服务基层社会治理响应机制的具体设计为：全市各级法院以 12368 热线为主渠道，对接北京市党建引领"吹哨报到""接诉即办"工作机制，围绕诉源治理相关主体在落实"接诉即办"和开展基层社会治理过程中所提出的司法需求，建立快速响应机制，实现需求统一接收、任务统一分配、进程统一管理、效果统一评估，切实发挥司法在诉源治理中的参与、推动、规范和保障作用，促进矛盾纠纷及时、高效、源头化解（见下图 1）。

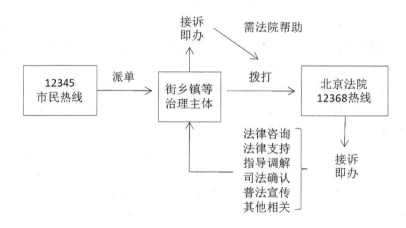

图 1　"接诉即办"快速响应机制

（二）诉源治理需求响应机制具体内容

1. 服务对象。课题组在调研过程中，注重抓住关键环节，重点从社会治理尤其是矛盾纠纷预防调处化解的角度予以考虑，根据诉源治理的实质内涵，结合北京市"接诉即办"运行模式，确定了 12368 热线诉源治理功能的服务对象主要包括各级党委政府、各级政府部门、各公共企事业单位、基层自治组织、各类调解组织、各行业协会、人民团体等诉源治理主体。

2. 响应方式。2020 年 5 月，课题组分别前往丰台区方庄街道、朝阳区麦子店街道枣营北里社区、房山区调研，听取基层党委政府、各政府部门、居委会、行业性调解组织等主体在对 12345 热线工单"接诉即办"以及开展基层治理中面临的司法服务需求，初步确定法律支持、指导调解、司法确认、普法宣传等几类响应方式。同年 7 月，升级 12368 热线，新增"诉源治理"一号受理功能，正式上线试运行。

截至目前，12368 热线已累计受理各类诉源治理需求 214 个，其中涉及法律支持 34 个，指导调解 54 个，司法确认 60 个，普法宣传 54 个，意见建议 2 个，沟通协调 10 个（见下图 2）。

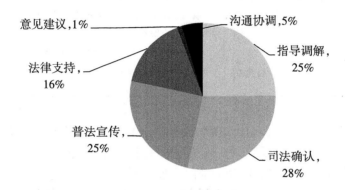

图 2 "12368"热线受理诉源治理需求情况

结合 12368 热线参与诉源治理试运行期间诉源治理需求情况，课题组根据法院职能定位，并征求了全市各院意见，在制定机制文件时将 12368 热线针对各类诉源治理主体在落实"接诉即办"和预防化解社会矛盾纠纷中提出的咨询、需求、建议等，按照以下 6 种方式进行响应（见下表 1）。

表 1 "接诉即办"响应方式

序号	响应方式	具体内容
1	法律咨询	根据来电人的咨询，就有关法律理解和适用问题作出解释、说明，提出解决问题的意见建议。
2	法律支持	对接重大项目、重点工作的司法保障需求，参与党委政府重大决策事项、规范性文件制定等工作的法律咨询、法律论证，协助开展源头预警预防，防范重大矛盾风险。

序号	响应方式	具体内容
3	指导调解	发挥法院裁判规则的规范、指引、评价、引导作用，对调解组织和调解人员进行业务指导和技能培训。
4	司法确认	畅通诉非衔接，指导、协助调解组织开展调解协议的司法确认工作，接收并及时审查调解协议的司法确认申请。
5	普法宣传	依托巡回审判、就地审理、"京法巡回讲堂"、以案释法讲师团、普法宣传服务队等多种方式和载体，开展订单式、定制化精准普法。通过发布典型案例，增强人民群众的规则意识和法治意识，推动基层社会自治、法治、德治融合。
6	其他相关	其他与预防、调处、化解社会矛盾纠纷相关的法律指导。

3. 工单制度。对于通过 12368 热线接收的诉源治理需求，通过法院内部"诉讼服务一体化应用系统"统一生成网络工单，由专人审核后按属地属事原则派发至中基层法院和高级法院相关部门。根据诉源治理需求性质，按照各级法院管辖权属和职能职责，实行工单直派方式，属于基层法院责任范围的直派基层法院办理；属于中级法院责任范围、不适合派往基层法院的，派至中级法院办理；属于高级法院责任范围的，派至高级法院相关部门办理。对于涉及跨地区、跨部门、跨级别的疑难复杂问题，可向中基层法院和高级法院相关部门同时派单。同时，建立涉重大问题或紧急情况、危险苗头性事项的应急机制。

4. 响应及办理期限。接到工单的相关法院和相关部门要明确职责任务，及时响应和解决诉源治理司法需求，做到"事事有回音、件件有响应"。一般工单原则上应当在接单后 2 个工作日内作出响应，在 10 个工作日内办理完毕；涉及重大疑难事项，规定期限内无法办结的，可根据情况适当延长办理期限。

5. 办理反馈、回访评价及数据应用等。工单承办法院和部门应将办理过程和结果在信息化系统中同步录入，并及时向诉求人反馈。12368 总平台围绕诉源治理需求是否得到响应和解决以及诉源治理需求主体是否满意三个方面建立诉源治理工单回访机制，根据反馈情况进行统计，回访结果反馈工单承办法院或部门。同时，注重加强对诉源治理各类司法需求数据的分析应用，将当期治理与长远发展相结合，强化苗头性、易发性、风险性社会矛盾的源头预防和提前化解，不断提升诉源治理智能化水平。

（三）构建诉源治理需求响应机制的现实意义

1. 有助于激活、培育其他解纷资源，促进共治、法治。基于前述对人民法院在诉源治理中的角色及功能定位分析，诉源治理需求响应机制的构建，使法院以自己的司法经验、司法能力等优势，激活、培育其他解纷资源，推动构建解纷体系，促进基层社会治理共治、法治。

2. 侧重诉源治理工作需求导向、精准供给。诉源治理需求响应机制的构建，实现了司法服务供给的"粗放式"向"精准化"的转变，针对基层社会治理中矛盾纠纷源头预防、前端化解的重点、难点问题，工作联动需求，解纷能力培育提升等方面，由各诉源治理主体主动向人民法院提出，法院从而开展"靶向治理"，提供"定制化""精准化"服务。

3. 发挥有限司法资源的最大治理效能。前已述及，司法资源的有限性决定了人民法院参与诉源治理不可过度前移、大包大揽，而应找准切支点，以最少的司法投入，最优的司法资源整合路径，撬动最大的诉源治理资源。北京市委"接诉即办"是听民意、察民意、解民忧的重要抓手，庞大的接听量、海量的数据库，使得政府有可能获取近乎全样本的基层治理需求，可以提前制定防控和处理对策，推动基层社会问题的源头治理。这就是诉源治理新路径的重要切入点，最有力支点。

4. 实现了诉源治理需求响应工作的四个统一。就法院自身而言，依托各业务庭、人民法庭开展的基层社会治理需求响应工作陆续开展，但未有效整合资源，在服务对象、响应方式、需求办理等方面无统一规定，工作成效亦无法有效评价。北京法院以 12368 热线为牵引的诉源治理需求响应机制，依托 12368 热线和"诉讼服务一体化应用系统"，实现了需求的统一对接、任务统一分配、进程统一管理。同时建立科学的回访评价机制，实现了效果统一评估。

结　语

诉源治理是一个系统工程，法院作为该系统工程的重要责任主体之一，需要准确理解其内涵，找准自身角色和功能定位，才能在积极作为的同时做到适度参与。不管是主动治理，或者是需求响应的"接诉即办"，都体现了人民法院高度的责任感和历史使命感，但共建共治共享的社会治理制度才是未来的发展方向。长久看来，相关治理主体应增强主动融入诉源治理的责任意识，主动把诉源治理工作放到矛盾纠纷预防调处化解的大格局中，推动治理体系和治理能力现代化。